教育部高等学校旅游管理类专业教学指导委员会规划教材

节庆策划与管理

JIEQING CEHUA YU GUANLI

◎ **主 编** 卢 晓

◎ **副主编** 周健华

重庆大学出版社

内 容 提 要

本书根据节庆活动策划与管理的岗位要求和高等院校会展专业的教学实际,在借鉴和吸收国外先进的活动策划和管理理念、观点和方法的基础上,结合中国国情以及行业发展现状,采用项目管理的方法构建框架体系。本书内容涉及节庆相关理论、主题与形象策划、相关活动策划、节庆视觉与场景设计、节庆现场管理和节庆品牌管理等。同时,引用大量相关实际案例,并详细阐释如何进行策划和管理,力求使本书具有一定的系统性和应用性。

全书共12章,前两章对节庆作简要介绍,第3—6章是对节庆活动可行性、相关活动和视觉上的策划,第7—12章是对节庆活动整体流程各方面的管理。本书内容简洁,结构完整,涉及节庆活动的各个环节,适合高等院校旅游管理、酒店管理、会展经济与管理等专业学生学习使用,也适合旅游行业相关工作人员参考使用。

图书在版编目(CIP)数据

节庆策划与管理/卢晓主编.--重庆:重庆大学
出版社,2018.1(2023.10重印)
教育部高等学校旅游管理类专业教学指导委员会规划
教材
ISBN 978-7-5689-0914-3

Ⅰ.①节… Ⅱ.①卢… Ⅲ.①节日—旅游经济—经济
管理—高等学校—教材 Ⅳ.①F590.7

中国版本图书馆 CIP 数据核字(2017)第 292156 号

教育部高等学校旅游管理类专业教学指导委员会规划教材
节庆策划与管理
主 编 卢 晓
副主编 周健华
策划编辑:尚东亮

责任编辑:李定群 邓桂华 版式设计:尚东亮
责任校对:秦巴达 责任印制:张 策

*

重庆大学出版社出版发行
出版人:陈晓阳
社址:重庆市沙坪坝区大学城西路21号
邮编:401331
电话:(023)88617190 88617185(中小学)
传真:(023)88617186 88617166
网址:http://www.cqup.com.cn
邮箱:fxk@ cqup.com.cn(营销中心)
全国新华书店经销
重庆升光电力印务有限公司印刷

*

开本:787mm×1092mm 1/16 印张:16.25 字数:387千
2018年5月第1版 2023年10月第3次印刷
印数:5 001—7 000
ISBN 978-7-5689-0914-3 定价:45.00 元

编委会

总序

一、出版背景

教材出版肩负着吸纳时代精神、传承知识体系、展望发展趋势的重任。本套旅游教材出版依托当今发展的时代背景。

一是坚持立德树人，着力培养德智体美全面发展的中国特色社会主义事业合格建设者和可靠接班人。深入贯彻落实习近平新时代中国特色社会主义思想，以理想信念教育为核心，以社会主义核心价值观为引领，以全面提高学生综合能力为关键，努力提升教材思想性、科学性、时代性，让教材体现国家意志。

二是世界旅游产业发展强劲。旅游业已经发展成为全球经济中产业规模最大、发展势头最强劲的产业，其产业的关联带动作用受到全球众多国家或地区的高度重视，促使众多国家或地区将旅游业作为当地经济的支柱产业、先导产业、龙头产业，展示出充满活力的发展前景。

三是我国旅游教育日趋成熟。2012 年教育部将旅游管理类本科专业列为独立一级专业，下设旅游管理、酒店管理、会展经济与管理、旅游管理与服务教育 4 个二级专业。截至 2016 年年底，全国开设旅游管理类本科的院校已达 604 所，其中，旅游管理专业 526 所，酒店管理专业 229 所，会展经济与管理专业 106 所，旅游管理与服务教育专业 31 所。旅游管理类教育的蓬勃发展，对旅游教材提出了新要求。

四是创新创业成为时代的主旋律。创新创业成为当今社会经济发展的新动力，以思想观念更新、制度体制优化、技术方法创新、管理模式变革、资源重组整合、内外兼收并蓄等为特征的时代发展，需要旅游教材不断体现社会经济发展的轨迹，不断吸纳时代进步的智慧精华。

二、知识体系

本套旅游教材作为教育部高等学校旅游管理类专业教学指导委员会的规划教材，体现并反映了本届"教指委"的责任和使命。

一是反映旅游管理知识体系渐趋独立的趋势。经过近 30 年的发展积累，旅游管理学科在依托地理学、经济学、管理学、历史学、文化学等学科发展基础上，其知识的宽度与厚度在不断增加，旅游管理知识逐渐摆脱早期依附其他学科而不断显示其知识体系成长的独立性。

二是构筑旅游管理核心知识体系。旅游活动无论作为空间上的运行体系，还是经济上的产业体系，抑或是社会生活的组成部分，其本质都是旅游者、旅游目的地、旅游接待业三者的交互活动，旅游知识体系应该而且必须反映这种活动的性质与特征，这是建立旅游知识体系的根基。

三是构建旅游管理类专业核心课程。作为高等院校的一个专业类别，旅游管理类专业需要有自身的核心课程，以旅游学概论、旅游目的地管理、旅游消费者行为、旅游接待业作为旅游管理大类专业核心课程，旅游管理、酒店管理、会展经济与管理、旅游管理与服务教育4个专业再确立3门核心课程，由此构成旅游管理类"4+3"的核心课程体系。确定专业核心课程，既是其他管理类专业成功且可行的做法，也是旅游管理类专业走向成熟的标志。

三、教材特点

本套教材由教育部高等学校旅游管理类专业教学指导委员会组织策划和编写出版，自2015年启动至今历时3年，汇聚了全国一批知名旅游院校的专家教授。本套教材体现出以下特点：

一是准确反映国家教学质量标准的要求。《旅游管理类本科专业教学质量国家标准》既是旅游管理类本科专业的设置标准，也是旅游管理类本科专业的建设标准，还是旅游管理类本科专业的评估标准。其重点内容是确立了旅游管理类专业"4+3"核心课程体系。"4"即旅游学概论、旅游目的地管理、旅游消费者行为、旅游接待业；"3"即旅游管理专业（旅游经济学、旅游规划与开发、旅游法）、酒店管理专业（酒店管理概论、酒店运营管理、酒店客户管理）、会展经济与管理专业（会展概论、会展策划与管理、会展营销）的核心课程。

二是汇聚全国知名旅游院校的专家教授。本套教材作者由"教指委"近20名委员牵头，全国旅游教育界知名专家和教授，以及旅游业界专业人士合力编写。作者队伍专业背景深厚，教学经验丰富，研究成果丰硕，教材编写质量可靠，通过邀请优秀知名专家和教授担纲编写，以保证教材的水平和质量。

三是"互联网+"的技术支撑。本套教材依托"互联网+"，采用线上线下两个层面，在内容中广泛应用二维码技术关联扩展教学资源，如导入知识拓展、听力音频、视频、案例等内容，以弥补教材固化的缺陷。同时，也启动了将各门课程搬到数字资源教学平台的工作，实现网上备课与教学、在线即测即评，以及配套老师上课所需的教学计划书、教学PPT、案例、试题、实训实践题，以及教学串讲视频等，以增强教材的生动性和立体性。

本套教材在组织策划和编写出版过程中，得到了教育部高等学校旅游管理类专业教学指导委员会各位委员、业内专家、业界精英以及重庆大学出版社的广泛支持与积极参与，在此一并表示衷心的感谢！希望本套教材能够满足旅游管理教育发展新形势下的新要求，能够为中国旅游教育及教材建设开拓创新贡献力量。

教育部高等学校旅游管理类专业教学指导委员会

2018年2月

前言

　　近年来,伴随着中国会展业的高速发展,我国节庆活动作为会展业的重要组成部分也进入蓬勃发展时期。尤其是2008年北京奥运会和2010年上海世博会成功举办之后,节庆经济带来的庞大收益令国内许多地方对举办节庆活动趋之若鹜。如今,节庆活动在我国已成为发展地方经济的一种范式。

　　节庆活动对人类社会与经济的发展有着非常重要的作用。事实证明,成功举办重大节事活动,将为主办国家、城市和企业带来巨大的无形价值。但是,节庆活动主题的定位错乱和泛滥,片面强调场面的轰轰烈烈等现象导致政府开支增加、社会不堪重负,直到2010年后相关部门才逐渐开始重视以节庆活动为基础的旅游业的发展。由于节庆活动的举办和管理的独特性,在实践中涉及的因素颇为复杂,因此,"形象塑造""主题策划"等越来越受到关注,对此,本书在第4章、第12章进行了详细分析。

　　本书定位于全国会展产业发展人才需求量巨大的本科层次,并对本科和高职层次的会展教学起到示范和牵动效应。全书通过节庆简述、节庆活动策划与活动管理详细展示了节庆策划活动的整体流程。本书注重在实践中的应用,详细介绍了节庆策划流程中的每个步骤及实用方法,图文并茂,并结合大量实例来论证本书理论的可行性,同时积极借鉴和吸收国内外先进的活动策划、理念和方法,力图让学生和行业的衔接更加紧密,为节庆市场输送更加专业、贴合市场的人才。全文直观通俗,系统性、应用性强,希望能为节庆行业人才的发展起到积极作用。

　　本书由上海师范大学旅游学院(上海旅游高等专科学校)卢晓博士担任主编,重庆文理学院旅游学院会展系主任周健华担任副主编,席宇斌、于世宏、夏颖、姚鸿飞和陈云妮参与编写。全书共分12章,其中,卢晓撰写第1,2,4章,周健华撰写第5章,席宇斌撰写第3,7,10章,于世宏撰写第11,12章,夏颖撰写第8章,姚鸿飞撰写第6章,陈云妮撰写第9章,全书由卢晓、周健华负责统稿。

　　多年来,编者一边坚持课堂教学,一边着手编写本书,同时,实时关注行业动态,力求本书的体系构架与时代同发展、与学生实际学习进度相符。本书在编写过程中,得到了众多学者的大力支持,参考了相关文献成果,由于时间仓促,且我国的节庆仍在继续发展和变动中,书中难免有错漏和不足之处。因此,恳请广大读者和专家对本书提出宝贵意见,以便修订时完善,共同为我国节庆活动的发展作贡献。

卢　晓
2018年2月

目 录

第1章
节庆的相关理论

【学习目标】

通过学习本章,学生应该能够:

理解:节庆的作用与功能

熟悉:与节庆策划相关的理论

　　　　与节庆管理相关的理论

　　　　节庆的不同分类

掌握:节庆的基本概念和分类

　　　　节庆的性质与特点

【关键术语】

节　节庆　节日　节事　标志性节庆　传统节庆　现代节庆　旅游节庆　普通节庆
特殊节庆　岁时节庆　祭祀庆典节庆　休闲娱乐节庆　政府主导性节庆　节庆旅游

【开篇案例】

火人节:资本主义世界的镇痛剂

　　当地时间 2016 年 8 月 31 日,美国内华达州黑石沙漠,2016 年"火人节"狂欢活动即将开始,来自世界各地的超过 7 万名狂欢者齐聚在黑石沙漠上。8 月 28 日—9 月 5 日,一年一度的美国火人节(Burning Man Festival)如火如荼进行中,再度举世瞩目。

　　火人节不仅听上去名字酷炫,其内容和理念也一样劲爆。故事追溯到 1986 年,一群艺术家在旧金山贝克海滩烧掉了一个即兴搭建的艺术作品,被视为火人节的"火(burning)"之灵感来源。后经一个名为"Black Rock City"的组织发起并策划,定于每年 8 月底在内华达州的黑石沙漠(Black Rock Desert)举行一场持续 8 天的另类生活与艺术创意实践活动,来自世界各地的超过 3 万多称为"火人(Burner)"的参与者,被吸引着奔赴这一年度盛会"火人节"。

　　在活动的官方网站上,醒目位置的"火人节十大原则(The Ten Principles of Burning Man)"清晰显示着这一活动的进步理念:激进包容(Radical Inclusion)、馈赠(Gifting)、去商品化(Decommodification)、激进的自力更生(Radical self-reliance)、激进的自我表达(Radical self-expression）、社区协作（Communal effort）、公民责任（Civic Responsibility）、无痕（Leaving no trace）、参与（Participation）、即时（Immediacy）。一句话，20世纪后半叶，你在教科书中能够找到的环保主义、反消费主义、占领运动、社会经济、性别平等、种族平等……所有的"政治正确"观念应有尽有。

这十大原则贯穿于火人节持续8天的活动中，也正是其巨大魅力所在。首先，火人节明确以"去商品化"抵抗商业主义与消费主义，提倡馈赠、互助、团结和协作。在这里你唯一能够"购买到"的商品是饮用水，除此之外不存在任何商业和购买行为。火人们全部自带沙漠生存装备、自带生活用品、自带干粮，但却乐意将自己烹饪的食物、制作的物品与素不相识的来客无偿分享。其次，在这片寸草不生的荒漠上，火人们尝试体验8天的艰难生活，没有洗澡设施、没有保鲜冰箱、没有24小时便利店，所有在城市生活中熟稔的生活方式被宣告取消。另外，考验burner们的，还有107华氏度（约合41.6℃）的高温、昼夜温差、沙漠狂风和变化无常的天气。

因此，毫不意外，这里成为创意艺术的先锋地和实验场，成为全球艺术家和嬉皮士们的嘉年华聚会地，各种炫目的表演、艺术展览、灵修课程……官方网站上的节目单令人眼花缭乱。火人们身着奇装异服乃至全裸，穿梭于各式造型奇特的装置艺术之间，在袅袅大麻的青烟中召唤不曾被无聊生活消磨的真正内在自我。所有在现实生活中被视为怪异的行为，在这里都被接受并包容；所有在现实社会被阻断的想象与追求，在这里都可以体验并尝试。官方网站的介绍语标明这座沙漠中的城市，正在实践文化的所有可能性，连接所有梦想家与实干者（A city in the desert/A culture of possibility/A network of dreamers and doers）。直到最后一天，当大家围观巨大的雕像燃烧殆尽，活动宣告结束。

此时，这个临时乌托邦，自活动开始时存在，至活动结束时告终，一个只有8天寿命的"城市"，在8天之后，随着中央火人像仪式性地献祭，burner带着所有垃圾各回各家，一切恢复如常，仍旧是荒无人烟的沙漠，一切就像未曾发生过，直到来年的8月底。

（资料来源：澎湃新闻，刘昕亭）

1.1 节庆及其相关的基本概念

目前，与节庆相似的词有节日和节事。要深入了解节日、节庆和节事的词义，需追根求源"节"字初始之意。在古汉语中，常见的只有"节"字。节，泛指草木枝干间坚实结节的部分。我国东汉许慎编著的文字工具书《说文解字》中有："節，竹约也。"基本的意思为"节是竹子的环束（就是竹节）"，竹在生长过程中的若干起点和终点；《辞海》以及《现代汉语词典》（商务印书馆）中收列了关于"节"的若干解释：①泛指草木枝干间坚实结节的部分：竹节；②物体的分段或两段之间连接的部分：骨节、节骨眼、关键；③纪念日或者传统的庆祝宴乐或祭祀的日子：节日；④中国历法把一年分为二十四段，每段开始的名称：节令、节气；⑤操守：气节、节操。从前4个释义可知，"节"有关键、连接、纪念、庆祝和起始之意。

1.1.1　节日与节事

《现代汉语词典》(商务印书馆)中,"节日"解释为:①纪念日,如五一国际劳动节等;②传统的庆祝或祭祀的日子,如清明节、中秋节等。从语意学的角度来看,节日是一个现代汉语用词。

黄泽在考察研究西南民族节日文化时提出,节日是各民族依据传统的宗教祭祀、农事生产、历法等因素而形成的有相对凝固的时间及地点、活动方式的社群活动日,它具有全民性、集体性和传统性。

乌丙安教授则更详细地将节日定义为:节日是一年当中因种种传承线路形成的固定的或不固定的活动时间,以形成有特定主题的约定俗成的社会活动日,具有节日主题、传承路线(即起源途径)和社会活动日 3 个特点。

节日的解释:节日的特点是一般有固定的日期、特定的主题和群众的广泛参与。传统节日、现代节日(我国政府及国际组织规定的节日,如国庆节、五一劳动节;一些地方政府或部门为振兴商贸、旅游等目的发展的新兴节日,如上海旅游节、潍坊风筝节、外来民俗节日、伟人的诞辰与祭日;国际组织规定的活动日,如世界电信日、国际扫盲日等)。

英文中关于"节日"的常用词为 holiday 和 festival。holiday 一词由 holi("神圣的")和 day("日子")构成,意指"神圣的日子"。festival 一词源于教会的拉丁语 f.stiv.lis,意指"具有中心作用、神圣的日子"。可见,无论中外,"节日"均与"重大意义的时刻"相关。在前工业社会,节日基本上都与节令、农时和宗教神话有关,这也是传统社会与现代社会节日的最主要差异之一。

进入 21 世纪,与"节庆"相似度颇高的"节事"一词开始被学术界频繁使用,并逐渐成为研究热点。"节事"是"节庆、事件"的简称,来自于西方学者的研究。它在成为西方旅游学界的热门课题之后,引起了中国众多学者的关注。

通常对节庆的理解是有主题的公众庆典。事件则是指历史上或社会上发生的不平常的大事。节庆事件往往在旅游区中扮演十分重要的角色,它本身就是一种旅游吸引物,对旅游区的宣传促销起着不可替代的作用。

1.1.2　旅游节庆与节庆旅游

目前,国内学者在研究节庆旅游及相关问题时,经常提到"事件和事件旅游""节事和节事旅游""旅游节庆""节事旅游""节庆旅游""节事""节庆活动"等各种不同的概念名称,这些概念源于西方学者 20 世纪六七十年代的研究,国内学者对节庆旅游的概念界定上存在较大分歧,未形成统一的认识,突出体现在对节庆旅游内涵和外延的不确定理解。

吕镇、王艳红和李天恒认为旅游节庆日是作为一种旅游资源,为发展旅游事业,从民族文化、民间节日发展并定期举办的节日庆典活动。李力和崔卫华把旅游节庆的定义分为广义的定义和狭义的定义。广义的旅游节庆,是指一些内涵丰富多彩的旅游项目,包括节日、地方特色产品展览、体育比赛等具有旅游特色的活动或非日常发生的特殊事件;狭义的旅游节庆,是指周期性(一般一年一次)举办的节日等活动。庄志民、赵睿在界定节庆旅游资源时,把节庆外延扩展到除各类旅游庆典、节日外,还包括各类交易会、展览会,以及各类文化、体育活动,这种界定把会展旅游、商务旅游、体育旅游、大型事件旅游等旅游形式全部囊括在节庆旅游的范畴。

吴必虎认为,广义的旅游节庆等同于旅游节事;狭义的旅游节庆,是指周期性(一般一年一次)举办的节日等活动,不包括各种交易会、展览会、博览会、文化体育等一次性结束的特殊事件。

综上所述,旅游节庆指的是改革开放以来,由政府主办、策划、组织和管理的,并逐渐发展成为旅游目的地促销手段的节日庆典,又称为"现代节庆"。广义上,可以称为"旅游节事",包含节庆和特殊事件;狭义上,可以称为节日。本书探讨的是广义的节庆。

伴随着世界旅游业迅速发展,旅游形式不断丰富,旅游内容日益多元。世界各国纷纷开拓新的旅游项目,在众多的旅游形式中,围绕着节庆日形成的节庆旅游日益突出,节庆旅游作为一种新的旅游形式在世界大范围内普遍开展。例如,西班牙的斗牛节、挪威的海盗节、德国的啤酒节、日本的樱花节等都引起了游客的极大兴趣,获得了巨大的成功。中国20世纪80年代中期开展节庆旅游活动,其中著名的有1983年河南省洛阳牡丹花会、1984年山东省潍坊国际风筝会和1985年黑龙江省哈尔滨冰灯节,它们不仅丰富了旅游产品,提高了举办城市的知名度,更揭开了中国节庆旅游发展的新篇章。

戴光全和保继刚联合发表了《西方事件及事件旅游研究的概念、内容、方法和启发》(上、下),对西方主要国家事件及事件旅游的研究情况和学科发展进行了介绍,这是国内学者第一次对西方事件旅游研究进行的全面系统的介绍,为国内的研究奠定了基础。该文章引入了盖茨对事件旅游的理解,事件旅游是对事件进行系统规划、开发和营销的过程,其出发点是使事件成为旅游吸引物、促进旅游业发展的动力、旅游形象塑造者、提升旅游吸引物和旅游目的地地位的催化剂。胡燕雯认为事件旅游专指以各种节日、盛事的庆祝和举办为核心吸引力的一种特殊旅游形式。辜应康、楼嘉军和唐秀丽认为,节庆旅游是指依托某一项或一系列旅游资源,通过开展丰富的、开放性强和参与性强的各种活动项目,以吸引大量受众参与为基本原则,以活动带动一系列旅游消费和吸引投资,进而带动国民经济增长为最终目的的所有活动的总和。

可见,旅游节庆与节庆旅游存在较大的差异,是两个完全不同的概念。前者是节日和事件的总称,而节庆旅游是依托某项或一系列旅游资源开发成主题性节日盛事,以吸引大量旅游者的一种旅游形式,对提高目的地的知名度、传播地区特色文化、塑造地区旅游品牌、促进对外经济合作、带动地区经济发展有着极其重要的推动作用。从旅游节庆到节庆旅游,还需要一个策划、开发和管理的过程。

1.1.3 节庆界定与分类

1)定义

"节庆"一词出现于现代,古代的工具书中均查阅不到相关记载。《现代汉语大词典·上册》中将"节庆"注解为"节日喜庆";《现代汉语新词语词典》中则解释为"节日和庆典"。诸多学者对节庆进行了释义,以下是几种代表性的解释:

所谓节庆,是指某地区或城市以其特有的资源,包括历史、文化和艺术、传统竞技、体育、风俗习惯、风情风貌、地理优势、气候优势、遗址、胜地、古迹等为主题,自发而周期性举行的大型庆祝活动。

刘俊借鉴西方的观点,认为节庆就是一个地区的标志性事件,即依托目的地社区的社会经济、历史文化、风俗民情等方面的独特资源,加以整合包装,能够产生具有目的地标志性的独特形象和吸引力,在相对固定的时间地点重复举办的事件旅游活动。

英语中节日原为圣日之意,即人们充分用来休息、沉思、祈祷的时间。当今节庆早已超过了它的最初含义,成为度假、狂欢、热闹的同义词了。新的历史时期又赋予其新的使命——为旅游服务。旅游节庆日就是作为一种旅游资源,为发展旅游事业,从民族文化、民间节日发展来并定期举办的节日庆典。

Falass 总结节庆的定义有 5 种:

①一个神圣的或者世俗的庆典,以特别的仪式为标志。

②为纪念某个名人或著名事件,或为庆祝某种重要产品丰收而举行的年度仪式。

③为纪念某个人的作品、工艺等类展览的文化事件。

④交易会。

⑤一般性的娱乐、聚会。

关于"节庆"的定义,本书采用较为全面的《中国旅游大辞典》中引用的戴光全的释义:"全称'节日庆典'。其形式包括各种传统节日以及经过策划创新而人为'制造'出来的各种节日。广义的节庆包括传统节庆(festival)与特殊事件(special event)。传统节庆主要源于一个地方的生活环境与文化习俗,通常具有宗教或历史文化的渊源,具有一定庆祝的主题,常被用来泛指一般具有公开主题庆祝的节庆活动。特殊事件指有特定目的且经由事先设计与企划,并在指定期间内所进行的活动。侠义的节庆则专指传统节日以及人为举办的各类经济和文化庆典活动。"①

2) 分类

我国节庆种类繁多,数量庞大。目前对我国节事活动的类型划分,一些学者进行了探索,尚未形成统一标准。节庆旅游依据不同的划分标准有不同的分类方式。吕镇、王艳红、李天恒通过传统节庆日的分类得到了旅游节庆日可以从产生背景、节日线索和国家等多个方面进行分类。范春按节庆所反映的内容大致将其分为6类:新年节庆、生产节庆、青年节庆、纪念节庆、习俗节庆、宗教节庆。石玉凤、单博诚按照文化特征将节庆旅游分为政治类、传统民俗类、传统的地方民族类、地方特色类以及专业性类。王重农在2002年的《现代节庆活动指南》和2005年的《现代节庆活动辞典》两本书中把节庆活动分为5大类:传统的、民族的、宗教的、法定的、现代的节庆活动。徐舟根据活动选举的主题不同将节庆旅游分为以"文化艺术"为主题、以"自然生态"为主题、以"民俗风情"为主题、以"地方物产"为主题、以"民族宗教"为主题、以"科技体育"为主题和综合性的节庆旅游活动。孙淑荣同样根据选举的主题把节庆旅游分为以"商品和物产特产"为主题、以"文化"为主题、以"自然景观"为主题、以"民俗风情"为主题、以"宗教"为主题和综合性节庆活动。黄翔还把旅游节庆根据主导功能划分为游览观光型、商业经贸型、民俗文化型和功能综合型。

(1) 按起源分类

按照起源分类,节庆可以分为传统节庆和现代节庆。

---

① 邵琪伟.中国旅游大辞典[M].上海:上海辞书出版社,2012:202.

传统节庆是指那些在人类发展历史和人类文明的长期积淀中形成的一个民族的共有节日,能够全面、集中、形象地反映本民族的价值观、性格特征、心理特征和期望祝愿,与生产劳动和生活两者紧密相连而形成的节庆活动。它既是历史文化的体现,也是传统文化的弘扬和传承。例如,中国传统的春节、元宵节、中秋节、重阳节,蒙古族的那达慕大会,傣族的泼水节、傈僳族的刀杆节、彝族的火把节、美国的感恩节、德国的慕尼黑啤酒节,以及西方国家的圣诞节、复活节和情人节等。现代节庆又称"旅游节庆",是指近年来,地方政府为了发展当地旅游和重振经济而开发出来的新型节庆,如上海旅游节、北京大兴西瓜节、天津中国妈祖文化旅游节、深圳荔枝节等。

(2)按类型分类

按照类型分类,节庆可以分为普通节庆和特殊节庆。

普通节庆泛指一般具有公开主题庆祝的节庆活动,而特殊节庆(Special Festival)指的是具有参与人数众多、人生重要时刻、重聚、媒体特别关注、有各种仪式和多种表演活动等特征的特殊事件,虽然没有以"节"命名,但是在内容和形式上,都符合节庆的定义。如奥运会、世界杯等体育赛事,G20、APEC 等大型会议,还有中国的高考,也属于一项重大节庆活动。后者和前者相比,唯一的区别在于情绪特征,前者是欢乐、喜庆和娱乐为核心,而后者的情绪特征综合表现为期盼、紧张和严肃。

(3)按主题分类

按照主题分类,节庆可以分为岁时节庆、祭祀庆典节庆和休闲娱乐节庆。

岁时节庆是民间流行的重要节庆活动,是按照民俗岁时举行的各种庆典活动。中国传统的岁时节庆,遍及一年的 12 个月,其中,立春、春节、上元节(后称为元宵节)和中秋节与歌舞戏剧等艺术形式关系比较密切,而其他节日则与祭祀礼仪和民间竞技为主。祭祀庆典节庆,无论是祭祀天神还是祭祀祖先,都表明了古人祈求生活平安的强烈愿望,除了必要的宗教礼仪外,大多也有音乐和舞蹈,以表达祈求神明庇护的愿望。祭祀庆典节庆中,有较大规模音乐、舞蹈、戏剧表演或狂欢的主要表现为以下 3 种:皇帝祭祀庆典、赛会和庙会。其中,赛会是民间一种游行狂欢形式的祭神节庆;庙会是古代典型的商业和文化结合在一起的节庆活动。休闲娱乐节庆是以休闲、娱乐为目的的现代节庆活动,如淳安千岛湖秀水节、苏州国际旅游节、海南欢乐节、广东清远漂流节、高淳慢城休闲节等。

(4)按内容分类

按照内容分类,节庆可以分为民俗节庆、物产节庆、名人节庆、美食节庆、宗教节庆、景观节庆、康体节庆和商业节庆。民俗节庆是人们依据长期生活习俗的需要而逐渐约定俗成的庆典日,它随着人们社会习俗和思想的改变而改变,如德宏泼水节、景颇族"目瑙纵歌"、延吉秋夕民俗节等;物产节庆有青岛城阳红岛蛤蜊节、溧阳茶叶节、景德镇陶瓷节、横县茉莉花节、普洱茶节等;名人节庆有呼和浩特昭君文化节、宁海徐霞客开游节等;美食节庆如中国成都国际美食节、金湖荷花美食节、青岛国际啤酒节、扬中河豚美食文化节等;宗教节庆如普陀山南海观音文化节、湄洲妈祖文化旅游节、拉萨雪顿节、大壶节、斋月、住棚节等;景观节庆如吉林雾凇冰雪节、吉林长白山金秋红叶旅游节等;康体节庆如泰山国际登山节、沧州国际武术节、郑州国际少林武术节等；商业节庆如上海购物节、苏宁手机节、淘宝双"11"等。

（5）按形式分类

按照形式分类，节庆可以分为广场节庆、宗教节庆和狂欢节庆。

广场节庆是集聚性节庆，公众集合在某一特定广场空间的庆祝活动，多有烟花、表演等形式。宗教节庆是仪式性节庆，多以音乐戏曲和歌剧为主的形式。狂欢节庆以巡游和表演为主的大众聚会。

（6）按场地分类

按照场地分类，节庆可以分为城镇节庆和景区节庆。

城镇节庆是以整个城市和乡镇为举办地的节庆，场地遍布整个城市和乡镇，如庆阳香包民俗文化节、自贡恐龙灯会、淮南豆腐文化节等。景区节庆仅仅在景区内举办，为进一步促销景区景点服务，如上海欢乐谷风车节、迪士尼万圣节之夜、张家界国际森林保护节、长白山人参节等。

（7）按组织者分类

按照组织者分类，节庆可以分为政府主导性节庆、民间协会性节庆和企业商业性节庆。

政府主导性节庆指的是由国家部委主办，当地政府协办，当地旅游局、大型活动办公室或者会展办公室承办的节庆，这种节庆理想的运作模式应该是"政府引导，社会参与，市场运作"，但事实上，由于当地政府从策划、组织到管理等整个过程的介入，使得政府主导性节庆的"官办"痕迹明显。我国大部分的地方节庆都属于这种节庆，以上列举的我国节庆都是如此。而国外诸多著名的节庆多由民间协会或者企业策划与组织。由民间协会运营管理的有如加拿大的瀑布城1992年成立非营利组织，拥有自己的理事会，专门运营尼亚加拉冬季灯节；美国著名的玫瑰花节由玫瑰联赛协会管理，玫瑰花车巡游也由玫瑰花车协会负责组织。由企业策划组织的有如纽约感恩节花车大巡游、爱丁堡国际艺术节、北京蟹岛集团与德国肖腾海姆（Schottenhamel）公司联合承办的2011首届北京国际啤酒节等。

（8）其他类型

节庆旅游还可以根据等级和影响范围、旅游部门参与程度、主导功能等方面进行分类。

1.1.4　性质与特点

节庆活动从本质上说，是一种大众的文化行为。在现今的休闲社会和消费社会里，这种文化行为在条件适宜的情况下，转化为外地人的旅游行为和当地人的休闲行为，旅游活动特征明显。节庆旅游产品作为参与性和互动性很强的新型旅游产品，受到旅游者的追捧，给当地带来经济效益。旅游活动和经济活动都是在市场经济下的文化活动的衍生物。

1）性质

（1）文化活动

在历史长河中，不同历史时期由于发展水平和发展特点的不同，人们生活方式各异，加之由于空间地域不同、社会形态不同、民族风格不同的文化差异，形成了不同民情风俗、服饰、歌舞、饮食、生活习惯等地域性和差异性均明显的文化,节庆活动作为文化的表现形式,其行为和表演都体现了强烈的民族性和鲜明的地方特色。因此,不管是传统节庆,还是现代节庆,其核心与本质都是文化活动。传统文化是传统节庆得以传承的根本,也是现代节庆吸引众人参与的关键。地方特产、美食、人物、特殊景观、风俗、习惯、建筑、服饰、生活方式、宗教信仰等都可以作为主题加以开发成节庆活动,它们是民族特征的综合反映,缺乏文化底蕴的节庆,不仅不能给当地带来经济效益和社会效益,也不会有延续下去的生命力。

（2）旅游活动

差异性是吸引游客的关键,旅游者之所以从家乡到旅游目的地旅游的动因就是体验异乡文化,而节庆活动作为地方文化的集中体现形式,吸引了大批异地节庆参与者,参与狂欢,体验狂欢,享有美食,欣赏美景。诸多成功的节庆以事实证明,慕名而来的节庆参与者在当地旅游、休闲、娱乐等,成为名副其实的节庆旅游者;节庆本身也成为地方政府推出的高级旅游产品,这种具有互动性和体验性的文化旅游产品相对于单纯的、低级的观光旅游产品而言,更能激发人们参与的欲望和兴趣。在 20 世纪 90 年代中国旅游局推出的系列中国旅游年主题中,现代节庆成为当地旅游部门丰富旅游活动内容、优化旅游线路、更新旅游产品的重要措施。

（3）经济活动

在文化活动和旅游活动之后,节庆活动的性质才具有经济性。经济性是现今社会节庆活动作为文化活动和旅游活动的衍生物。对于节庆活动策划者来说,具有先文化和旅游、再提经济效益的这个意识非常重要。在我国,当地政府多以"文化搭台,企业（经济）唱戏"为指导思想策划节庆,这个提法本身没错,优秀的文化、独特的文化能带来经济效益毫无疑问,关键是要看前者"文化搭台"的形式和质量。没有参与者的、政府自娱自乐的节庆无法带来经济效益。在市场体制下,能满足大众需求的、丰富大众日常生活的、具有娱乐性和参与性的节庆,不仅能吸引众多商家争相赞助,而且会扩大地区间的人员流动,从异地流动到节庆目的地,使节庆旅游者主动延长停留时间,增加用于吃、住、行、游、购、娱的消费,不仅为当地经济带来贡献,也给该地带来了良好的口碑。因此,节庆活动既是当地旅游资源促销和优化的手段,也是节庆举办地形象改变和提升的手段。

2）特点

法国社会学家迪尔凯姆在《宗教生活的基本形式》中指出:"人们会超出自身之外,忘却日常的工作和烦恼。有很多例子可以证明,民众在节日中常常会陷入放荡不羁,无视许可与禁止之界限。"人类学家特纳用"过渡仪式"理论来解释节日的"边缘"特性,即日常生活中的社会地位在节日期间的倒置现象,直至取消群体内部的等级区分,建立"无差别"的节日文化共同体。盖茨认为:"节庆活动就是要提供某些东西供人们分享,是为使大家团结一致、培养一种群体的自豪感而创立的。""是为社会群体中有价值的事情所举行的庆祝活动。"作为一种超越日常生活之外的特殊事件,节庆标志着某个特殊场合或要达到特定的社会、文化或者团体目标或目的而举办的仪式、表演或者庆典。公众性、主题性、非日常发生、媒体关注度高、拥有一系列象征仪式、情绪特征独特是节庆的特征。

（1）公众性

从节日的起源来看，节庆活动是在人们长期生产和生活中产生的，是人们共同庆祝的特殊日子，参与人数众多，甚至是该地、该民族共同享有的。

（2）主题性

每个节庆都有一个鲜明的主题作为依托，体现文化、娱乐、经贸等项目，如黄梅戏节、风筝会、服装节、山歌节、祭火节、美食节等。主题是否新颖，是否具有地方特色，是节庆策划是否成功的根本所在。

（3）非日常发生

"节"既然含有起点、终点之意，那么，节庆必然与普通日子存在很大区别，不管是喜悦、欢庆，还是具有纪念意义，节庆的日子都有别于日常日子。马凌以西双版纳傣族泼水节为例，研究了日常世界与旅游世界的不同，他认为其中的阈限体验表现为集体性的狂欢仪式，以释放日常生活中的烦恼与压力，可以超越与颠倒日常行为的规范，达到角色的自我更新，最终进入游客间平等、真实和自然的交融状态。

（4）媒体关注度高

节庆举办期间，往往会吸引诸多媒体关注和报道。

（5）拥有一系列象征仪式

节庆的举办其实是在寻找一种文化认同，通过节庆中的若干活动体现出这种社会认同，这些活动往往就是一系列的象征仪式。中国自古代传承至今的舞龙狮、杂耍、杂戏、高跷、旱船、扭秧歌、猜灯谜等娱乐型仪式和祭神灵、祭祖先、祭山河、迎神、上香、跪拜、鼓乐、仪仗、歌舞、杂技等祭祀型仪式以及如今的开幕式、闭幕式、签约仪式等，都是节庆活动中非常重要的组成部分。这些仪式理念与行为方式，将节庆渲染得更富感染力。

（6）情绪特征独特

欢乐、喜悦是节庆的一般情绪特征，有时紧张、严肃、期盼等也会成为节庆的情绪特征。

1.1.5　作用

1）传承地方文化，增强社会凝聚力

节庆的举办是挖掘地方文化或者民族文化的重要手段，也是地方文化或者民族文化的特色表现形式。节庆策划者总是千方百计地寻找可以代表当地或者民族特色的物品、名人、风俗、自然景观、工艺等文化作为节庆的主题，加以策划、创意和包装之后，推向社会。没有文化的节庆是无源之水、无本之木，缺乏生命力。节庆可以说是地方文化的集体记忆的表达，在特定的空间和时间里，人们载歌载舞，聚集在一起欢庆丰收，表达对美好愿景的期盼，这一刻可以洗涤人们的心灵，拉近人们因工作压力而造成的距离，享受轻松的氛围，同时让人们获得文化认同感，对本地或者本民族文化充满自豪。因此，节庆的文化发掘及节庆本身

有利于增进人们之间的友谊、加强民族团结、为集体记忆复现和民族文化认同构建具有重要的现实意义。

2）促进当地基础设施建设，改善城市人文环境

大型节庆的举办，往往在带来众多的人流和物流的同时，也会对交通、运输、电信、住宿、餐饮等带来巨大的压力。政府要保证节庆活动的顺利进行，需要进一步加强基础设施建设，做到交通畅通、及时疏散和保证容量。除此之外，还有城市景观的优化，如道路绿化、建筑景观整修；旅游基础设施和服务设施建设，如游客服务中心功能的完善、主要景区景点的改造等，在节庆举办期间，尤其受到地方政府的重视。为外来者塑造整洁、舒适的活动环境，是节庆活动主办者的基本目的。同时，节庆也能提升人们的文化水平和审美能力，如国际艺术节。

3）提升城市形象，扩大国内外知名度

良好的城市形象犹如一个品牌，对国内外的人们有着巨大的吸引力，吸引众多的投资者投资和置业，吸引成千上万的游客前来旅游消费，给当地带来丰厚的收益。节庆就是这样一种催化剂，在短时间内以精粹的文化、良好的地方风貌、热情好客的态度显示美好的城市形象和拥抱四方来客，媒体传播和口碑传播的结合以及知名度和美誉度的极大提高，给当地带来无穷的财富。节庆已经和地方名称之间建立了某种联系，尤其是标志性节庆（Hallmark Event），在当地反复举办的，并随着活动的发展和成熟，与举办目的地融为一体，成为某地的代名词的节庆活动。它具有传统、吸引力、形象或名声等方面的重要性，使得举办节庆的地点和地方获得市场竞争的优势。随着时间的推移，标志性活动将与目的地融为一体。

【案例启迪】

G20 时代诸多红利来袭，杭州将晋为一线城市（部分）

"G20 给了世界一次重新聚焦和审视中国的机会，G20 杭州峰会将会是中国历史上最重要的峰会之一。"

作为亲历 G20 峰会前期准备过程的学者，王文分享了很多峰会"背后的故事"。从中国在 2011 年提出主办 G20 峰会的建议一直说到 G20 峰会背后举行过的大大小小的前期准备和预热会议，他对此次峰会顺利圆满举行感慨尤深，"两天会议的背后是几百场会议的支撑，是无数政府官员、学者、媒体人等的集体智慧结晶"。

浙商迎来重大发展转机

王文提出，G20 杭州峰会将主要为中国经济带来以下新机遇：

第一，中国"走出去"的步伐将加快，全球贸易和投资会更加便捷化，这将为从事跨境贸易的企业带来更多商机。第二，G20 对国际货币体系改革的讨论有利于人民币国际化。此次峰会后，人民币正式加入 SDR，意味着人民币在国际兑换、交换和清算上将得到更公平、更客观的价值认定。第三，G20 之后各国更加紧密的经济外交合作将确保"一带一路"倡议更

加稳定顺利地进行。

对浙江来说,后 G20 时代的新机遇主要体现在:

第一,浙江、浙商、浙企的知名度都将大大提高,有利于浙江经济进一步走向国际化、全球化。浙江在这个过程中将更多、更好地融入中国战略,比如,由于本次会议中多国位于"一带一路"沿线,这就有利于浙江企业更好地参与"一带一路"中。反过来,浙江的创新精神以及新经济的发展也将给世界经济贡献经验和智慧。"未来,浙商的知名度和品牌会逐渐在全世界发酵,浙商会因此迎来发展的重大转机"。第二,杭州将逐渐成为中国的一线城市。G20峰会将极大提升杭州的城市品牌、形象和国际声誉。杭州将成为世界著名旅游城市,这将给杭州带来巨大的直接受益,带来预期不少于 500 亿元的中期经济增量,长期收益将更大。杭州人民将是 G20 杭州峰会的直接受益者,比如,公共设施得以翻修,环境得到治理,交通出行比以往更加井然有序等。而此次峰会的利好还将逐渐惠及全国。

（资料来源:王文. 后 G20 时代诸多红利来袭,杭州将晋为一线城市[EB/OL]）

4) 优化旅游产品,平衡旅游淡旺季差别

节庆旅游具有参与性、互动性和直观性的特点,从旅游产品的层次来看,节庆旅游产品更高级、更具吸引力。在如今体验经济的宏观背景下,节庆旅游产品尤为得到游客的青睐欢迎,游客们穿上传统服装,与当地人一起唱歌跳舞,开怀畅饮,品尝当地美食,欣赏难得一见的艺术表演,甚至自己也成为场景的一部分,完全融入当地环境,激发生活的激情,得到精神的升华。节庆活动在平衡旅游目的地淡旺季差别方面,意义也非同一般。

5) 刺激相关产业的发展,拉动地方经济

节庆作为一个综合性的活动,不仅涉及多部门,还涉及旅游、购物、餐饮、交通、广告、物流等诸多产业,尤其是旅游业。除此之外,节庆还可以创造贸易交易机会,促进地方消费和经济贸易的发展。总之,节庆的举办可以给当地带来可观的、直接的和间接的经济收入,带动当地 GDP 的发展。

1.2　节庆发展的理论支撑体系

1.2.1　与节庆策划相关的理论

1) 策划学

策划是近年来的时髦名词,已逐渐渗透社会生活的各个领域、各个方面,策划学也因此成为一门学问。策划的原本意思是对市场信息进行管理、运作、技巧处理或操纵的过程,以及对市场进行计划、酝酿、决策并运用谋略的过程,又称为市场策划。如今,策划不仅应用在

市场及市场营销方面,更多地运用在广告、咨询、节事、电影电视、公关等方面的主题创意、CIS 形象设计和公共传播上。策划的本质是为达到社会组织的预定目标或解决面临的问题,利用个人或集体智慧预先拟订行动方案的思考活动。策划与计划、点子、谋略,与企业形象策划等有很大不同。策划是个人或者团体立足现实,积极运用和整合可以利用的各种信息与资源,明确目的,捕捉机遇,制订可实施的最优化方案,预测事物的发展趋势,最终有效地达到所设定的目标,并且以创意取胜的科学程序。

策划学是以策划活动作为研究对象,以所有的策划活动、策划关系、策划方法和技术为应用领域的,以揭示策划活动规律,总结策划的原则和研究策划所需要的现代方法和技术为基本内容的新型综合性科学。策划学是一门应用性学科,也是一门服务于社会的学科。实用性是策划学的重要特点,着重策划实务方面的研究。策划学中心理学原理、效益原理、系统性原理和整合性原理等,都是策划者需要掌握的原理与方法。在策划过程中,需要阐明策划的组织形式(包括策划组织的形式、地位、作用和任务,策划专业人员的素质及培养,策划技术的应用,策划书的编写,策划方案的评审,具体的策划操作程序及实施方法)和策划中的营销问题(包括营销策略、服务内容、运作规程、策划的管理等诸多问题)。策划学不等于广告学和营销学。广告学是研究广告活动的历史、理论、策略、制作与经营管理的科学,广告学之中也有创意的成分,但强调信息的传递,而策划学以策划活动和策划关系为核心,更注重创意的产生和创意的效果;营销学是一门研究企业经营与销售活动的学科,以市场为核心,强调企业和产品的经营以及市场营销的推广,而策划学是揭示策划活动的规律,整合各种信息资源,通过捕捉特定的事件和时间来扩大影响,得到最优方案以达到最初的目的。也可以说,市场营销策划是策划的一种。

从策划所涉及的宏观的学科方向来看,策划学大体可分为经济策划、文化策划和政治策划 3 个分支学科。其中,节日庆典就属于文化策划的一部分。策划活动是随机性、灵活性很强的创造性工作。从根本上说,节庆策划没有固定的方法,没有现成套路和策划秘方,但只要策划者前期作过科学、系统的调研,本身又拥有丰富的学识和经验,就能够策划出具有一定程度的新、奇、特的活动。节庆的策划分为两个层面:一是节庆主题的创意策划,这个难度较大,它是一个整合、提炼和拔高的系统过程;二是操作层面的策划,只要掌握策划的基本步骤,可以撰写出基本的策划方案。

2) 创意学

创意学是从创意的整体出发,通过创意思维和创意行为来研究创意的内涵、功能、产生、发展规律的综合性学科。它是一门新兴的边缘性交叉学科。

创意来源于生活,生活实践中有诸多的经验可以对另外一些事物产生一定的启示作用。创意,明显是打破常规之举,是对传统做法的叛逆,是对现状的一种智能拓展。当然,创意需要依靠智慧、勇气和胆量,对已有的事物和观点提出挑战。对于节庆策划的创意而言,是借助文化底蕴,运用跳出庐山之外的思路,超越自我,超越常规,令人耳目一新之举。创意是创造性的系统工程,有时候,只是灵感的念头一转,但善于捕捉的人就能抓住并拓展、提高,成为经典之作。

3) 市场学

市场学是随着市场经营活动发展而成长起来的一门边缘性应用学科。随着社会经济及市场经济的发展,市场学发生了根本性的变化,从传统市场学演变为现代市场学,其应用从生产领域到流通领域再扩展到消费领域。当今,市场学已成为同企业管理相结合,并同经济学、行为科学、人类学、数学等学科相结合的应用边缘管理学科。市场学包括市场机会分析、市场营销战略规划、市场营销策略、市场营销管理与控制等内容。对于节庆而言,其市场分析主要是对节庆消费者(节庆旅游者)的行为分析,包括旅游市场调研与预测、节庆旅游产品的经营策略和市场竞争战略等。

1.2.2　与节庆管理相关的理论

1) 项目管理学

项目管理是伴随技术进步和项目的复杂化和大型化而逐渐形成的一门管理学科,尤其是应用项目管理理论在实践中取得的成功例子使人们越来越重视项目管理理论,它对提高项目管理效率起到了重要的作用。项目管理的对象是项目,是管理领域的一个分支,项目管理是综合应用理论和经验知识,在各种资源约束条件下寻求最佳实现预定目标的组织安排和管理方法。PMBOK强调对项目活动中的各种资源和目标的平衡,管理中心是平衡,体现了项目管理的最优化思想。他把项目管理分为5个过程阶段和9项管理内容。

五大过程包括启动、计划、执行、控制和收尾启动。

①启动。关于一个项目阶段的工作与活动、决策一个项目或项目阶段的起始与否,以及决定是否将一个项目或项目阶段继续进行下去等工作。

②计划。拟订、编制和修订一个项目或项目阶段的工作目标、工作计划方案、资源供应计划、成本预算、计划应急措施等方面的工作。

③执行。组织和协调人力资源和其他资源,组织和协调各项任务与工作,激励项目团队完成既定的工作计划,生成项目产出物等方面的工作。

④控制。制订标准、监督和测量项目工作的实际情况、分析差异和问题、采取纠偏措施等管理工作和活动。这些都是保障项目目标得以实现,防止偏差积累而造成项目失败的管理工作与活动。

⑤收尾启动。制订一个项目或项目阶段的移交与接受条件,项目或项目阶段成果的移交,从而使项目顺利结束的管理工作和活动。

项目管理的9项管理内容包括:

①项目范围管理。是为了实现项目的目标,对项目的工作内容进行控制的管理过程。它包括范围的界定、范围的规划、范围的调整等。

②项目时间管理。是为了确保项目最终按时完成的一系列管理过程。它包括具体活动界定、活动排序、时间估计、进度安排及时间控制等项工作,以提高工作效率。

③项目成本管理。是为了保证完成项目的实际成本、费用不超过预算成本、费用的管理

过程。它包括资源的配置,成本、费用的预算以及费用的控制等项工作。

④项目质量管理。是为了确保项目达到客户所规定的质量要求所实施的一系列管理过程。它包括质量规划、质量控制和质量保证等。

⑤人力资源管理。是为了保证所有项目关系人的能力和积极性都得到最有效的发挥和利用所作的一系列管理措施。它包括组织的规划、团队的建设、人员的选聘和项目的班子建设等一系列工作。

⑥项目沟通管理。是为了确保项目的信息的合理收集和传输所需要实施的一系列措施。它包括沟通规划、信息传输和进度报告等。

⑦项目风险管理。涉及项目可能遇到各种不确定因素。它包括风险识别、风险量化、制订对策和风险控制等。

⑧项目采购管理。是为了从项目实施组织之外获得所需资源或服务所采取的一系列管理措施。它包括采购计划、采购与征购、资源的选择,以及合同的管理等项目工作。

⑨项目集成管理。是指为确保项目各项工作能够有机地协调和配合所展开的综合性和全局性的项目管理工作和过程。它包括项目集成计划的制订、项目集成计划的实施、项目变动的总体控制等。项目管理包含资源、需求和目标、项目计划和外部环境等要素,具有创新性、普遍性、目的性、独特性和复杂性等特点。

项目管理毫无疑问是节庆管理的一个重要的理论基石。节庆活动的人为策划到管理,就是一个项目化的过程。通俗地说,节庆本身就是一个项目。节庆项目管理是指在节庆项目活动中运用知识、技能、工具和技术,以便达到项目要求。节庆项目管理从前期的策划开始,调研市场需求,掌握消费者的心理和动机,在需要评估、可行性研究、初步计划或其他同等分析完成后,才可能开展下一步活动。需求分析是对消费者(节庆旅游者)的需求和问题进行明确、清晰的定义后,在期望的时间和预算资金范围内要求达到的目标。对各种因素如社会、技术、经济、政治和生态环境等来评判生态、社会和政治条件上成功的概率及财务上是否可行,通过成本-收益来评价是否可行。如今,面向市场、环境和竞争,重视人本管理和柔性管理,注重顾客需求,降低风险,实现项目利益相关者满意度的最大化是根本。

首先,要识别利益相关者对项目的要求和期望,例如,对于一个旅游节来说,要识别哪些是重要的利益相关者,如政府部门(旅游局)、宣传部门、公安部门、卫生监管部门、演员、媒体和公关、赞助商、当地民众、旅游者、供应商、分包商等。这些利益相关者各自的需要与期望是什么,如何最大限度地满足利益相关者的需要等。其次,运用各种知识、技能、方法和工具去开展各种管理活动,这些知识包括前人成功的经验和对客观规律的认识和总结,这些方法包括工作分解结构图(WBS)的制作、系统分析法、计划方法、网络理论、质量管理方法、成本管理方法、关键路线法、风险控制方法等。最后,综合运用社会学、管理学、经济学、人类学、统计学等相关学科知识,对项目进行科学、系统的评估与总结,这一步非常重要,既是总结过去的成功经验,也是找出问题所在,为自己和他人提供借鉴。在我国的节庆活动管理中,这一步往往被忽视和省略。

2)产业经济学

产业经济学是应用经济学领域的重要分支。产业经济学的研究对象是产业内部各企业之间相互作用关系的规律、产业本身的发展规律、产业与产业之间互动联系的规律以及产业在空间区域中的分布规律等,主要包括产业结构、产业组织、产业发展、产业布局和产业政策等。

虽然,从严格意义上说,节庆还不能称为一个成熟的产业,但是已经具备一个产业的雏形,节庆对相关产业产生的带动效应也非常显著,其中文化产业和经济产业尤为突出。科技进步、劳动力等要素资源流动、空间发展与经济绩效的学科以及产业的动态变动规律也是节庆活动作为产业的研究内容。产业经济学的产业组织理论、产业结构理论、产业关联理论、产业布局理论、产业发展理论和产业政策研究,也是节庆产业发展所涉及的,尤其是产业结构理论、产业关联理论、产业布局理论、产业发展理论和产业政策研究。产业结构理论产业一般包括:对影响和决定产业结构的因素的研究;对产业结构的演变规律的研究;对产业结构优化的研究;对战略产业的选择和产业结构政策的研究;产业结构规划和产业结构调整等应用性的研究,等等。可以运用产业关联理论,分析各相关产业的关联关系(包括前向关联和后向关联等)和产业的波及效果(包括产业感应度和影响力、生产的最终依赖度以及就业和资本需求量)等。运用产业布局理论研究影响产业布局的因素、产业布局与经济发展的关系、产业布局的基本原则、产业布局的基本原理、产业布局的一般规律、产业布局的指向性和产业布局政策等。运用产业发展理论研究产业发展过程中的发展规律、发展周期、影响因素、产业转移、资源配置、发展政策等问题。对产业发展规律的研究有利于决策部门根据产业发展各个不同阶段的发展规律采取不同的产业政策,也有利于企业根据这些规律采取相应的发展战略。从纵的方向来看,产业政策研究包括产业政策调查(事前经济分析)、产业政策制订、产业政策实施方法、产业政策效果评估、产业政策效果反馈和产业政策修正等内容;从横的方向来看,产业政策研究包括产业发展政策、产业组织政策、产业结构政策、产业布局政策和产业技术政策等方面的内容。

3) 品牌管理学

品牌管理学是以品牌管理为研究对象,对品牌和品牌管理的概念进行界定和分析,阐述宏观品牌战略、微观品牌技巧、主体品牌管理者、客体品牌受众、共性的品牌管理、个性的不同领域的品牌差异等,尤其解剖品牌成长发展的不同阶段,从品牌的初创、品牌的成长、品牌的成熟到品牌的后成熟时期,对各种规律进行总结和提炼的一门新兴学科。它主要包括品牌定位管理、品牌文化管理、品牌资产管理、品牌关系管理、品牌延伸管理和品牌危机管理等主要内容。

节庆的品牌战略意识非常重要。节庆品牌管理,顾名思义就是对一些已经成形并具有良好效益的诸多节庆活动品牌进行品牌化的经营和管理。对于节庆活动来说,品牌的内涵在一定程度上反映了地方文化,品牌不仅是对外树立形象,提高知名度的利器,而且也是激发当地居民自豪感和文化自信的工具力量。在营销中,品牌是唤起旅游者重游的最原始动力,是消费市场上的灵魂。

4) 风险管理学

风险管理学是涉及风险的概念和定义,风险的分类,风险识别方法,风险分析方法,风险评价方法,风险量化指标,风险控制的途径、技术与对策,市场风险值的度量等内容的一门新兴学科。风险管理是各经济、社会单位在对其生产、生活中的风险进行识别、估测、评价的基础上,优化组合各种风险管理技术,对风险实施有效的控制,妥善处理风险所致的结果,以期以最小的成本达到最大的安全保障的过程。随着社会的发展和科技的进步,现实生活中的风险因素越来越多,无论企业还是家庭,都认识到进行风险管理的必要性和迫切性。人们想出种种办法来对付风险,但无论采用何种方法,风险管理的一条基本原则是以最小的成本获得最大的保障。

节庆活动由于具有参与人数众多、短暂集中等特点,出现风险的概率较高,因此,需要节庆活动的主办方具有较强的预测、掌控和驾驭风险的能力。对于节庆活动而言,风险无所不在。节庆活动中风险类型繁多,包括自然风险、人为风险,还有经济风险、政策风险、市场风险等。针对不同的风险类型,制订不同的风险对策,及时进行风险缓解,实时开展风险监控和风险跟踪,将积极因素所产生的影响最大化和使消极因素产生的影响最小化,把可能出现的风险降到最低。

复习思考题

1.什么是节日、节庆和节事?它们之间有什么样的区别与联系?

2.传统节庆与旅游节庆有何关系?

3.节庆如何分类?

4.节庆的作用表现在哪些方面?

5.什么是旅游节庆和节庆旅游?两者有何联系?

6.节庆的特点有哪些?请举例说明。

7.与节庆策划相关的理论有哪些?有何作用?

8.与节庆管理相关的理论有哪些?有何作用?

【案例研究】

美国玫瑰花车大游行 中国中学生仪仗队首度亮相

中新社洛杉矶1月1日电(记者 毛建军)美国南加州帕萨迪纳市在当地时间1月1日上午举行第124届玫瑰花车大游行(Rose Parade),迎接2013年。来自中国北京第57中学的仪仗队亮丽登场,成为参加此盛事的首支中国中学生仪仗队。

据当地媒体统计,当天有近百万人现场观看了这一始于1890年的游行活动。今年的花车游行同往年一样,由美国各大媒体现场直播,并向世界多个国家和地区进行转播。

今年的玫瑰花车大游行由42辆花车、24个行进乐队和21个马队组成。早上8点，随着首辆花车"跟着你的梦想"慢慢沿该市科罗拉多大街缓缓走来，揭开了本届主题为"你想去的地方(Oh,The Places You'll Go)"的花车大游行的序幕。

北京57中学仪仗队沿途演奏了充满中国风情的《茉莉花》和《男儿当自强》等乐曲，并在表演中加入了具有浓郁东方特色的扇舞。

一辆名为"梦想天堂"的花车获得本届玫瑰花车游行大奖。整个花车被打扮成一片热带丛林，花车上有猴子、蝴蝶等动物模型。制作方希望通过此次花车巡游提醒人们保护环境和减少生态破坏。该花车后端还布置了一座模拟火山和两座人造瀑布。台湾中华航空公司制作的"单车轻骑游台湾"花车再度获得"最佳国际花车奖"。

来自弗吉尼亚州的妮可·安吉莉洛和杰拉德·萨皮恩扎成为上千对报名参加花车婚礼情侣中的"幸运儿"。他们的婚礼在万人瞩目的花车游行中举行，这也是玫瑰花车游行首次举行的婚礼。

与去年的玫瑰花车游行一样，今年的游行结束后，数千名"占领"人士自制"花车"尾随游行，抗议美国日益严重的贫富分化以及金钱利益对美国政治决策的影响。

(资料来源：中国新闻网,2013-01-02)

讨论问题：
1.分析美国玫瑰花车大游行的起源与发展。
2.请分析美国玫瑰花车大游行的创新之处。
3.美国玫瑰花车大游行对中国现有的节庆花车巡游有何启示？

【开阔视野】

迷笛音乐节

"迷笛音乐节(Midi Festival)"是由中国地下摇滚乐队的发源地——北京迷笛音乐学校创办的国内第一个原创音乐节，经过十多年的发展，已成为现代音乐最响亮的品牌之一。

迷笛音乐节最大的特色是所有的演出乐队一律义务演出，每天的演出从14时持续到24时甚至更晚，每日观众达上万人次，这些特质让所有乐迷都很自然地把迷笛音乐节看作中国的"伍德斯托克"。除了首届外，一般于当年五月初举行。

北京迷笛音乐学校创办于1993年(本次音乐节同时也是迷笛音乐学校十周年校庆)，它一开始就确立了鲜明的办学宗旨：传播艺术的、人文的现代音乐理论，教育推广精湛的现代音乐演绎技法。

举办迷笛音乐节最初的动机只是为几年来的教学成果作一个展示，让更多有才华的学生浮出水面，谁曾想一发不可收拾，3年间，迷笛音乐节已成为现代音乐最响亮的品牌之一。每年都有几十支国内外的专业乐队自愿免费地参加演出，更有几万狂热的观众从全国各地蜂拥而来，国内外百余家知名媒体都在关注它的动态，竞相报道与之相关的消息。音乐风格之丰富，场面之大，情景之壮观，国内尚无任何一场音乐盛会可与之相媲美。

(资料来源：360百科)

第2章
节庆的起源、现状与发展趋势

【学习目标】

通过学习本章,学生应该能够:

理解:节庆发展的起源

　　　节庆发展的背景

　　　我国节庆发展的历程

熟悉:国际节庆的现状

　　　国际节庆的发展趋势

掌握:节庆发展的条件

　　　我国节庆发展的现状特征

　　　我国节庆发展中存在的问题

【关键术语】

节庆发展的起源　节庆发展的条件　节庆发展的现状特征　节庆发展的背景　节庆发展的历程　节庆发展的趋势

【开篇案例】

春节的来历

现代民间习惯上把过春节称为过年。其实,年和春节的起源是不同的。

那么"年"究竟是怎么样来的呢?民间主要有两种说法:一种说法是,古时候,有一种称为"年"的凶猛怪兽,每到腊月三十,便窜村挨户,觅食人肉,残害生灵。有一个腊月三十晚上,"年"到了一个村庄,适逢两个牧童在比赛牛鞭子。"年"忽闻半空中响起了啪啪的鞭声,吓得望风而逃。它窜到另一个村庄,又迎头看到了一家门口晒着的大红衣裳,它不知其为何物,吓得赶紧掉头逃跑。后来,它又来到了一个村庄,朝一户人家门里一瞧,只见里面灯火辉煌,刺得它头昏眼花,只好又夹着尾巴溜了。人们由此摸准了"年"有怕响、怕红、怕光的弱点,便想到许多抵御它的方法,于是逐渐演化成今天过年的风俗。另一种说法是,我国古代的字书把"年"字放禾部,以示风调雨顺,五谷丰登。由于谷禾一般都是一年一熟,因此,

"年"便被引申为岁名了。

我国古代民间虽然早已有过年的风俗,但那时并不称为春节。那时所说的春节,指的是二十四节气中的"立春"。

南北朝则把春节泛指为整个春季。据说,把农历新年正式定名为春节,是辛亥革命后的事。由于那时要改用阳历,为了区分农、阳两节,只好将农历正月初一改名为"春节"。

(资料来源:新华网河南频道)

2.1　我国节庆的发展历程与现状特征

近年来,我国节庆活动蓬勃发展,尤其是在 2008 年北京奥运会和 2010 年上海世博会成功举办之后,竞相举办大型活动已经成为政府热衷之事。大型节庆在提升城市知名度,改善地方旅游形象方面所体现的积极作用,已成为政府广泛认可的不争事实,至于"节庆经济"带来的好处,也得到各方的认同。不仅大城市激烈角逐诸如大型体育赛事、世界园艺博览会等大型活动的举办权,小城镇也纷纷极力推进旅游节、物产节、民俗节等地方节庆的组织与实施。据不完全统计,目前我国各类主题的节庆已经达数千个,有的地方则呈现出"月月有节""天天过节"的火爆景象。现代节事的兴起和快速发展成为我国特有的节事文化组成部分和颇受社会关注的现象之一。

2.1.1　我国节庆发展的起源

传统节日在中国的形成,可以追溯到遥远的年代。在中国现代节庆涌现之前,以传统习俗和祭祀庆典为核心的岁时节日和宗教节日是我国传统节日的两个重要组成部分。今天我们称为"中国传统节日"的"节",既包括大多数的汉族的传统节日,也包括藏、蒙、回、羌族等其他少数民族的传统节日;既指普天共度的节日,也有地方性的节日。

1)岁时节日

中国的传统节日大都以阴历计算,也被称为"岁时节庆",源于古代历法纪年和季节气候的计算排列。古代历法纪年早在殷墟甲骨卜辞中有记载,节气记载可追溯到《夏小正》《尚书》等典籍。到战国,一年中的二十四节气基本具备。在此基础上发展起来的中国民俗传统节日在这些节令中占有显著的地位。这里的"节"正是对岁时的分节,把岁时的渐变分成像竹节一样的间距,把两节气相交接之日时定为交节,由此转意为节日。中国传统节日是人类社会发展到一定阶段的产物,经历了一个漫长的发展过程:夏商周初见端倪,先秦萌芽,汉代成型,唐代臻至完善。节日最初的主题大都是求五谷丰登、人畜两旺、吉祥如意、岁岁平安等。

如立春,是二十四节气中的第一个节气,明清官方历书中被归入正月节气;到达时间点在公历每年 2 月 3—5 日(农历正月初一前后),太阳到达黄经 315°时。立春是汉族民间重要的传统节日之一。"立"是"开始"的意思,自秦代以来,中国就一直以立春作为春季的开始。立春是从天文上来划分的,春是温暖,鸟语花香;春是生长,耕耘播种。从立春交节当日一直到立夏前这段时间,被称为春天。所谓"一年之计在于春",自古以来立春就是一个重大节日,中国自官方到民间都极为重视,立春之日迎春已有三千多年历史。立春时天子亲率三公九卿、诸侯大夫去东郊迎春,祈求丰收。回来之后,要赏赐群臣,布德令以施惠兆民。这种活动影响到庶民,使之成为后来世世代代全民的迎春活动。中秋节有悠久的历史,和其他传统节日一样,也是慢慢发展形成的。古代帝王有春天祭日,秋天祭月的礼制,早在《周礼》一书中,已有"中秋"一词的记载。后来贵族和文人学士也仿效起来,在中秋时节,对着天上又亮又圆一轮皓月,观赏祭拜,寄托情怀,这种习俗就这样传到民间,形成一个传统的活动,一直到了唐代,这种祭月的风俗更为人们重视,中秋节才成为固定的节日。《唐书·太宗记》记载有"八月十五中秋节",这个节日盛行于宋朝,至明清时,已与元旦齐名,成为我国的主要节日之一。中秋节的传说非常丰富,嫦娥奔月,吴刚伐桂,玉兔捣药之类的神话故事流传甚广。冬至,又称"冬节""贺冬",华夏二十四节气之一、八大天象类节气之一,与夏至相对。冬至在太阳到达黄经270°时开始,时于每年公历12月22日左右。据传,冬至在历史上的周代是新年元旦,曾经是个很热闹的日子。冬至这天,太阳直射地面的位置到达一年的最南端,几乎直射南回归线(南纬23°26′)。这一天北半球得到的阳光最少,比南半球少了50%。北半球的白昼达到最短,且越往北白昼越短。比较常见的是,在中国北方有冬至吃饺子的风俗。俗话说:"冬至到,吃水饺。"而南方则吃汤圆,当然也有例外,如在山东滕州等地冬至被习惯称为数九,流行过数九当天喝羊肉汤的习俗,寓意驱除寒冷之意。

岁时节庆在日常生活当中,依照气节、时令的变化,表现出不同的民俗文化,以年为单位周而复始。它作为中华民族传统文化的重要组成部分,是人们在实践活动中,共同创造和认同的群体活动。就文化分类而言,岁时节庆属于俗文化范畴,各种节俗现象里蕴涵着中华民族传统的文化心态,包括重农心态、忠孝意识、团圆情结、人际和谐、自然和谐以及对爱情的追求等。在中国传统节日日益淡化的今天,我们要深入思考如何按照岁时节庆的特点,提升其潜在的文化内驱力,为建构和谐社会服务。

2) 宗教节日

传统节日文化是原始宗教信仰的直接产物,其后受多种宗教因素的影响,形成了具有宗教色彩的传统节日习俗。中国原始先民常常把某些动物奉为神明加以崇拜,最典型的要算龙图腾崇拜。龙图腾崇拜对中华民族的影响极为深远,古代吴越人每年在端午节这天都要举行祭祀龙图腾的"龙舟竞渡"活动,这种龙图腾崇拜是端午节风俗形成的渊源之一。"农者,天下之大本"是中国人的传统观念,人类赖以生存和发展的农作物根植于土壤之中,因此,土地神崇拜在原始崇拜中占有重要地位。古代称祭祀土地神为"社祀",殷墟甲骨文中有许多祭祀"亳土"的卜辞。二月二日土地神生日,又称社日或社王节,主要民俗活动是祭祀土地神,祈求农业丰收。生产不发达的上古时代,当人们无法解释大自然的奥秘,不能掌握自己命运的时候,便产生了许多禁忌和迷信观念。春节是中国最大的传统节日,放爆竹习俗原意是避山魈恶鬼,后来增加了祭祖、供神、团圆、娱乐等内容。据说桃木能避邪驱鬼,旧时除夕这天,家家户户削桃木

（后演化为贴红纸，即春联），制成神荼、郁垒二神画像置于大门之上，以防鬼进门。春节还有许多禁忌，如禁水土出门，不能扫地泼水，以免财气出门。忌说"死"，称这类话语为"乌鸦嘴"，这类禁忌迷信是一种消极防范手段，反映了人们趋吉避祸的愿望。

最明显的例子是清明节、中元节和寒衣节，这3个节日原是以祭祖为源，以祭祖事鬼为主要节俗活动，又称为三"鬼节"。清明扫墓包含有怀念祖先，勉励后人之意；中元节又称盂兰盆节，有放河灯拯孤照冥的习俗；寒衣节时人们在祖先墓前焚化纸衣。

中国民俗节日深受宗教影响，许多节日都来源于宗教。以佛教为例有：二月十五日薪尽日（佛离世日），二月十九日观音菩萨诞辰日，四月八日浴佛节（佛祖释迦牟尼诞辰日），五月十八日母连僧母诞辰，七月十五日盂兰盆节，七月三十日地藏节（地藏菩萨诞辰日），八月八日转法轮日（释迦牟尼说法日），十二月八日腊八节（佛祖成道日）。属于道教的节日有：一月九日天诞节（玉皇大帝诞辰），一月十五日上元节，一月十九日燕九节，二月一日天正节，二月十五日真元节（太上老君生日），三月三日蟠桃节（王母娘娘寿诞），四月十四日八仙吕洞宾诞辰，四月十八日碧霞元君诞辰，七月十五日中元节，九月九日重阳节（斗姆星君诞辰日），十月十五日下元节。上述宗教节日流传到民间，逐渐形成了庙会等一系列节俗活动。

【案例启迪】

宗教与节日

在西藏欢庆的节日里，宗教是不可缺少的色彩，无论是原始的苯教，还是后来居上的藏传佛教。宗教节日首先是僧人的节日，后来逐渐发展到僧人与百姓共享，沐浴节、望果节、雪顿节、展佛节等都是这样。宗教的地位在西藏如此重要，宗教的节日也很多。即使是那些越来越世俗化的节日，也仍然少不了宗教特色。宗教仪式在其中已成为固定的格式。

就西藏历史悠久、崇拜原始神灵的苯教而言，它就有诸如跳墨都、调牛节、牛王会、拉也合、祭山节、唤山节、迎神节、德朵节、祭龙节等若干个节日。每个节日，都有一套比较固定的宗教仪式，目的都是祭祀各种各样的神灵，为幸福的生活祈祷。苯教比较著名的节日有工布地区的迎神节。这个节日逢藏历马年的八月十日举行，12年一次，目的是请回传说中保佑工布地区风调雨顺的宝石。还有迎鸟节，迎接春天归来的被藏民族称为百鸟之王的杜鹃鸟。比较有意思的是祭山节，又称插箭节，即每个部落祭祀自己的地方神和圣山。那曲安多的插箭节在每年藏历的六月十五日。节日的前一天，男人们就聚集在圣山脚下。第二天清晨，人们都爬上圣山，共同竖起一支长约十几米的最高的箭，再把自己早已准备好的大约6 m长的彩箭插在长箭的四周。专门以箭来庆祝节日，这种习俗恐怕是远古时代经历了过多的战争，渴望自己部落强盛留下的遗风。

最多的宗教节日当是藏传佛教节日，一年四季每个月都有。即使是藏传佛教的节日，各个教派、各个寺院也各有不同。比如，格鲁派最重要的法会和节庆有藏历正月的传昭大法会、二月的传昭小法会、十月二十五日的宗喀巴圆寂忌辰（燃灯节）、十二月的布达拉宫跳神法舞会。又如，萨迦派寺院一年里有元旦跳神、古尔护法跳神、释迦佛圆寂纪念日、表演佛、怖畏金刚跳神等法会和节庆。其他如宁玛派、噶举派等，都有自己传统的法会和节庆。还有一些是寺院自己独有的节庆,如桑耶寺的煨桑节、那曲地区索县赞丹寺的酬神大会、林芝地区朗县巴锐曲顿寺庙的曲顿节、扎什伦布寺的晒佛节、色拉寺的普结节、热振寺的帕邦唐廓节、哲蚌寺的琼久节等。

(资料来源:李涛,江红英.中国西藏基本情况丛书——西藏民俗[M].北京:五洲传播出版社,2005)

2.1.2　发展历程

1)传统节庆的形成和发展

传统节庆是节令朔望所演绎出的生活文化,以年为单位周而复始。中国传统节日的最大土壤,是农业社会以及由农业文明衍生出来的文化认同与价值理念。元宵节的热闹、清明节的祭祀踏青、端午节的插艾赛船、七夕节的乞巧乞子、中秋节的拜月团圆、重阳节的登高饮酒以及春节的守岁祭祖等,无不是农业社会中的生活习惯和理想追求。从某种意义上说,节日活动多源于原始宗教祭祀活动,最早的节日和原始的(自然、神灵)崇拜、民间信仰、巫术、禁忌、迷信有关。后来,神话传说、传奇故事、历史人物等杂糅到节日内容里,为之增添了丰富的浪漫色彩,赋予了永恒的纪念,后续内涵的不断融入使中国传统节日更富有了一种深沉的历史感和厚重的文化感。而随后的传统节日逐渐剥离原来凝重的观念内核,演化为欢乐祥和的佳节良辰。形态各异、五彩纷呈的娱乐庆典、体育技艺等节日民俗活动业竞相出现,并沿袭至今,成为经济和文化交流的契机。

然而,中国在经历了近现代史上出现的殖民入侵、烽火战乱等数劫之后,节日庆典曾一度衰落式微。直到中华人民共和国成立后,在中国刚起步的现代旅游业激发了国人对传统文化的保护,接待的游客多为外国人和港澳台华侨,他们对中国的民俗风情非常感兴趣。同时,我国政府也意识到发扬中国传统节日精神的意义和价值,重视节日文化的优秀传统。中宣部等五部委司签发了《关于运用传统节日弘扬民族文化的优秀传统的意见》(以下简称《意见》),《意见》指出:"中国传统节日,凝结着中华民族的民族精神和民族情感,承载着中华民族的文化血脉和思想精华,是维系国家统一、民族团结和社会和谐的重要精神纽带,是建设社会主义先进文化的宝贵资源。""面对构建社会主义和谐社会的战略任务,面对人民群众日益增长的精神文化需求,面对世界范围内各种思想文化的相互激荡,充分运用民族传统节日,大力弘扬民族文化的优秀传统,对于推动形成团结互助、融洽相处的人际关系和平等友爱、温馨和谐的社会环境,对于进一步增强中华民族的凝聚力和认同感、推进祖国统一和民族振兴,对于不断发展壮大中华文化、维护国家文化利益和文化安全,具有十分重要的意义。"自此,中国传统节日的重要性得以凸显。人们开始关注传统节日,并提出"复兴中国传统节日"的口号和任务。2006年5月20日,第一批国家级非物质文化遗产名录公布,70项"民俗"项目中春节、清明节、端午节、七夕节、中秋节和重阳节等传统节被列入"非物质文化遗产"保护的行列。2007年12月14日,温家宝总理签署了《中华人民共和国国务院令(第513号)》,该令指出:"《国务院关于修改〈全国年节及纪念日放假办法〉的决定》已经2007年12月7日国务院第198次常务会议通过,现予公布,自2008年1月1日起施行。"《国务院关于修改〈全国年节及纪念日放假办法〉的决定》中，清明节、端午节和中秋节 3 个重要的中国传统节日与传统的春节一起，成为国家法定假日。近年来，习近平总书记高度重视弘扬中国优秀传统文化，在多次讲话和相关著述中都有论述，并将其作为治国理政的重要思想文化资源。在这个宏观大背景下，传统节日又一次重新被认识，传统节日本身就是传统文化的链接，人们的道德水准、生存模式、价值理念、精神风貌和社会风尚、民族精神等均会在传统节日里得到释放与升华。传统节日对于促进家庭外部和社会内部的和谐团结、作为标志性的民族文化活动、对道德和情操的培育、对现代快节奏生活的调剂、展示广大民众民族艺术和对非物质文化遗产的保护等，都具有重要的意义和作用。人的传承靠基因，社会的传承靠文化。因此，要真正把传统节日作为传承文化的桥梁与平台，作为提升文化品位和精神境界的窗口，还原传统节日的文化氛围。

2) 现代节庆的兴起

节庆作为一种文化现象的迸发，特别是与经济、贸易、旅游、体育等的嫁接和联网，则是改革开放之后才出现的新事物。

改革开放之后，在国家层面上，对原有的经济体制进行了一系列改革与实验，从农村到城市，从农业生产到企业体制，从财务、金融、税收等宏观管理体制到住房、养老、医疗等社会保障制度的改革摸索，中国经济在政策的引导下开始复苏；在社会层面上，大众生活逐步富裕起来，业余活动也开始丰富起来。在可自由支配的收入和闲暇时间不断增多的情势下，人们的个人生活"远离政治"，在自由空间里开始有了娱乐氛围。旅游作为一种休闲和娱乐的方式，得到大众的喜爱。从 1979 年到 1990 年，中国旅游事业开始大发展。初期，节事活动的规模和数量都比较小，以观光旅游的补充形式出现，尤其以传统的节庆活动为主。从 20 世纪 80 年代后期开始，游客在观光、游览的同时，可以欣赏到部分歌舞表演了。这一时期的节庆活动发展较为缓慢，节庆旅游刚刚处于起步阶段，旅游业对节庆活动开放和重视程度不够，还没有人认识到节事活动和会展业的重要性。

1991 年以后，国家旅游局借鉴国际上举办大型主题年活动的成功经验，开始在国内举办系列旅游年活动，各地也纷纷推出旅游专线，配合举办了不少在当地有代表性的文化节庆活动，借国际旅游展示了我国地大物博的风采。开发较早的节庆，逐渐形成了在旅游上有一定影响的节庆活动，如云南西双版纳的泼水节、路南石林的火把节、哈尔滨的冰雪节、潍坊的国际风筝节、内蒙古的那达慕大会、大连的国际服装节、洛阳的牡丹花会、广州的春节花市等。这些节事活动有传统节庆再开发和包装形成的旅游节庆，也有"人造"的新节庆，它们相辅相成，对吸引旅游者、推动当地的经济和旅游发展起到了有目共睹的作用，人们对节事活动重要性的认识在实践中不断得到提高和深化。正因为这样，我国进入一个有计划、有组织地主动开发节事活动的新阶段。

3) 现代节庆的发展

中国现代节庆的发展经历了两次小高潮，第一次是 20 世纪 90 年代的中国涌现了一大批作为旅游吸引物和旅游产品的现代节庆，微观上以表演仪式的方式展现"后台"的民众生活世界,宏观上以"热点活动"带动旅游温冷地区。在北京奥运会和上海世博会"口碑效应"的利益示范驱动下,中国现代节庆又现第二次发展高潮,典范成为制度主体制订和实施政策的依据。总而言之,中国现代节庆和中国旅游业的发展进程渊源颇深,旅游业激活了社会民众的记忆痕迹,使民众的节庆参与具有浓厚的文化历史色彩,从而把沉寂状态的文化历史变得鲜活、生动,同时也把制度性因素转化为民众的生活实践。可以说,没有中国旅游业的发展,就没有中国现代节庆的今天。

作为丰富旅游活动内容的重要手段和旅游产品多样化表现形式的旅游节庆,在20世纪80年代的中国为数不多。洛阳牡丹花会(后更名为"中国洛阳牡丹文化节")、哈尔滨冰雪节(后更名为"中国·哈尔滨国际冰雪节")和大连国际服装节是那个年代的突出代表。所在城市的文化底蕴、产业基础和经济条件是节庆得以发展的前提。以大连国际服装节为例,由于20世纪70年代末大连服装业的兴起,大连人走出城市,频繁参加全国服装展销会,大连在20世纪80年代也成为获奖数最多、销售额连续6年夺冠的城市。在大连市内,也开始不定期举办服装博览会,吸引了不少服装生产商、代理商等会聚大连。1988年8月20—28日,大连市人民政府和国家旅游局、中国服装工业总公司、文化部社会文化管理局及中国康艺音像出版公司共同举办了首届大连服装节暨"康艺杯"中国农民吹奏乐邀请赛,以后开始定期每年举办一次国际服装节,丰富了人民物质活动和精神生活,也改善了大连的投资环境。

1991年,国务院在批转国家旅游局的请示中,要求加强对外宣传促销的管理。凡参加国外旅游展销活动和在国内举办全国性的国际旅游展销活动,由国家旅游局组织。各省、计划单列市如牵头举办跨省市的区域性国际旅游展销活动或连续举办以旅游招徕为主的定期的旅游节庆活动,应报国家旅游局审批。

1992年,国家旅游局首推主题旅游年(见表2.1),92'中国友好观光年上,国家旅游局推出首批249处国线旅游景点。其中,山东的4条国线景点中,"青岛栈桥、崂山、青岛啤酒厂"为其中一条。可以说,20世纪90年代是中国现代节庆第一次蓬勃发展期,旅游节庆在中国呈遍地开花之势。在旅游主题年的催生下,中国旅游节庆伴随国家旅游局推出的国线旅游景点和专项旅游线路而层出不穷,无论是在旅游点上,还是在旅游线上,地方政府纷纷将有地方特色的活动包装后,推向旅游市场,一方面延长游客的逗留时间,提高游程的娱乐性;另一方面丰富了旅游产品的形式。

表2.1 国家旅游局主题旅游年与中国旅游节庆

年 份	主题旅游年主题	代表性现代节庆
1990及之前	—	洛阳牡丹花会(1983)、潍坊国际风筝会(1984)、哈尔滨国际冰雪节(1985)、泰山国际登山节(1987)、曲阜国际孔子文化节(1989)、上海旅游节(1990)
1991	—	青岛国际旅游节、宁夏银川国际黄河文化节、莱阳梨花节、中国黄山国际旅游节、内蒙古草原旅游节
1992	1992中国友好观光年	菏泽国际牡丹花会、海南国际椰子节、兰州中国丝绸之路节、怀远县花鼓灯艺术节、中国长春电影节、中国(淮南)豆腐文化节

年　份	主题旅游年主题	代表性现代节庆
1993	1993 中国山水风光游	南宁国际民歌艺术节、中国普洱茶节、上海国际电影节、中国三峡国际旅游节、襄阳诸葛亮文化旅游节
1994	1994 中国文物古迹游	上海国际茶文化节、东方文化寻根游暨中国洛阳关林国际朝圣大典、湄州妈祖文化旅游节、中国国际钱江(海宁)观潮节
1995	1995 中国民俗风情游	绍兴公祭大禹活动、中国义乌小商品博览会
1996	1996 中国度假休闲游	天涯海角国际婚庆节、田东芒果文化节、连云港西游记国际旅游文化节
1997	1997 中国旅游年	宁波国际服装节、怀化黄岩杜鹃节、沈阳冰雪旅游节、无锡阳山桃花节
1998	1998 华夏城乡游	昭君文化节、本溪首届枫叶节、北京大兴西瓜节、象山开渔节
1999	1999 生态环境游	辽宁金秋国际旅游节、上海国际艺术节、中国青岛海洋节、海南岛欢乐节、抚顺满族风情国际旅游节
2000	2000 神州世纪游	中国昆明国际文化旅游节昆明狂欢节、怀仁陶瓷文化节、杭州西湖博览会、鞍山千山国际旅游节

注:编者根据相关资料整理。

2008 年北京奥运会和 2010 年上海世博会的成功举办,进一步推动了社会和公众对大型节事会展的认知,树立了正面的楷模形象。大型节事也因此更被广泛接受和推崇,各地,包括各省、各市、各县,甚至是各乡镇,都在举办大型节事上表现得颇为积极。有条件的城市纷纷申报国际组织的国际级大型节事,按照当时的一句流行语:"没有条件,创造条件也要上!";二三线城市条件一般的、尚达不到申报的资格,也不甘示弱,纷纷举办国际旅游节、国际文化节等"国际化"的大型节事;一般市县、乡、镇纷纷举办各具地方特色的节庆活动。"文化搭台,经济(经贸)唱戏""文化搭台,旅游唱戏"或者"政府搭台,企业唱戏"是这一时期的高频词,尤其针对旅游项目开发和大型节庆举办,也是本阶段现代节庆的典型特征。

据不完全统计,目前我国各种不同主题、不同类型的节庆活动已经达万余个。然而,不少节庆活动所产生的社会效果并不明显,往往是以声势浩大、明星云集的开幕晚会作为节庆活动的代名词,相比较而言,在"欢乐"气氛的制造方面却差强人意,公众的参与度低,参与热情淡漠;在表现形式上较为单一,主题雷同,如全国以"旅游节"为名的节庆不下百个,而且耗资巨大。据权威机构统计显示,每年涉及节庆的政府资金为 450 亿元左右,加上节庆吸纳的社会资金,用于节庆的资金超过 700 亿元。在狭隘的"经济效益"和"彰显政绩"的驱使下,不少地方政府忽视了其社会文化功能所带来的更具意义的社会效益、文化效益和环境效益,实际营造的欢乐气氛和文化气息远远不够。由于过于流于形式,我国大型节事面临着生命力不强,公众的参与积极性不高,参与人数少,经济效益和社会效益收效甚微等诸多问题,少数节庆甚至诱发了地方百姓的抵触情绪。

早在 2008 年 1 月,文化部与国家发改委等部门就曾联合颁布了《关于建构合理演出市场供应体系、促进演出市场繁荣发展的若干意见》,严禁政府有关部门及其所属事业单位利用公款邀请演艺明星举办节庆活动,减少节庆大型演出活动的数量和规模。2013 年 3 月 13 日,文化部部长蔡武做客中央人民广播电台中国之声两会特别节目《做客中央台》时表示,针对群众反映文艺演出动辄上亿元的问题,将进一步严控政府主办财政出资的节庆活动,严禁使用财政资金邀请各类名人明星参与活动,严控在节庆活动期间举办大型文艺晚会,从源头上遏制大制作和公款请明星的现象。

无论是综合型的系列节庆,还是单体的节庆,都在"削减三公经费"的背景下精简活动。2013 年 11 月 29 日,山东省文化厅发出通告:"削减节庆活动 压缩'三公'经费"。"三公"经费仅接待费用 2013 年就比 2012 年同期减少 63%。大幅削减合并文化节庆活动,由原来 11 项减少到 3 项,主动合并取消山东省农村文化艺术节、山东省美术作品展览、山东国际小剧场话剧节、全国曲艺类非物质文化遗产保护成果学术交流展演、2013 全国美术馆年会、全国古琴艺术雅集品赏会等 8 项。单体的节庆活动内容和项目的安排上,也有大幅调整和压缩。如中国杭州西湖国际博览会(简称"杭州西博会")自 1999 年恢复举办以来,以节目内容丰富,亮点纷呈为主要特色,是杭州标志性城市活动。在提倡勤俭节约、反对浪费的政策形势下,2014 年杭州西博会明显"瘦身",举办的活动项目从 2013 年的 150 项锐减到 50 项。如今,在"三公"经费削减的态势下,2013 年之后的中国节庆活动正在调整、"瘦身"和转型,这是节庆产业亟待升级的绝佳时期。

【案例启迪】

青岛第 24 届国际啤酒节秉承节俭风 取消开幕式晚会

本报青岛 8 月 13 日讯(记者 陈之焕)作为夏季青岛最受市民和游客欢迎的节庆活动,今年,第 24 届国际啤酒节秉承节俭风,取消了啤酒节的开幕式晚会,不请明星,整个啤酒城内所有建筑的搭建均选择可重复使用的材料。

距离第 24 届青岛国际啤酒节开幕还有 3 天,今年啤酒节有哪些特点呢? 13 日,记者采访了解到,今年啤酒节秉承节俭风,取消了连续多届的啤酒节开幕式晚会,不请明星,仅此一项就节省数百万元。2013 年第 23 届青岛国际啤酒节开幕式创下了不到 10 分钟的纪录,今年啤酒节开幕式也不会超过 10 分钟。除了节俭外,今年整个啤酒城的搭建都选择可重复使用的材料,大棚的搭建、装饰,均选择可重复使用材料。

(资料来源:齐鲁晚报网)

2.1.3 现状特征

1) 现状特征

①从地域上看,我国节庆活动遍布全国。经济发达的东部沿海地区以新开发的现代节庆为主,西部以新型传统节庆为主,中部为混合型。

由于全国各省市大力发展节庆经济,迅速扩大了中国节庆产业的规模;节庆经济已成为我国国民经济结构的重要组成部分,为国家社会经济发展作出了重大贡献。在东部沿海地区,由于经济较为发达,人造节庆明显较多;西部少数民族地区,则以传统节日再开发的形式,形成新的旅游传统节庆。

②从时间上看,主要集中在春、秋两季。

③从类型上看,节庆种类多种多样,增长最快的为旅游类节庆、经贸类节庆和物产类节庆,主要以资源导向型节庆居多。

据相关统计,文化艺术类、旅游类、民俗类和物产类节庆所占的比例较大,反映了我国节庆活动的举办主要依托了当地具有比较优势的资源和物产。从侧面反映出在新经济形式下,国内节庆的职能方向与产业结构调整之间的承载体关系。

④从节庆活动的表现形式看,节庆活动形式多样,经济效益明显。

我国各地的节庆活动不断创新,形式多样、内容丰富,其中有自古沿袭下来的传统节日,也有佛教、道教、基督教等带有浓郁宗教色彩的节日。许多传统的、民族的、宗教的节庆活动都注意与现代节庆元素的结合,在保持原有风格的前提下,不断充实新的内容,尝试新的形式。

⑤从运作模式看,从政府主办,逐步走向"政府主导、社会参与、市场化运作"的模式。

我国节庆已经开始形成产业化雏形,从组织机构的角度看,目前我国大多数的节庆都由政府部门主办,其中绝大多数由地方旅游局以及为举办大型活动需要而新设立的大型活动办公室或者会展办主办,由协会、企业和景区主办的节庆活动较少。

2) 存在的问题

(1)主题选择雷同,缺乏创意,形式大同小异

目前,我国节庆活动中存在大量的"美食节""旅游节""文化节"等,主题雷同,没有新意,大多为开闭幕式晚会、明星助阵、商品展销、经贸洽谈、签约仪式等,对居民和旅游者来说没有吸引力,缺乏新鲜感。

(2)行业管理制度缺乏,品牌节庆较少

在我国,从会展行业的管理制度看,展览业一般由当地的会展行业协会管理,而节庆活动没有专门的行业组织,缺乏监督机制,只要是政府举办,节庆项目就立即上马,缺乏科学的调研和论证。从节庆活动的举办效果看,也差强人意。以短期利益为重,不注重长期效益的品牌经营,使得大量节庆生命力不强、影响力不大。

(3)文化内涵挖掘欠缺,形式主义较为严重

文化是节庆活动得以生存和发展的核心。我国的现有节庆中有相当一部分对民众的吸引力不够,参与度较低,根本原因在于只注重表面形式,没有把文化内涵成分展示出来,甚至出现一些低俗的表演,容易造成大众的反感。

(4)政府干预较多,资源浪费明显

我国的节庆活动离完全的市场化还有一大截路要走,政府在节庆举办过程中扮演多重角色,策划者、组织者、管理者、投资者、参与者等,"教练员"和"运动员"身份重合,出现管理无序、质量不高、经营不善、资金浪费、资源浪费等诸多现象。

2.1.4 节庆发展的条件

1)地方政府支持

在我国现有的节庆管理体制下,地方政府是否支持,成为地方节庆能否发展的关键因素。政府对于节庆发展的支持,不应该仅仅表现在资金支持上,而是要在综合分析区域特色、节庆主题、举办数量和质量等现状的基础上,对所在区域举办的节庆进行科学的节庆产业规划,与周边的区域实行联动,加强区域间的联动,整体、系统地开发当地节庆。

2)区域特色明显

只有主题鲜明的节庆才能赢得市场的份额,吸引大量旅游者和当地居民积极参与。主题的选择至关重要,能够充分体现当地独特性的民俗文化和物产,往往是节庆主题的首选,其次是与创新相结合,准确定位,能有效吸引客源市场。

3)经营管理得当

组建专业的节庆运作团队至关重要。将节庆当作一个科学的项目对待,实行严格的项目化的运作和管理,将大大提高节庆的质量和效益。

4)与旅游业紧密结合

节庆活动只有和旅游业紧密结合,才能做大做强。目前,节庆活动的投入与产业不平衡,节庆活动的社会效益是社会长期的美誉度,经济效益是消费者带来的经济拉动,但国内不少轰轰烈烈的节庆活动,如今还是收入小于投入。其根本原因就在于没有和旅游业结合。节日的功能是娱乐与消费,品牌节庆活动带来了强大的人气,最直接的受益者就是地方的旅游。

2.2 西方节庆的现状与发展趋势

2.2.1 西方节庆的起源

1)古希腊节庆

古希腊文化是西方文化的源头,古希腊城邦文化则是现今城市文化的起源。古希腊文化作为古典文化代表,在西方乃至世界都占有极其重要的地位。古希腊的节庆活动大致可以分为两大类:一类是以希腊神话诸神及其故事为主题的节庆;另一类是基督教主题的庆典活动。希腊神话是原始氏族社会的精神产物,欧洲最早的文学形式,产生于公元前8世纪以前。古希腊最为著名的大型庆典活动就是奥林匹克运动会。古代希腊和地中海区域其他国家的人们在祭典和收获季节,常常举行盛大集会,并进行各种游乐和竞技活动,热闹非凡。最初这些活动分散在各地,也不定期,但以奥林匹亚的集会最为盛大。

公元前 884 年,古希腊爆发战争,各地战火连绵,瘟疫成灾,农业歉收。希腊平民非常渴望和平,怀念当年的那种庆典活动。于是,奥林匹亚所在的伊利斯城邦国王联络其他几个城邦的国王,达成了一项定期的奥林匹亚举行运动会的协议,规定在运动会年实行"神圣休战日"。"神圣休战日"期限为 3 个月。在这期间,任何人不得动刀兵发动。即使正在交战的双方,也得放下武器,准备去奥林匹亚参加运动会。从此,产生了全希腊性的赛会,到公元前 776 年,第一次用文字记录下获奖者的全名。这就是后人所说的第一届古希腊运动会。之后,这种赛会每 4 年举行一次,比赛地点在奥林匹亚,它是古代奥林匹克运动会,简称古代奥运会。从公元前 776 年到公元 349 年,古代奥运会被罗马帝国的皇帝废除,古代奥运会一共举行了 293 届。皮埃尔·德·顾拜旦是现代奥运会的奠基人。1863 年,顾拜旦提出举办类似古奥运会的比赛,但不是照搬,而是把过去只限于希腊人参加的古奥运会扩大到世界范围。尽管顾拜旦的主张遭到一些反对派的反对,但在他的不懈努力下,1894 年 6 月 16 日终于有 20 个国家派代表在法国巴黎大学召开了第一届"重建国际奥林匹克运动会国际会议"。6 月 23 日晚,委员会正式宣布成立国际奥林匹克委员会,这一天,对世界体育运动的发展,对奥林匹克运动具有划时代的意义。

古罗马还有一个著名的大型节日"大酒神节(Great Dionysia)",在希腊罗马宗教中,这是为酒神巴克斯(狄俄尼索斯)举行的一个节日。早在公元前 7 世纪,古希腊就有了"大酒神节"。每年 3 月,为表示对酒神狄俄尼索斯的敬意,都要在雅典载歌载舞,举行盛大的庆典活动。节日历时数天,规模盛大,每年都吸引众多来自乡下和外邦的人们参加。群众自发地组成游行队伍,一边高唱欢乐的酒神颂歌;一边表演优美的舞蹈。在筵席上唱的关于酒神故事的即兴歌被称为"酒神赞歌(Dithyramb)"。以后逐渐发展为由 50 名成年男子和男孩组成的合唱队,在科林斯的狄俄尼索斯大赛上表演的一种综合艺术形式。人们开始创作大量的酒神颂歌在酒神节上演唱。酒神赞歌开启了伟大的希腊抒情合唱诗盛行的时代,并最终导致了古希腊戏剧和音乐艺术的发展。

古希腊很多节日的主题与希腊诸神有关,如塞斯摩弗洛斯节、雅辛托斯节、男孩子的节日、阿多尼斯节、塔尔盖利节、阿佛洛狄忒西亚节、赫耳墨斯节等。

除此之外,古希腊还有许多以基督教为主题的节庆,如主显节。主显节原本是东方教会庆祝耶稣诞生的节日。在古代的思想脉络中"主显(Epiphaneia)"一词的希腊文原意是:一位神出现,使人肉眼可以看见,或是一位被当作神崇拜的皇帝,到他王国的某一城市拜访,使当地的居民能看见他。按照传统习俗,东正教徒会跃入冰冷刺骨的水中"净化"灵魂。

【案例启迪】

俄罗斯迎主显节 16 万莫斯科人跃入冰水洗礼

中新网 1 月 19 日电　据俄媒报道,19 日俄罗斯迎来东正教传统节日——主显节,按照传统习俗,俄罗斯人会跃入冰冷刺骨的水中"净化"灵魂。在首都莫斯科,参加节日庆祝活动的人数达到 16 万。

报道称,因为参加主显节庆祝活动的人数逐年增加,莫斯科当局为教徒们创造了更好的条件,莫斯科总共开辟了 60 个洗礼地点,而在俄罗斯全境洗礼地点已经超过 3 000 个。

俄罗斯紧急情况部表示,该部门将有 3.55 多万名工作人员确保主显节期间洗礼安全。除救援人员外,警察、医疗人员和志愿者也将在洗礼现场执勤。主显节之夜将动用 1 万多种技术设备。

报道称,医务人员已经劝说有心血管疾病的患者和儿童避免参加活动,医生会在指定地点待命随时提供帮助。另外,莫斯科当局还为参与活动的教徒们提供了热茶。

（资料来源：中国新闻网,2015-01-19.）

俄罗斯主显节 民众零下 33 ℃挑战冰点极寒

1 月 19 日,俄罗斯西伯利亚城市克拉斯诺亚尔斯克,当地气温零下 33 ℃,人们在冰封的马纳河上凿开一个洞口,东正教神父将冰水倾倒在一名信徒身上,迎接主显节。主显节是俄罗斯东正教最重要的节日之一。按照传统,很多人会在这一天跳入冰窟窿中游泳,人们相信,这一天在河水中沐浴可以带来健康和好运。每逢主显节来临之际,气温都会骤降,这似乎是上帝为了考验东正教信徒们的虔诚。这段时间甚至有专门的名称,即"主显节霜冻"。然而无论多冷,主显节当天夜里仍有很多人愿意潜入冰水中,在"高峰时段"甚至要排 1 小时队。这一仪式的刺激体验不仅吸引想要完成最重要宗教仪式的信徒,同样也吸引着那些想检验个人意志的人们。

（资料来源：中国日报网,2016-01-19.）

古希腊节庆中大多数节庆活动都与表演艺术有着密切的关系,而歌舞、戏剧和乐器等表演又是这些节庆活动中艺术表演的主要方式,这些已成为西方现代各种艺术节、音乐节和戏剧节的源头。

2）古罗马节庆

古罗马于公元前 753 年建立城邦国家,罗马人靠军事征服掠夺的财物和奴隶的无偿劳动积累了大量财富,他们过着奢侈、纵欲、荒唐的生活。享乐成为他们生活的唯一乐趣,于是其节假日就异乎寻常地多。高卢占领罗马时期有长达 8 天的阿波罗节,每年 7 月举行;公元前 204 年传入大神母节。罗马在帝国时期,节日娱乐活动几乎成了平民日常的活动。如运动会由最初的 8 天变为 16 天。宗教性节日也不少,3 月 15 日是岁序女神安娜·珀壬娜节;6 月 13 日是封斋节前礼拜日,有一连 3 天的庆祝活动。还有名目繁多的节日,如牧神节、基利努斯神节、农神界、俄普斯女神节、圣像节等。最精彩的是 12 月 26—29 日的小丑节,这期间,人不分高低贵贱,神父会被选为小丑,庄严的弥撒也会变为闹剧,纯粹属于平民的一种发泄式狂欢。

古罗马王政时期,4 世纪初,节庆日超过 175 天。共和时期有固定日期的节日也有 120 天之多,古罗马人几乎是三天两头过节。古罗马的节假文明对后世有深远的影响,农神节发展成为除夕新年节日,庆祝方式为宴会和化装舞会;小丑节后来名存实亡,但其狂欢游行,却是现代西方各种狂欢节的源头。

2.2.2　国际节庆的现状

1) 发展概况

如今,在一些发达国家的城镇,节庆产业的产值占 GDP 的 2%,同时,节庆产业还会带动当地的旅游、餐饮、购物、住宿、交通、广告、通信、娱乐等行业的发展。许多城镇,一个节庆,就可创富一年,节庆产业成为产业的皇冠、纽带和最重要的表征物与话语权。节庆产生的效益是非常巨大的。

据不完全统计,全球知名的 8 万个节庆中,95% 起源于发达国家,发展中国家占的比例很少。节庆产业蕴含着无限商机,犹如聚宝盆。例如,美国节庆产业创造的利润非常可观。玫瑰节是美国的新年庆典,每年元旦,全美各地的人们赶往四季如春的加利福尼亚州帕萨蒂娜市,上午在橘园大道和科罗拉多大街观看马队、花车和管乐队组成的大游行,下午观看轰动全美的大学生橄榄球锦标赛。该赛事通过广播电视卫星,每年向 60 多个国家和地区转播,全球有 4.5 亿观众收看,同时,还为帕市的商业、旅馆业及其他行业带来 1.5 亿美元的经济效益。美国格莱美音乐节也是如此,全球 175 个国家、约 200 个城市电视台转播,20 亿观众收看,仅电视转播收入就高达 32 亿美元。

此外,西班牙潘普罗那市政府每年为奔牛节投入 3.26 亿比塞塔(约合人民币 2 014.68 万元),但奔牛节为该市带来了 77 亿比塞塔(约合人民币 4.76 亿元)的丰厚收入;荷兰海牙北海爵士音乐节,仅靠门票收入养节还有颇多盈余。又如,达沃斯论坛也可视为一个节庆,每年为这座瑞士小镇创造数十亿美元的收入。这些实例都证明,节庆产业可以给举办城市带来巨大的经济效益,成为经济增长的有力助推器。

2) 特征

①西方节庆源远流长,文化内涵丰富。
②节庆经济效益明显,投入产出比例为 1∶100 左右。
③国际知名的品牌节庆较多,已经成为一个重要的产业和一个较长的产业链。
④节庆遍布各种产业,尤其是与文化产业的结合尤为紧密。

2.2.3　国际节庆的发展趋势

1) 继续带来持续、稳定的经济效益

一个节庆的举办,数以万计的人流涌入,对当地的旅游、餐饮、购物、住宿、交通、广告、通信、娱乐等行业都起着拉动作用,能有效地激活举办地各行各业的消费需求增长。综观世界上著名的地方节庆,如西班牙的斗牛节和牙布诺小镇西红柿狂欢节、苏格兰的爱丁堡艺术节、美国的华盛顿樱花节和半月湾南瓜艺术节、意大利的威尼斯狂欢节、德国的慕尼黑啤酒节无不围绕着吸引人的主题,设计独特的体验,让旅游者觉得为此而付费值得。以洛杉矶近郊帕萨蒂那市玫瑰花节为例,每年的玫瑰花车游行及玫瑰碗橄榄球吸引了来自美国各州的

人们及外国游客,给帕萨蒂那小城带来了商业、饭店业的繁荣,并为小城带来 1 亿~1.5 亿美元的收入。据有关资料统计,德国慕尼黑啤酒节,每年吸引 600 万~700 万人参节,每届综合收益约为 10 亿欧元。

2) 有效定位政府职能

西方国家对于举办节庆活动中的政府职能定位非常清晰,监管、搭建平台和提供部分资金支持,不直接参与具体的运营和管理,节庆的具体运作由专业公司(企业)或者协会组织的专业团队负责。政府的基本职能体现在以下几个方面:制订节庆和特殊活动发展的有关政策;协调不同节庆活动之间的关系;从主题、时间甚至举办地点等方面,知道节庆活动的合理布局;整合和协调相关部门及组织的力量,保障节庆的顺利举办。

3) 重视游客体验

体验经济时代展示了社会经济发展的方向,善于接受新锐思想的行业开始主动调整自己的战略,并进一步运用到营销实战中去。在体验经济时代,人们生活日渐富足,旅游者求知、求美、求新的需要日益增强,旅游发展进入体验旅游阶段。日益成熟的游客消费心态及日益提高的游客文化品位是"体验旅游"迅速发展的主要原因。现代旅游者和其他方面的消费者一样,希望借旅游不仅学到大量的地理、历史、文化与科学知识,了解风土人情开阔视野,更主要的是使旅游者精神上得到享受,放松因现代生活造成的紧张神经,留下美好的回忆。体验通常不是自发的而是诱发的,诱发并非意味消费者是被动的,只要拥有合适的外在条件,体验的欲望无法遏止。节庆就属于这种诱因,欢乐是节日的根本,如果游客愿意为节庆体验付费,体验本身也转变为主动性消费。正如西班牙潘普罗那市市长所述:"节庆的魅力不在于政府为奔牛节所安排的 156 项活动,而在于亲临其境感受满街的人文气氛,在于与众多的能够参与并陶醉于节庆的人群为一体的机会之中。"

4) 当地居民积极参与

社会参与度不仅是节庆活动能否生存的重要前提之一,更是衡量一个节庆是否成功的标杆。民众参与是指居民、游客、企事业法人、社会团体等对节庆活动的参与。其中,居民和游客是节庆参与的主体。居民,既是节庆的参与者,也是重要的目标市场,也可能是节庆的组织者;而当地人对于节庆活动所持的态度往往在很大程度上会影响旅游者的选择和行为。著名节庆策划师安德鲁·布利比曾说:"如果没有当地居民如痴如狂的参与和投入,也不可能像巨大磁石一样吸引各方游客来参与这个节日。"因此,民众参与应是一个全程的、全方位的参与,就像人身体中的血液一样,贯穿于每个旅游节庆活动的始终,包括节庆活动前期的策划、组织,活动现场的后勤保障、志愿者服务、现场观看、直播收看,以及后期的评估、反馈等的任何一个组成部分。慕尼黑啤酒节的当地游客占到 60%,正是当地居民对啤酒节如痴如醉的参与,才吸引众多的国际游客像当地人一样穿上传统的德国皮裤和紧身连衣裙盛装加入游行队伍,充分展现了巴伐利亚文化风情。每年一度以家庭休闲为主的澳大利亚布里斯班 Ekka 节,73% 的顾客是昆士兰本地人,虽然外地游客人数也在逐年增加,但仍以当地居民为主。

复习思考题

1.简述中国节庆的起源。

2.我国节庆发展的历程如何？

3.简述我国节庆发展的现状特征。

4.我国节庆发展中存在的问题是什么？

5.简述国际节庆的现状。

6.国际节庆的发展趋势是怎样的？

7.我国节庆发展的条件是什么？

【案例研究】

第34届中国洛阳牡丹文化节启动《丝路花都》邮票同时发行

中国日报河南记者站4月3日电 位于河南省西部,因地处洛河之阳而得名,素有"千年帝都,牡丹花城"之美誉的中国八大古都之一——洛阳,在昨日上午,迎来了第34届中国洛阳牡丹文化节赏花启动暨《丝路花都(第二组)》邮票发行仪式。万千朵牡丹在仪式现场——中国国花园争先绽放,映出一片花的海洋。本届牡丹文化节以"国色天香,世界绽放"为主题,围绕"政府引导、市场运作,文化惠民、产业融合,创新提升、协调发展"的指导思想,共策划11项主体活动和27项专项活动,涵盖了赏花旅游、文化活动、经贸会展等多个领域,其中包括开幕式、优秀剧目展演月、"花与世界"——世界名花摄影作品展暨世界摄影家看洛阳、投资贸易洽谈会等活动。

据了解,洛阳市牡丹观赏园已采取温室催花、搭建温控大棚等人工调控措施,已有连片牡丹盛开,可满足来洛游客的赏花需求。早开品种陆续开放,中开品种4月8日前后进入盛花期,晚开品种4月18日前后进入盛花期。

其中,王城公园牡丹观赏区占地15.5公顷,种植牡丹868个品种,13万余株;中国国花园借助牡丹种植面积大、品种多的优势,在全园各主要赏花景点共搭建168个控温控湿大棚、面积达2.3万多平方米,清明节期间,早开园内涵盖九大色系158个品种、2.1万余株牡丹盛开迎宾。此外,国际牡丹园、隋唐城遗址植物园、西苑公园、天香牡丹园也各有特色,育种奇艳。

启动仪式上,《丝路花都(第二组)》邮票同时发行。该组邮票延续第一组的设计理念,以方寸牡丹诠释洛阳经济的繁荣昌盛,凸显洛阳在丝绸之路历史上的无限神韵。同时,发行的《丝路花都》邮票珍藏册将丝绸之路中国段的洛阳遗址、景区、文物等洛阳元素与纪特邮票相结合,完美呈现,着力提升洛阳形象,续写古都辉煌。

据了解,为迎接第34届牡丹文化节,洛阳各牡丹观赏园的基础设施也进行了完善与提升。各园制作补充了园区的导游图、导向标志、景区介绍等标志,进行景观改造,对园内座椅、护栏、水电、园路等进行维修改造和刷新。

(资料来源:中国日报河南记者站,2016-04-03.)

讨论问题:

1.中国洛阳牡丹文化节的起源是怎样的?

2.洛阳牡丹文化节的运作模式是什么?

3.为什么中国洛阳牡丹文化节同步发行邮票?

【开阔视野】

德国慕尼黑啤酒节——十月狂欢节

2016年9月17日,第183届慕尼黑啤酒节在雨中开幕。开幕时刻,慕尼黑市长一声"O zapft is!(开酒了)"正式为这场美酒与美食的狂欢盛筵拉开了帷幕。

慕尼黑啤酒节又称十月节,已有206年的历史。因为节日期间主要饮料是啤酒,所以人们习惯性地称其为啤酒节。啤酒节每年九月末在德国慕尼黑举行,持续两周,到十月的第一个星期天结束。

啤酒节是慕尼黑一年中最盛大的活动。事实上,啤酒节最初设立是庆祝巴伐利亚王储路德维希与萨克森王国公主特蕾泽·夏洛特·露易丝的婚礼。为了表示国王对臣民的恩典,在两天活动期间,慕尼黑有4个地方向全体平民免费供应饭菜和饮料,王国的骑兵卫队还在慕尼黑西南部一草坪举行赛马和射击比赛。

草坪以新娘特蕾泽的名字命名为"特蕾泽"草地。由于庆典让人印象深刻,人们建议1811年再举办一次全民活动。自此,啤酒节每年举办一次,这就是十月节的起源。

在发展中,啤酒节逐渐演变为一个民俗节日,越来越多的啤酒酿造商落户十月节。入夜以后,摊位上灯火通明,足以照亮整个夜空。乐队也逐渐加入这场狂欢。啤酒商们将小型啤酒屋改建成大型啤酒帐篷,马戏团和游乐场经营商也纷纷入驻。

啤酒节期间,来自全德国各个州的人们会穿上富有特色的民族服装,演奏着音乐浩浩荡荡穿过慕尼黑市中心,最后来到啤酒节的现场——特蕾泽草坪。

男性传统服饰为皮衣皮裤,女性则身着颇似日漫中女仆装的裙子。参加的人包括家庭妇女、中学生,甚至是幼儿园的小朋友。(粟卫斌 管佩云)

(资料来源:中国网,2016-09-28.)

第3章
市场调研

【学习目标】

通过学习本章,学生应该能够:

理解:市场调研的内涵

　　　市场分析

　　　可行性分析

熟悉:市场调研的作用

　　　市场分析报告的撰写

　　　可行性研究报告的撰写

掌握:市场调研的工作流程与内容

　　　市场调研的方法

【关键术语】

市场调研　市场调研流程图　市场调研方案　数据集市　数据仓库　问卷调查法　德尔菲法　眼动实验法　网络调研法　主题　行业　旅游市场环境　游客需求　旅游公共服务　投入产出　可行性研究　大型群众性活动　资源配置

【开篇案例】

珠海大型城市节庆活动市场调研

珠海市是以大型城市节庆活动闻名的旅游目的地,较为出名的节庆包括珠海赛车节、珠海电影节、泛珠三角超级赛车节、沙滩音乐节、国际马戏节、北山音乐节等。这些城市节庆活动是珠海旅游会展行业不断发展的重要抓手和推力,体现了珠海城市文化的软实力,也是珠海迈向国际宜居城市和与港澳联动打造"港珠澳国际都会区旅游圈",成为驰名中外的世界休闲旅游目的地的最佳佐证。

为总结珠海大型城市节庆活动取得的成效、发现存在的问题并提出持续发展建议,珠海文化旅游研究基地课题组进行了市场调研,把调研对象分为4个组别,共发放问卷5 500份,回收有效问卷4 861份。其中,A学生组(包括小学生、中学生、大学生)发放问卷2 400份,回收有效问卷 2 161 份;B 外来人员组(包括外来工、旅行社客人、酒店住宿客人、港澳台及国际游客)发放问卷 1 150 份,回收有效问卷 981 份;C 市民和服务人员组(包括原住民、城市社区居民、城市服务一线服务人员)发放问卷 1 500 份,回收有效问卷 1 335 份;D 公务员组(包括政府机关公务员、事业单位干部、公办院校教师和管理干部、高校教师和管理人员)发放问卷 450 份,回收有效问卷 384 份。此外,课题组还进行了 31 次访谈。其中,旅游行业协会高管 11 人、酒店行业职业经理人 9 人、会展业行业协会人员 5 人、教育业相关专业的教师 6 人。

经过市场调研,最后课题组提出以下发展建议:①科学规划城市活动,打造经典节庆品牌;②维护城市活动秩序,提升城市管理能力;③提高节庆会展产业与城市规划功能布局的契合度;④注重专业会展人才的培养与引进;⑤完善市场化运作机制。

[资料来源:王明星、邹智娴、林柳琳.珠海大型城市节庆活动社会效益调查与评估研究[N].珠海特区报,2016-09-10(008)]

3.1 市场调研的作用与内容

随着经济、社会与技术的快速发展,市场信息已呈现爆炸式增长,不仅种类多、内容杂、体量大,而且还不断地变化着。在节庆策划的过程中,需要对市场信息进行研究与分析,以提取与之相关的内容。但如何从海量的市场信息中获取有价值的部分,这就需要深入扎实地进行市场调研,这也是为节庆策划提供战略支撑和决策支持的重要途径。

3.1.1 市场调研的内涵

在原始社会后期,人类随着剩余产品和社会分工的出现,逐渐产生了交换行为,这为市场的起源提供了前提条件。从最初的碰巧性交换、物物交换,到集会、集市和集场的出现,市场经历了不同的发展阶段,市镇、城市在市场的基础上逐渐形成雏形。在现代汉语中,"市"可以解释为集中买卖货物的固定场所,如米市、菜市等,"场"可以解释为适应某种需要比较大的地方,如操场、球场等。但随着内涵的不断拓展,市场不再专指传统地理空间上的称谓,还包括交易行为和商品交换关系的总称,如房地产市场、智能手机市场、演出市场、旅游市场等。

市场是看得见的,也是看不见的。要想深入揭示市场的本质,尤其是站在市场营销的视角制订相关计划,就必须开展市场调研。调研,即调查研究,是通过对事物进行系统周密的考察以探究其特征、性质和规律等。调研不完全等于调查或研究,因此,市场调研也不能完全和市场调查、市场研究画等号。关于市场调研的内涵,可能初学者会认为是开展客户调查、识别消费者需求、收集竞争者信息等,但这并没有完整反映市场调研的丰富含义。他山之石,可以攻玉,目前国内引用较多的是来自美国营销协会(American Marketing Association)的定义,其英文内容为:

Marketing research is the function that links the consumer, customer, and public to the marketer through information—information used to identify and define marketing opportunities and problems; generate, refine, and evaluate marketing actions; monitor marketing performance; and improve understanding of marketing as a process.

其中文意思是：市场调研是一种通过信息将消费者、顾客和公众与营销者连接起来的职能；这些信息用于识别和确定营销机会及问题，产生、提炼和评估营销活动，监督营销绩效，改进人们对营销过程的理解。

此外，美国得克萨斯大学阿灵顿分校的小卡尔·麦克丹尼尔和美国 DSS 调研公司的罗杰·盖茨在其经典营销教材《当代市场调研》(*Marketing Research*)中给出了更为精简的定义，其英文内容为：

Marketing research is the planning, collection, and analysis of data relevant to marketing decision making and the communication of the results of this analysis to management.

其中文意思是：市场调研是指对营销决策相关数据进行计划、收集和分析并把分析结果与管理者沟通的过程。

3.1.2　市场调研的作用

1）有助于全面把握市场发展的现状与动态

市场调研是尊重市场发展规律、把握市场发展规律的重要手段，也是探究客观实际的重要途径。没有调查就没有发言权，无论是策划一项节庆活动，或是开发一款新产品，只有在了解市场的前提下才能制订出具体的战略与计划。市场发展受政治、法律、文化、经济等多重因素影响，并受到供应商、制造商、竞争者、经销商、研发人员等多个利益相关者的牵制，需要通过市场调研来全面把握市场发展现状，从而提供决策依据。与此同时，市场与万物一样，都是不断变化的，市场调研可以把握市场发展动态，总结市场发展规律。节庆策划需要通过市场调研把握现状，知彼知己方能百战不殆，也要紧跟变化的潮流，不墨守成规方能随机应变。

2）有助于深入剖析自身能力的优势与劣势

优势是能超过或压到同类事物的有利形势，劣势则是指情况或条件比较不利的形势。尺有所短、寸有所长，事物都有其自身的优势和劣势。然而，凡事没有绝对的优势，也没有绝对的劣势，优势和劣势都是相对而言的，优势和劣势在不同的时空维度下是可能相互转换的。但是，所谓的优势和劣势到底由谁说了算呢？显然是由市场决定的。市场有着大量的个体，市场调研可以充分了解竞争者的情况，优势和劣势也是在与竞争者们的相互比较之中才能彰显出来。例如，对于节庆而言，通过市场调研可以分析同区域都有哪些节庆活动，是否存在同主题的节庆活动，同主题节庆活动的发展现状，通过分析竞争者的优势和劣势，来寻找自身的优势和劣势。

3）有助于提前预测营销环境的红海与蓝海

所有的市场调研，在帮助把握市场发展、剖析自身能力的基础上，最重要的一个作用就是预测功能,充分利用市场规律,为适时地采取或改变相应的策略提供决策依据。通过市场调研,如果能发现无人争抢的市场空间也就是"一片蓝海",那是一种非常理想的表现,并且需要迅速进入市场构筑边界,主动制订市场游戏规则,创新创造商业营销模式。在当前的营销环境下,普遍存在的是竞争激烈的市场空间,也就是红海。市场调研指引人们发现红海并不是为了逃避竞争,而是充分参与竞争,即如何在弱肉强食的环境里采用差异化和专门化的战略,合理分配固有资源,提升质量和效率,做到人无我有、人有我优、人优我新、人新我奇。

3.1.3 市场调研的工作流程与内容

周密的市场调研流程是市场调研至关重要的第一步。如果市场调研流程设计错误,也难以得出理想的市场调研结果,甚至可能会误导决策的制订。因此,必须高度重视市场调研流程。市场调研工作流程的分解方法有许多,整体上来说大同小异。它主要是以时间顺序为基础,其工作内容包括论证阶段、准备阶段、执行阶段和分析阶段4个阶段(见图3.1)。

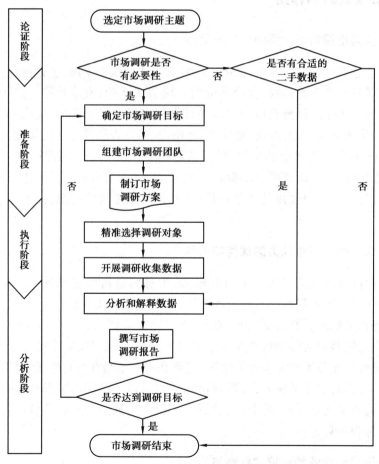

图 3.1 市场调研流程图

1) 论证阶段

市场调研源自现实问题的需要,这也是市场调研的逻辑起点。每一项市场调研都有特定的主题,即其所处的背景情况,该主题不宜过大,但也不能太小。市场调研的目的是为了解决现实问题,但是其本身即是一个"问题",那就是是否真的需要市场调研?如果一项市场调研可以被预见不会产生绩效,那么,从一开始就不应该开展该项调研,或者至少应该在认真修改之后再开展。即便市场调研能够预计产生有价值的信息,也要慎重考虑,因为任何调研都需要各种资源投入,尤其是一项市场调研的实施难度非常大,必须在有限的预算下考虑其能产生的收益。如果相关的市场信息早已存在,市场调研也大可不必,通过二手数据也能得出初步的分析结果。因此,市场调研本身也是需要申请和论证的,这需要市场调研发起者郑重思考与研判。

2) 准备阶段

著名的调研专家劳伦斯·D.吉布森曾指出:"正确定义市场问题是成功市场调研的前提,也是解决营销问题的真正关键。"市场调研需要有明确的目标,且能够用清晰准确的语言加以描述,如此才能有的放矢,后面的调研执行和数据分析也才有意义,否则,模糊的目标只会带来调研效率和绩效的降低,还将浪费时间和金钱。而且一项市场调研的结果如果不能被管理者应用,或者应用不恰当,那也是无效的,因此,市场调研目标的界定必须尽可能邀请高层管理者参与。

市场调研是一份苦差事,对参与人员的专业知识、业务水平、身体健康、道德规范等各项素质要求较高,因此,需要提前组织队伍。对于组建市场调研团队,主要有 3 种途径:

①委托市场调研公司,其中,又包括综合性公司和专业性公司两类,其优点是专业化程度较高,调研能力较强,且具有一定的数据积累,但需要不菲的预算投入。

②高校与科研院所,其优点是理论基础扎实、人力资源丰富,产、学、研合作响应国家号召,通常将市场调研项目科研课题化,双方需要提前对项目的保密程度进行商榷。

③内部机构,其优点是对市场调研的主题、目标都非常清晰,如果没有专职人员而要靠临时人员构成,则需要提前进行培训,不然对其本职工作会带来一定的影响。

市场调研冗长复杂,需要统筹协调,通盘安排,因此,在正式的调研之前应提出相应的市场调研方案。市场调研方案又称市场调研计划书、市场调研建议书,是市场调研工作纲领性的文件,它详细阐述了市场调研的时间表和路线图,详细市场调研方案是市场调研取得预期成果的基础。市场调研方案不仅是调研人员的工作指南,也是市场调研组织者和参与者、市场调研项目委托方和被委托方之间的有效沟通媒介。市场调研方案包括但不限于以下内容:调研主题、调研目的、调研对象、调研方法、调研流程、调研人员构成、时间进度、预算、注意事项和附录等。

3) 执行阶段

市场调研是双向的,既有调研者,更要有被调研者,这也是数据的主要来源。因此,在明确了市场调研的主题、目标和调研者后,要进一步明确市场调研的对象。市场很大,可供调研的对象也很多,比如,可以开展 B2B 的市场调研,即对包括竞争者在内的供应商、制造商和经销商等的调研;也可以开展 B2C 的市场调研,即主要对消费者的调研;也可以开展 B2B 和 B2C 相结合的市场调研。在必要且可行的前提下,采用普查可以获得更为详细的数据。而在无法对全部的对象进行普查的情况下,采用抽样调查也是一种合理的方式,这样可以节约成本和时间。无论是随机抽样、分层抽样,还是整群抽样、系统抽样,尽管会存在一些无法避免的样本误差,但都应尽可能地确保精准选中调研对象。例如,在针对消费者的市场调研中,常常出现被调研者普遍都是学生的现象,除非这是一项专门针对学生群体的市场调研,否则分析出来的结果很难有代表性。有时精准选中调研对象的过程,比开展调研的过程还要耗费更多的时间和精力。

在市场调研过程,可以采用的方法很多,下文将会专门讲述。在具体的过程中,市场调研者应对被调研者关于自己的身份和该项调研作一个简要的说明,在取得被调研者的信任之后再开始相应的问题。在调研过程中,市场调研者应与被调研者有充分的语言和眼神沟通,应保持一种聊家常的心态。针对被调研者不清楚之处应及时作出解释,调研者不应主观臆断,也不要误导被调研者,以确保调研的科学性和有效性。对于较为配合的被调研者,在调研结束后不仅应在言语上给予感谢,也应在预算范围之内赠送一些小礼品,不过也要警惕一些以获得礼品为目的的潜在被调研者。当然,市场调研过程中经常会碰到一些不愿配合的被调研者,对此不应强求,更不要因此失去信心,调研团队成员之间应互相鼓励、互相帮助。由于调研过程艰辛,市场调研组织者应使用足够的激励方式,不仅要身先士卒,在后勤方面也要给予坚实的保障。

4)分析阶段

市场调研可以获得大量的原始数据,也能收集到许多二手数据。二手数据同样有助于市场调研目标的实现,但在数据相关性和准确性方面存在一定局限。对所获得数据,首先进行审查,剔除不符合要求的数据,其目的是提高数据质量;其次进行编码,即转换为计算机能识别的数字符号的过程,通常是分配数字作为代码;再次进行录入,通常采用人工键盘录入的方式,速度相对较慢;最后进行格式转换,主要是便于使用不同的计算机软件进行处理。所有取得的市场调研数据在初步处理后可以汇总形成数据仓库(Data Warehouse),通过数据应用途径可以形成数据集市(Data Mart),即可供特定对象使用的独立数据库。其中,数据应用途径就是对数据进行分析和解释的过程,可以使用的方法包括描述性统计分析、假设检验、交叉分析、相关分析、回归分析、多变量分析和数据挖掘等。

市场调研的最终成果通常是撰写经多次修改的书面专项报告,这是市场调研人员辛勤工作的结晶,也是将成果传递给高层管理者的最重要的一个环节,有时还要在此基础上形成一份高度浓缩的 PPT 副本,当然,卓越的口头表达能力也是重要的加分项。市场调研报告除了对调研背景、调研过程和调研结果进行阐述、归纳总结结论外,也要给出相应的对策建议供决策者采纳,从而真正发挥市场调研报告的作用。在文字描述上,市场调研报告应该尽可能简洁、准确且蕴含逻辑,但也应该不失有趣,要能够吸引阅读者持续阅读下去,因此,用适当的图表形式是一种有效的方式。需要注意的是,饼状图、柱状图、折线图、堆积图等图形都有不同的使用前提,使用不当只会带来读者的困惑。

3.1.4　市场调研的方法

1) 问卷调查法

问卷调查法是市场调研中最常用的方法之一,即以被调研者填写问卷的形式来获得相关的信息。作为询问式的一种调研方法,问卷调查可以通过入户访谈、经理访谈、街上拦截、电话访谈、邮寄、网络填写等多种渠道完成,有自填式和代填式两种形式,不同渠道或形式的问卷调查在问题多样性、问卷准确性、耗费时间、耗费成本和被调研者便利性等方面各有利弊。

问卷调查法以问卷内容为核心基础,因此,问卷设计是一次高质量问卷调查的基础。问卷中提问的方式,可以是开放式、封闭式的一种或组合,而李克特量表(Likert Scaling)是最为广泛使用的一种量表形式。每一个问题都应该符合市场调研主题、满足市场调研目标的实现,无关联的问题尽量删除,毕竟问卷长度是需要认真考量的。因为一般的被调研者乐于接受调研的时间长度是有限的,而且还要考虑到问卷排版与印刷。问卷的设计要尽量站在被调研者的角度,问题的词语应避免过于专业化的词汇,也要避免模糊性、倾向性、敏感性、断定性的提问,否则被调研者难以真实有效地进行作答。问题的顺序也要考虑必要的技巧,可以由简入难,也可以开门见山,关于被调研者的年龄、收入、受教育程度等敏感性内容建议放在问卷的末端较好。

在正式的问卷调查之前,应先进行预调查,以发现问卷存在的问题并及时修改。回收的调研问卷,应及时记录调研员的姓名或编号、调研时间与地点等内容,最后需通过信度和效度检验来衡量问卷的数据质量。

2) 德尔菲法

德尔菲法(Delphi Method)是在 20 世纪 40 年代由赫尔姆和达尔克首创,1946 年被美国兰德公司采用并得到广泛推广。德尔菲法是对专家们采用书面调查的方式,"背靠背"式地回答调研者提出的各项问题,经多次信息反馈,专家意见修改,方能得出调研结论。德尔菲法通常以 3 轮或 4 轮专家征询居多,有的两轮就结束。经过多年的使用和理论上的完善,德尔菲法日趋成熟,已被广泛运用于教育、军事、医疗、旅游、节庆等各个领域。"德尔菲"一词是古希腊地名,传说在此有太阳神阿波罗的神殿,是一个能预卜未来的神谕之地,这也是德尔菲法得名的由来。

德尔菲法的基本步骤为:

①选择咨询专家,且专家应精通本领域的专业知识,而专家与专家之间并不发生直接联系,专家的人数视问题大小一般为 10~20 人。

②拟订意见征询表,设计调查问卷并寄送或电邮给专家,进行问卷调查。

③回收问卷进行统计处理,如果问卷是对评价指标的重要程度,则要对专家意见的集中度和协调度进行定量化分析,将结果用图表的形式反映出来,并返回到第二步骤,直到专家

不再修改意见为止。

④整理得出最终的结果。

德尔菲法的优点是：可以集思广益，充分发挥各位专家的作用；匿名性的特征能避免权威人士对其他专家的影响，人人都可以发表不同的观点，可以畅所欲言；有利于专家对自己的意见进行修改。但德尔菲法也有一定的缺点，如主观性较强、耗时较长，存在从众心理。

3) 眼动实验法

通过眼睛可以研究人心理活动的规律，因此，关于"人是如何看事物"的研究一直没有中断，也带动了眼动实验法的发展和创新，即监测被试者在观察特定目标时眼镜的注视与运动过程。有代表性的眼动实验法包括：

①观察法。即用肉眼直接观察被试者的眼动情况，或利用闪光灯的高度闪光所产生的视觉后象来研究人的眼动，但总体记录比较粗略。

②机械记录法。通过眼睛与记录测验装置用机械传动方式连接起来实现，但准确度相对较低。

③电流记录法。即对眼球运动时产生的生物电进行记录并在示波器上进行显示。

④光学记录法。利用光学原理直接记录眼动，是研究成果最多的一种方法。

目前，较为流行的是利用眼动仪（Eye tracker）来开展实验，主要包括显示器、主机和记录仪等配置，需要设置专门的实验室场所，以确保安静、不受干扰的实验环境。在实验前，应向被试者就实验设备和实验过程进行简单说明，之后被试者在指导语的提示下逐步开始实验，在此过程中，眼动仪会摄取采集进入时间、扫视时间、注视时间等相应的眼动数据，后续运用注视图、热点图等工具进行可视化表达。

眼动实验法总体上是属于实验法的一种，实验法即通过对自变量的改变来观察这些因素对因变量的影响。在包括眼动实验法在内的实验法中，被调研者不再是一个被动的数据收集者，而是研究过程中积极的参与者。实验法耗费较大，其实验结果的有效性必须考虑到内部有效性和外部有效性两个方面，其中，前者是指实验结果可以避免有争议的解释，后者是指实验结果可以一般化到外部的人与环境。

4) 网络调研法

根据中国互联网络信息中心（CNNIC）发布的《第 39 次中国互联网络发展状况统计报告》，截至 2016 年年底，我国网民规模达 7.31 亿，互联网普及率达到 53.2%，越来越多的网民通过互联网来实现信息获取、商务交易、交流沟通、网络娱乐，继桌面（Desktop）互联网之后的移动互联网已全面拉开大幕。在互联网社会的大背景下，通过网络来开展调研也越来越成为一种受欢迎的方式。

常用的网络调研形式是在互联网上进行搜索，但应对市场调研主题的关键词进行拆解，并建议使用近义词或同义词不断地在搜索引擎上进行搜索，而一些政府网站、行业协会网站及国内外学术资源库也能提供非常丰富的信息。

大数据挖掘是网络调研的一种重要的新兴形式。在互联网时代，人的信息、行为和关系网络将会逐渐沉淀,并形成大数据。大数据是节庆提高竞争力的利器,是亟待开发的"金矿银矿",通过对大数据进行交换、整合和分析,可以运用到节庆安全应急、旅游流预测预警、节庆环境监测、节庆公共信息服务、旅游者行为模式、节庆服务质量评价等诸多领域。

此外,互联网也改变了问卷调研的方式,在线填写问卷的优势包括:

①节省费用,尤其是成本不会随着问卷数量的增长而增长。

②能让更多的人参与,尤其是对于一些忙碌的人,可以利用碎片化的时间进行填写。

③可以实时对问卷结果进行统计,快速生成各类图表,而且对填写者是否有认真填写也可进行检测。

④市场上已有越来越多的专业化的网络调研网站,市场调研组织者只需直接在该平台上发布需求即可,无须对网站进行专门的维护。

3.2　市场分析与可行性研究

3.2.1　市场分析

1)主题设计

主题,也称主题思想,泛指作品或活动的主要内容。图 3.1 中的"选定市场调研主题",在很大程度上就是进行主题设计。成功的节庆都应该有一个清晰的主题,一个清晰且特色鲜明的主题是保持节庆竞争力和可持续发展的重要基础,主题不应凭空设计,而是和主办地有着非常密切的联系。根据主题,可以策划自然风光型、历史文化型、民俗风情型、民族文化型、宗教文化型、特色产业型、体育运动型、游憩休闲型和科技教育型 9 种类型(见表 3.1)。

表 3.1　节庆主题设计类型

主题类型	主题内容	代表节庆
自然风光型	以自然界风景为依托的节庆,如植物花卉、气候气象、地质地貌等	大连(旅顺)国际樱花节、钱江(海宁)观潮节、仁化丹霞赏石文化节
历史文化型	以区域历史人物、事件、制度等深厚底蕴为依托的节庆	中国(曲阜)国际孔子文化节、前门历史文化节、忻城土司文化旅游节
民俗风情型	以区域富有特色的民情风俗为依托的节庆	中国·孟连娜允神鱼节、中国(象山)开渔节、中国吴桥国际杂技艺术节
民族文化型	以反映各民族特点为依托的节庆,包括饮食、建筑、服饰、艺术等各个方面	龙胜金坑瑶族晒衣节、中国西藏拉萨雪顿节、中国满族文化节、中国朝鲜族(延吉)生态·大酱文化节

续表

主题类型	主题内容	代表节庆
宗教文化型	以宗教信仰、宗教祭祀、敬拜神灵等为依托的节庆,我国官方认可的宗教有佛教、道教、伊斯兰教、天主教和基督教	常州佛教文化(旅游)节、中国·天津妈祖文化旅游节、普陀山南海观音文化节、西昌裕隆回族乡伊斯兰文化节
特色产业型	以地方富有特色的产业与产品为依托的节庆,包括第一产业、第二产业和第三产业	中国·烟台大樱桃节、中国·集宁国际皮草节、青岛国际啤酒节
体育运动型	以各类体育比赛、运动竞技为依托的节庆	中国柳州国际水上狂欢节、中国崇礼国际滑雪节、上海跑步节、深圳国际电竞文化节
游憩休闲型	以游览、旅游、休养、养生、娱乐等为依托的节庆	中国湖泊休闲节、中国·营口国际海滨温泉旅游节、上海草莓音乐节
科技教育型	以科学技术、培育教化为依托的节庆	北京学生科技节、上海科技节、山东省创新教育节

必须说明的是,由于事物的普遍联系性,上述主题设计并不是完全的独立与割裂,而是存在一定程度上的重合和融合。例如,南宁国际民歌艺术节,既是民俗风情型,也是民族文化型,还是游憩休闲型;又如,中国游牧文化节,既是民族文化型,也是体育运动型,甚至和宗教文化型也有关联。在实际的节庆策划中,多主题、广内涵的现象越来越明显,或者以某一个主题为主,以其他若干个主题为辅,这对节庆的市场吸引力有着非常大的帮助。

2) 行业市场

节庆有了主题,相应地也有了一个对应的行业类别,此处的行业类别并不指节庆行业,而是指节庆主题所对应的行业类别。所谓行业,是指工商业中的类别,如餐饮行业、服装行业、娱乐行业等。国家统计局官方网站对行业分类标准有一个详细的说明(见表3.2),其中,20个行业分类、96个行业大类和更多的行业小类基本上涵盖了常见的经济活动种类。节庆策划的市场分析,应该要对行业市场进行研究,有时候可能不止对一个行业进行研究。如上海(静安)世界咖啡文化节,其策划至少要对农业、饮料制造业、专用设备制造业、零售业、餐饮业进行行业市场分析,因为咖啡豆的种植与采摘属于农业的构成,咖啡的制作属于饮料制造业,而咖啡的销售又牵涉零售业、餐饮业甚至还包括服务业,而关于咖啡豆烘焙、研磨的机器又是专用设备制造业的组成。对行业市场的分析,还可以站在全产业链的视角,从供应、制造、经销、配送等各个角度对该主题进行全面分析,如此方能跳出局限、一睹众业。

表3.2　行业分类标准

序号	行业分类	行业大类
A	农、林、牧、渔业	农业,林业,畜牧业,渔业,农、林、牧、渔服务业
B	采矿业	煤炭开采和洗选业,石油和天然气开采业,黑色金属矿采选业,有色金属矿采选业,非金属矿采选业,开采辅助活动,其他采矿业

续表

序号	行业分类	行业大类
C	制造业	农副食品加工业,食品制造业,酒、饮料和精制茶制造业,烟草制品业,纺织业,纺织服装、服饰业,皮革、毛皮、羽毛及制品和制鞋业,木材加工和木、竹、藤、棕、草制造业,家具制造业,造纸和纸制品业,印刷和记录媒介复制业,文教、工美、体育和娱乐用品制造业,石油加工、炼焦和核燃料加工业,化学原料和化学制品制造业,医药制造业,化学纤维制造业,橡胶和塑料制品业,非金属矿物制品业,黑色金属冶炼和压延加工业,有色金属冶炼和压延加工业,金属制品业,通用设备制造业,专用设备制造业,汽车制造业,铁路、船舶、航空航天和其他运输设备制造业,电气机械和器材制造业,计算机、通信和其他电子设备制造业,仪器仪表制造业,其他制造业,废弃资源综合利用业,金属制品、机械和设备修理业
D	电力、热力、燃气和水生产和供应业	电力、热力生产和供应业,燃气生产和供应业,水的生产和供应业
E	建筑业	房屋建筑业,土木工程建筑业,建筑安装业,建筑装饰和其他建筑业
F	批发和零售业	批发业,零售业
G	交通运输、仓储和邮政业	铁路运输业,道路运输业,水上运输业,航空运输业,管道运输业,装卸搬运和运输代理业,仓储业,邮政业
H	住宿和餐饮业	住宿业,餐饮业
I	信息传输、软件和信息技术服务业	电信、广播电视和卫星传输服务,互联网和相关服务,软件和信息技术服务业
J	金融业	货币金融服务,资本市场服务,保险业,其他金融业
K	房地产业	房地产业
L	租赁和商务服务业	租赁业,商务服务业
M	科学研究和技术服务业	研究和试验发展,专业技术服务业,科技推广和应用服务业
N	水利、环境和公共设施管理业	水利管理业,生态保护和环境治理业,公共设施管理业
O	居民服务、修理和其他服务业	居民服务业,机动车、电子产品和日用产品修理业,其他服务业
P	教育	教育
Q	卫生和社会工作	卫生,社会工作
R	文化、体育和娱乐业	新闻和出版业,广播、电视、电影和影视录音制作业,文化艺术业,体育,娱乐业

续表

序号	行业分类	行业大类
S	公共管理、社会保障和社会组织	中共中央机关、国家机构、人民政协、民主党派、社会保障、群众团体、社会团体和其他成员组织，基层群众自治组织
T	国际组织	国际组织

3) 旅游市场环境

2009 年，国务院印发《关于加快发展旅游业的意见》，首次提出要把旅游业培育成为国民经济的战略性支柱产业和人民群众更加满意的现代服务业，旅游业也迎来发展机遇期。2014 年，国务院再次印发《关于促进旅游业改革发展的若干意见》，从发展理念、转变方式和考核方式提出科学旅游观，所提出旅游工作部级联席会议具有非常重要的顶层设计意义。伴随着奥运会、世博会、亚运会、APEC、G20 等一系列盛事的成功举行，旅游业发展得到重大突破，旅游业扩大消费、拉动内需的作用更加突出，旅游业在服务贸易和对外交往中的地位更加显著，旅游产业功能得到进一步的释放，旅游体制机制创新成效显著，旅游产业竞争力得到进一步提升。在"十二五"期间，旅游业全面实现既定的目标，其中，国内旅游市场持续高速增长，入境旅游市场增长放缓，出境旅游市场保持高速增长。2015 年，我国国内旅游人数 40 亿人次，国内旅游收入 3.42 万亿元；入境旅游人数 1.34 亿人次，国际旅游收入 1 136.5 亿美元；出境旅游人次达到 1.17 亿人次，旅游花费 1 045 亿美元，旅游业对 GDP 的直接贡献已超过 4.5%，旅游直接就业 2 798 万人，旅游直接和间接就业 7 911 万人。现阶段，我国旅游业同样处于"五期叠加"期，即旅游发展的黄金期、旅游产业结构调整期、各类矛盾的凸显期、游客文明素质不断提升期、旅游市场逐渐规范期相互交错在一起，困难与希望同在，机遇和挑战并存，这对我国建设世界旅游强国也提出了更高的要求。因此，在未来一段时间内，我国旅游业将持续推进从传统的景点旅游向全域旅游转变，在旅游基础设施、旅游重点投资领域、旅游公共服务等领域加快供给侧结构性改革，通过退免税政策进一步释放旅游购物消费潜力。

全面建成小康社会是"两个一百年"奋斗目标所绘制的宏伟蓝图，是中国梦的首要目标，这对经济发展、人民民主、文化软实力、人民生活水平和社会建设提出了新的要求，同样也对旅游业的改革发展提出了新的要求。通过解读全国"十三五"规划纲要可以发现，旅游业在助推全面建成小康社会中将扮演重要的角色，旅游业将成为经济发展的新引擎、新动能，是提高人民幸福感和获得感的重要途径。

节庆对聚集人气、促进交流、扩大宣传、塑造品牌、刺激消费等有着重要的作用，是旅游资源和旅游产品的重要组成部分，在国务院《关于加快发展旅游业的意见》《关于促进旅游业改革发展的若干意见》及其他国家级旅游文件和规划中都有着浓墨重彩。随着旅游业发展的欣欣向荣，越来越多的区域重视对节庆的策划，提出"以节兴旅""以节带游"的发展思路，实施"节庆搭台、旅游唱戏"的路径，"节庆+旅游"已成为目的地旅游发展的模式之一，节庆旅游或旅游节庆也成为一种新趋势。

4) 游客需求

随着生产要素流入日趋膨胀的旅游市场,大众旅游已然成为互联网社会中新的"风口",但在差异化和个性化的需求背景下,现有的游客需求还有许多没有被满足的地方,创新型的需求潜力巨大。其中,游客出行方式日渐多元化,自驾游、定制游、深度游、纯玩游成为一种新的选择;旅游目的地选择日渐外溢化,跨省游、港、澳、台地区游乃至出国游都成常态;依赖手机或网站进行旅游查询、预订、支付越来越流行,"手机在手、说走就走"式的旅游成为时尚,以至于网络上都认为马斯洛需求层次理论的最底层还应加入 WiFi 和电池。

游客需求是节庆市场营销的基础和出发点,对于节庆策划而言,其能够满足游客最大的需求,就是节庆所能带来的独特的"节庆体验"。体验,是通过亲身处于具体的环境而产生相应的认识,游客通过预期、前往现场、现场活动、返回、回忆等不同阶段产生不同的体验,因此,要为游客设计参与性、娱乐性和体验性较强的活动,但设计的关键基础在于节庆的核心主题。例如,笔者曾对桂林恭城桃花节进行过实地问卷调查,发现游客对休闲度假、观看表演、科学考察有不同程度的需求,但是对"观赏桃花"是认同度最高的需要,也就是最核心、最本质的需求,而唯一能满足游客这一需求的就是漫山遍野恣意盛开的桃花。

此外,在节庆期间,游客对旅游公共服务也有重要的需求。旅游公共服务是为满足游客公共需求而提供的基础性、公益性旅游公共产品与服务,面对以大众旅游和自驾游等为主的新特点,人民群众日益增长且日渐变化的旅游需求和旅游公共服务水平之间的矛盾依然还是我国旅游业发展的主要矛盾之一。学者刘坤梅曾以西藏拉萨雪顿节为例,通过问卷调查的方式进行过实证分析,基于 381 份有效问卷并借助 SPSS 软件中的因子分析,最终确定 4 大类别和 21 个具体因子(见表 3.3),这对不断满足游客需求、促进节庆可持续发展有重要的指导意义。

表 3.3　节庆的游客需求感知排序

重要排名	因子名称	类　别	重要排名	因子名称	类　别
1	城市旅游交通	公共交通	12	旅游消费服务	信息咨询
2	景区解说服务	信息咨询	13	消费者权益	安全救助
3	多媒体信息	信息咨询	14	应急救援措施	安全救助
4	旅游标志系统	信息咨询	15	旅游安全教育	安全救助
5	集散中心	公共交通	16	一般便利设施	惠民便民
6	交通节点	公共交通	17	公益宣传	安全救助
7	旅游安全服务	安全救助	18	旅游特色街区	惠民便民
8	旅游资讯平台	信息咨询	19	旅游休憩设施	惠民便民
9	咨询中心服务	信息咨询	20	旅游消费环境	安全救助
10	特殊旅游群体	惠民便民	21	旅游政务网	信息咨询
11	旅游免费服务	惠民便民			

5）投入产出

国外的诸多案例均证明节庆可以成为经济上的"聚宝盆"，例如，美国格莱美音乐节、南非国家艺术节、西班牙潘普罗那斗牛节、德国慕尼黑啤酒节、荷兰海牙北海爵士音乐节，都能给所在区域带来巨大的经济效益。但在国内，许多节庆活动一味靠政府补血，缺乏市场活力，投入产出不成比例，甚至压根不考虑投入产出比，最终导致资金断炊而停办，类似的例子数不胜数。2013年，《光明日报》报道我国许多节庆活动"变味"，不少地方政府背离而行的原则，形象工程、政绩工程不胜枚举，钱用了不少，收效并不好，造成公共资源的极大浪费。2013年，国务院曾经从廉政工作的角度，要求坚决遏制奢侈浪费和形式主义，进一步清理压缩各类节庆活动；2012年，中共中央办公厅、国务院办公厅印发的《节庆活动管理办法（试行）》也提出要防止节庆活动过多过滥，坚持厉行节约，严格控制活动规模和开支。

节庆既是一项文化活动，也是一项经济活动，不考虑成本、利润、投入、产出的节庆活动是难以为继的。比如，中国湖南国际旅游节就把"小投入、大回报"作为办节目标。举办节庆，既要算文化账，也要算成本账；既要吸引人气，也要吸引财气和商气，在理念上要有从"举办节庆活动"向"经营节庆活动"的思维方式转变。

对于节庆本身，通过门票、广告、赞助、冠名权、转播权、摊位出租等方式可以开展市场化运作，节庆游客在举办地的交通、住宿、餐饮、娱乐、购物、通信、游览所产生的费用也是节庆的经济效益所在，对节庆举办地形象的塑造、城市的推广也会产生间接的产出。例如，成都市成华区每年都会举办音乐节、购物节、美食节等活动，经区商务局统计发现每年至少能带来70亿元的消费收入；又如，宜昌三峡国际旅游节，于2000年举办第一届，在已举办的8届节庆中累计投入3 700多万元，但通过冠名、拍卖广告权、指定产品、联办活动等形式吸引多家大集团赞助，8届节庆带来招商引资项目283项、投资总额324亿元，直接旅游收入达16.4亿元。

节庆的策划，需要大量的人力、物力和财力。例如，新疆霍尔果斯第二届桃花文化国际旅游节，地方政府制作大量的宣传标志牌、改造道路等基础设施、美化亮化环境。而节庆的资金投入来源主要有3个方面：政府拨款、经营性收入和社会捐助。又如，2016年中国香港艺术节的年度预算约为1.1亿港元，其中，30%来自特区政府拨款，37%来自票房收入，而其余的来自香港地区各大企业、慈善基金会和社会热心人士的捐款资助。

3.2.2 可行性研究

1）前景分析

曾有一句顺口溜："神州大地活动多，十亿人民过节忙。"在全国节庆数量早已破万的情况下，在全国节庆主题多有重复或雷同的情况，要想做大做强节庆经济，节庆策划除了要对市场进行分析外，还要进行可行性研究。可行性研究是上级主管部门审查审批的重要依据，是组织者进行决策的重要基础。

节庆的前景分析是节庆可行性研究的重要内容,是对节庆策划中即将出现的景象和情形的概括性描述,包括节庆策划的立项依据、必要性分析、外部环境的机遇与条件、存在的风险与挑战、节庆开展的主要流程、预期能取得的效益、策划团队组成与保障。节庆的前景分析应当紧贴国家经济和行业发展情势,也要结合节庆举办区域的经济发展和社会文化特点。同时,前景分析还要关注同类节庆活动在区域内的状况、区域内各种主题节庆活动的状况。

2) 环境影响

与节庆相关的环境有广义和狭义之分,其中,广义的环境一般是指自然环境、社会文化环境和经济环境的综合,而狭义的环境仅仅是资源和自然生态环境。从广义的视角来看,节庆会促进举办地基础设施建设,营造良好的活动氛围与旅游形象,保护并传承文化,甚至带动当地经济发展,提供就业机会。从狭义的视角来看,节庆能在短时间内吸引大量人流,这会给举办地的居民带来某种程度上的不便,而且容易超出环境承载力,给当地包括植被、土壤、水、大气、噪声在内的生态环境带来较大的负面影响。旅游业曾经被誉为"无烟工业"已饱受诟病,节庆给环境带来的污染也不容忽视。例如,我国春节、清明等重大节庆期间都会因为燃放烟花爆竹等导致环境污染问题,甚至引发雾霾;又如,尽管国家已明令禁止给卡通气球充氢气,但节庆期间常常可见售卖,氢气气球极易遇火爆炸,而氦气气球由于使用的是不可再生资源,专家也不呼吁使用。

3) 风险预测

国务院早在 2007 年就签署实施了《大型群众性活动安全管理条例》,包括游园、灯会、庙会、花会、焰火晚会等在内的面向社会公众举办的每场次预计参加人数达到 1 000 人以上的活动都属于大型群众性活动,而大部分节庆也属于其列。

节庆活动的举办涉及文化、旅游、消防、公安、宗教等诸多领域,其潜在风险是多样性的,很多诸如自然灾害和社会突发事件所带来的风险也难以避免,因此,需要加强与公安、武警、安监、交通、卫生、国土、气象、外交等部门间以及区域间的信息交流和情报合作,防止出现监管真空。

为对风险进行预测和防范,应建立健全节庆安全责任体系,落实区(县)、镇(乡)政府和街道办事处对本行政区域节庆安全监管的属地责任,组织相关部门编制节庆突发事件应急预案,及时披露危险源和危险区域,严格执行"谁主办、谁负责""谁审批、谁负责"。此外,还应进一步完善应急预案和应对措施,加强安全隐患排查,提高紧急救援能力,定期组织开展应急演练,提高合成应急、协同应急的能力。

4) 资源配置

政府主办节庆活动可以有效地动用行政资源进行市场调配,但政府的干预不当又会导致"政府失灵"的现象,因此,如何进行资源配置是节庆可行性研究的一个重点。

在党的十八届三中全会审议通过的《中共中央关于全面深化改革若干重大问题的决定》

中,首次明确强调了市场在资源配置中的决定性作用,即进一步厘清政府职能,该为之处须为,不该为之处决不能乱为。节庆产品具有一定的非排他性和非竞争性,具有准公共产品的属性,而对公共资源进行配置和对公共产品进行供给是政府的基本职能。因此,政府理应发挥主导作用,尤其是政府在时空序列上对节庆资源进行整合,有助于盘活节庆资源、优化节庆资源。然而政府对节庆专业化的运作与管理并不一定具备优势,对所有事务大包大揽也容易陷入繁重杂乱,更容易变为少数领导的个人政绩甚至为腐败提供温床,而市场化的运作方式可以尽可能地减少市场信息不对称、提高策划效率,减少政府寻租空间,发挥巨大的产业链效益,使策划者和参与者都能有饱满的热情。总体上说,倡导"政府主导、市场运作、产业办节"的资源配置方式,有助于达到资源的最佳配置和帕累托最优。

3.3 报告的撰写

3.3.1 市场分析报告的撰写

市场分析报告,是在市场调研的基础上,对市场的本质属性和综合联系进行整理和分析所形成的文本,是真实、科学地对市场供需、市场布局、市场竞争、市场走向等内涵进行研究的结果。市场分析报告的全面梳理有助于深入揭示市场发展特征与规律,从而帮助高层管理者提高决策水平。作为文字材料的一种,市场分析报告可以有类似八股文似的结构,例如,市场产品构成、市场背景、发展环境、国内外市场发展概况、区域概况、市场需求、市场供给、区域市场分析、市场竞争分析、细分市场分析、典型案例分析、市场前景分析、市场发展对策等。对于节庆市场分析报告而言,写得丰满并不是一件难事,但要写得精练并且重点突出,尤其是能写成一份"讲故事的报告",才更加有可读性,才能更加有效地传递"中国好节庆"的声音。

3.3.2 可行性研究报告的撰写

市场分析报告侧重对市场情况进行客观描述,而可行性研究报告则是侧重分析市场发展路径。所谓可行性研究报告,是在项目通过审批之前对项目的主要内容进行全面审视与评价,通过充分论证项目的必要性和可能性,从而为高层管理者提供决策依据。可行性研究报告主要包括但不限于下列内容:项目概况、项目背景与意义、国内外同类项目概况、项目承担单位概况、市场调研与分析、项目实施方案与进度安排、机构与保障、风险预测与应对、投资预算与资金筹措、项目效益分析等。可行性研究报告是节庆事前报批、事中实施与事后评价的重要依据,对于节庆可行性研究报告而言,要重点论证节庆的必要性分析、地方文化资源的植入方式、节庆旅游资源化路径、节庆规模与活动安排、技术支持方案和资金投入与回报。

复习思考题

1.市场调研的定义是什么？

2.市场调研的作用是什么？

3.市场调研有哪些方法？每种方法有什么优缺点？

4.节庆主题有哪些类型？

5.节庆可能涉及的行业包括哪些？

6.如何进行节庆的风险预测？

【案例研究】

2015 年中国洛阳河洛文化旅游节市场调研

　　2015 年中国洛阳河洛文化旅游节期间,洛阳市旅游发展委员会在全市主要景区、游客聚集地组织开展了国内旅游者抽样调查工作。此次市场调研从 9 月 25 日至 10 月 6 日,历时 12 天,在龙门石窟、白马寺、薰衣草庄园及火车站、汽车站等地共发放回收有效问卷 2 000 份。

　　根据统计结果,在客源地分布方面,52.95%的受访者来自河南省,其中,以洛阳和郑州最多,省外以陕西(5.25%)、山东(4.65%)、河北(4.00%)、湖北(3.52%)、湖南(2.74%)、山西(2.68%)、北京(2.44%)等地所占比例较多。在年龄分布方面,受访者主要集中在 25~44 岁的中青年人,占总游客量的 48.64%。职业分布前五名的分别是学生(29.28%)、企事业管理人员(19.32%)、工人(8.88%)、专业/文教科技人员(8.70%)和公务员(8.64%),交通方式分别为自驾车(42.75%)、火车(35.57%)、长途汽车(18.29%)和飞机(3.39%),57.44%的受访者月均收入为 2 000~7 999 元。在旅游方式方面,46.33%为个人旅行,43.43%为家庭或亲朋结伴;在来洛旅游次数方面,42.54%为第 1 次,28.52%为第 2~3 次,8.40%为第 4 次,20.54%为第 5 次及以上。在受访者的旅游目的方面,66.59%为观光游览和休闲度假,15.46%为探亲访友,3.57%为商务,文化体育科技交流为 2.97%。

　　(资料来源:洛阳市旅发委.2015 年中国洛阳河洛文化旅游节国内旅游者抽样调查报告[EB/OL])

　　讨论问题:

　　1.除了问卷调查,洛阳市旅发委还可以采用什么市场调研方法?

　　2.从报告结果来看,你觉得问卷的题目设置是否合理、是否需要调整?

　　3.你觉得问卷的投放地点是否合理、是否需要调整?

【开阔视野】

中国"狗肉节"的市场舆情调研

随着人们物质生活水平及精神生活追求的不断提高,狗肉问题特别是每年6月的"狗肉节"正在引发国际和国内的社会问题。食用狗肉问题的根源在于传统伦理道德的局限,既体现物质需求与精神需求的冲突,也体现传统饮食文化与社会道德文化之间的矛盾。中国大陆地区问卷调查显示,主流观点认为不应当食用狗肉,应通过立法予以禁止,但仍有部分人持反对或者中立态度。中国港台地区和欧美的民调显示,吃狗肉被普遍认为是残忍、无道德的行为,并通过各种活动对集中宰杀和吃狗肉的狗肉节表示抗议与抵制。玉林等地的狗肉节已经对我国国家形象与国际利益产生不利影响,要引导公众形成现代文明意识,政府应积极作为,明令禁止"狗肉节"的宣传和事实存续,防止狗肉问题的扩大化;地方政府应严格执法,取缔集中的狗肉市场交易;在条件成熟的地方开展立法试点,禁止宰杀和食用狗肉。

对于内地"玉林狗肉节",香港地区28家报纸、电视于2015年6月的报道多达126次,香港《经济日报》《苹果日报》等媒体对"玉林狗肉节"的报道有"舌尖上的罪恶,社会人士曝光血腥狗肉节""广西食言续办狗肉节,全球25万人发文抵制""玉林之耻"等渲染性很强的报道,并有人写出"来生不做中国狗""杀狗仇人何时放下屠刀"等文章表达对"玉林狗肉节"的抗议。媒体的介入使得相关问题扩大化。与此同时,一些港台明星也纷纷发表言论表示对狗肉节的谴责与抵制,要求玉林市禁止狗肉节,并建议大陆立法予以管制,取消"狗肉节"。

最近几年,欧美很多名人也针对"玉林狗肉节"发表言论表示抵制和反对。如在谷歌上搜索"玉林、狗肉节",有将近48万条报道。《纽约时报》《华盛顿邮报》《华尔街日报》、CNN、BBC等国际著名媒体近几年屡次报道"狗肉节",纷纷表示谴责,无一表示容忍和支持。这些国际主流媒体影响范围广泛,具有相当强的大众态度塑造力,甚至能促使政治和社会问题被提上政治议事日程。更有一些华尔街的人士以此为由发起对中国的贸易和投资抵制行动。在调查中发现,几个曾到过中国并对中国印象美好的欧美人,也因为此事,失去对中国的好感。英国喜剧演员、动物爱好者瑞奇·热维斯(Gervais Rick,拥有110万微博粉丝和400万脸书粉丝)最近联手国际人道协会共同抵制"玉林狗肉节",并号召影迷签署要求中国取缔"玉林狗肉节"和终结中国狗肉贸易的请愿书。美国演员、模特、制片人伊恩·萨默海尔德(Ian Somerhalder,拥有600万微博粉丝和1 700万脸书粉丝),英国流行女歌手丽安娜·刘易斯(Leona Lewis,拥有560万脸书粉丝)等明星也纷纷发表言论反对狗肉交易以及"玉林狗肉节",影响范围非常广泛。

(资料来源:常纪文,刘凯,郭顺祯.中国"狗肉节"的国内外舆情分析与应对建议[EB/OL])

第4章
主题与形象策划

【学习目标】

通过学习本章,学生应该能够:

理解:主题创意的方法

　　　节庆项目的立项过程

　　　宣传语策划的原则

　　　标志物策划的原则

　　　节庆商品的种类

　　　网站建设的原则

熟悉:标志物策划的方法与设计

　　　节庆商品的策划与设计

　　　网站制作的技巧

掌握:主题确定的方法

　　　名称策划的方法

【关键术语】

主题　宣传语　节庆商品　标志物　名称　节庆形象　吉祥物　节徽　节歌　节旗

【开篇案例】

品牌节庆　世界共享——青岛国际啤酒节激情巡礼(部分)

啤酒节于20世纪90年代初在青岛建置百年的城市欢庆氛围中诞生。啤酒节由中国轻工业联合会、中国人民对外友协、中国贸促会、中国国际商会和青岛市政府共同主办,以"青岛与世界干杯!"为永恒主题,是融旅游观光、文体娱乐和经贸展示于一体的国家级大型节庆活动。节日于每年8月中旬的第一个周六开幕,为期16天。经过多年探索和创新,青岛国际啤酒节已成为国内规模最大的酒类节事活动,在国内外具有较高的知名度和美誉度,被誉为堪与德国慕尼黑啤酒节媲美的亚洲最具影响的啤酒盛会。节日每年都赢得近50个世界知名啤酒品牌加盟,也吸引近400万市民和游客参节。

举杯相邀　盛大开启

8月,是青岛最浪漫的消夏时节,也是啤酒消费的巅峰时段。青岛"啤酒节"开幕时,20万市民和游客蜂拥而至,争相一睹啤酒节的开启盛况。更有来自包括 CCTV、CNN、BBC 在内的国内外 300 多家知名媒体,共同聚焦、热切报道,将美好与欢乐向五洲四海盛情播扬。盛大浪漫的巡游表演、欢腾跳跃的吉祥物、翩跹而至的啤酒女神、热情豪爽的历届酒王、酒桶开启的喷薄瞬间、打开城门的畅快时刻……一幕幕精彩和经典情境的热烈叠加,为啤酒节拉开 16 个日夜沸腾的狂欢之门。

娱乐世界　狂欢天地

如慕尼黑啤酒节引发快乐的板块设置一样,2004 年后的青岛国际啤酒节,每年都引进欧美顶级的嘉年华娱乐设备,形成畅快品饮与欢动娱乐的强强组合,为节日在畅饮啤酒之余,增添了强力的动感板块。节日期间,近 50 台(套)大型嘉年华娱乐设备——摩天轮、大金刚、海盗船、回飞棒、惊涛历险等,加之 20 多个小型游戏娱乐项目——毛绒玩具的诱惑、投币套圈的兴致等,共同在啤酒城中展演欢娱世界的魔力,吸引了众多参节游客尤其是青少年游客参与其中。嘉年华使人们在体验啤酒饕餮盛宴的同时,又可沉浸在旋转飞舞、上下升腾的欢娱之中,用幸福的晕眩和美妙的飞旋共同注释着啤酒节的魅惑与神奇。

精彩演艺　纵情欢娱

作为啤酒节的三大主体板块之一,演艺活动是伴随着饮酒和嘉年华娱乐而生的节中戏眼。每日 3 次的城中巡游,既展演着热情洋溢的民俗民风,又宣泄着激情四射的异域风情,还有韵味十足的行进乐队,是提升人们参节热望的动感看点;中心舞台作为每夜聚焦的核心,将啤酒女神的尊贵和荣耀、德国酒娘的风韵和情致、世界酒王的豪情和对决,以及最新的流行之风和演艺之潮荟萃于此、感动于此,引得新潮一族和时尚达人的夜夜相随、激情相伴……

如今,啤酒节已超越节日本身的意义,成为传承城市文化、张扬城市形象,扩大对外开放和拉动经济发展的重要筹码;在国内外业界声誉日隆、殊荣备至,凭借其较高的美誉度和广泛的参与性,从全国近万个节庆活动中脱颖而出——四度蝉联亚洲会展(节事)财富论坛"中国十大节庆"之首;在 2008 年和 2009 年,中华文化促进会节庆协作体组织的"节庆中华奖"颁奖典礼上,荣获"节庆中华十佳奖";作为"国内现代节庆活动的典范",被国内多所大学和研究机构授予"中国现代节庆活动示范基地"。

(资料来源:青岛啤酒节官方网站,2010-07-04)

4.1　主题的确定

节庆活动主题是按照节庆理念提炼出的节庆旅游产品活动所要表达的主题思想,是组织整个旅游节庆活动的中心线索。例如,郑州少林国际武术节将弘扬少林武术精神作为节庆开发的主题,并用"天下武功出少林、英雄豪杰聚中原"的主题口号来强化。

主题是节庆活动的主旋律,如果主题模糊,就会使节庆活动显得内容杂乱无章、效果平淡无奇,进而导致节庆活动缺乏活力,前景暗淡。而鲜明的主题,会指引着节庆活动各个项目的策划设计和执行,使整个节庆活动显得利落不拖沓。

4.1.1　主题的创意方法

节庆主题的创意需建立在一定的现实条件下,并非凭空想象就能实现的。节庆的策划往往都需要围绕着某一特定的主题,在某一特定时段展开主题突出的系列活动,主题的选择一般要和当地的自然、人文、物产、城市形象相匹配与吻合,而非无源之水,无本之木。唯有如此,才能使节庆活动具有强大的生命力和吸引力。从目前我国节庆策划举办的现状来看,其主题创意的方法基本分为"陈酒新酿""酿制新酒""引进佳酒""节外生枝"4 种模式。

(1)"陈酒新酿"

"陈酒"是各种各样的传统民俗节庆资源,"新酿"是指在其基础上重新定位节庆的名称、理念以及开发其活动内容。"陈酒新酿"是指借助于传统民俗节庆重新策划与开发以满足客源市场需求的现代节庆。这种活动设计方法既能够保护传统的地方节庆资源,又赋予了现代商业与文化开发的理念,使之富有时代气息。采用这种活动设计方法时,一定要注意"陈酒"与"新酿"方法的匹配,主要是避免在活动设计中看重经济目的而忽视传统文化稀疏的倾向,否则会出现"串味"、不伦不类的现象,严重影响、缩短节庆的生命周期。如湖南南岳衡山寿文化节、石林国际火把节、西双版纳傣族泼水节等节庆产品,都是基于该方法对传统民俗节庆的创新策划与开发。

(2)"酿制新酒"

"酿制新酒"方法是指对各种有潜力的资源进行适当的分类,结合节庆选择适当的节庆载体,结合节庆策划的目标和功能,以时空为手段加以系统整合,通过赋予其特殊的"节庆"含义,并采取一定的节庆组织形式,为整个节庆活动注入新动力,使节庆资源变为现实节庆产品的一种节庆创意方法。这里的"新酒"并非完全的新酒,而是人们对其熟视无睹,或是有的尚在"襁褓"中,未能充分在节庆舞台上展露身姿。以玫瑰婚礼为例,可谓是充分展示了"天时、地利、人和",即天时——金秋大好时节;地利——花园饭店、淮海路等繁华地段;人和——参加婚礼的喜庆祥和。

(3)"引进佳酒"

"引进佳酒"是指直接引进或模仿其他国家和地区的节庆名称或形式、内容,为我所用的一种旅游节庆活动设计方法。采用这种策划方法可以大大拓宽本地节庆资源的外延。节庆名称的"引进"需要两地有相似的旅游资源,而节庆活动内容的"引进",既可以是相似的旅游产品内容,也可以是异域文化。例如,1998 年的上海旅游节就"引进"了泰国、中国香港等地制作的反映当地文化的彩车、节庆等活动;深圳华侨城的狂欢节以及一些漂流、武术活动都采用了一定的"引进佳酒"方法。需要特别注意的是,采用此方法的活动并不是完全的"拿来主义",应该适当地加以改良,适合当地节庆的主题。

（4）"节外生枝"

"节"是指已经存在并且成功举办的节庆活动；"枝"是指依据已经存在的节庆品牌效应，而举办的另一类节庆活动。一般情况下，"枝"的规模比较小，且从开始举办就一直依附于"节"。"枝"可能是节的一部分，但是随着它的壮大发展，可能摆脱"节"的束缚，成为单独的节庆活动。而对于举办地来说，"枝"和"节"应具有类别上的差异，且都具有特别的举办优势。例如，广州市利用创办于1987年的"广州国际美食节"带来的拉动效应，于2000年举办"广州国际茶文化节"，并将举办日期定于美食节前后，这不仅使茶文化节一举成功，也使两个节庆一同进入2005年"中国节庆500强"。

4.1.2　名称的策划

1）基本内容

策划举办节庆活动，首先面临的问题就是如何给节庆取一个合适的名字。给节庆活动取一个适当的名称，需要了解节庆活动名称所包含的基本内容和一般知识。

节庆活动的名称一般包括3个方面的内容：基本部分、限定部分和主题部分。如"第26届青岛国际啤酒节"，如果按上述3个方面的内容对号入座，则基本部分是"节"，限定部分是"第26届""青岛""国际"，主题部分是"啤酒"。

基本部分：用来表明节庆活动的性质和特征，常用词有"节"和"会"。例如，"会"有中国台湾高山族的"背篓会"、内蒙古"那达慕大会"、北京八大处"九九重阳登山大会"、"洛阳牡丹会"、四川自贡恐龙灯会、国际客家人恳亲大会及南岳庙会等各种庙会；"节"有潍坊国际风筝节、郑州国际少林武术节、泰山国际登山节、曲阜国际孔子文化节等。

限定部分：用来说明节庆举办的时间、地点和节庆活动的性质。在节庆的名称里，节庆举办时间的表示方法有两种：一是用"届"来表示；二是用"年"来表示。如第25届中国金鸡百花电影节、2017年中国·韩城"一带一路"国际灯光艺术节等。节庆活动名称里体现节庆性质的词主要有"国际""世界""全国""地区"等。如中国长春国际电影节中的"国际"表明本节庆是一个面向国际的节庆活动。

主题部分：用来表明节庆活动的主要题材和活动范围。我国地大物博，历史悠久，各地都有独特的资源和地方文化，各类节庆的主题丰富多彩，主要有："历史文化"类型，如曲阜国际孔子文化节、浙江黄大仙旅游节、浙江宁海徐霞客开游节等；"自然生态"类型，如中国国际钱塘江观潮节、哈尔滨国际冰雪节、张家界国际森林节等；"民俗风情"类型，如中国临沧佤族文化节、彝族火把节、傣族泼水节、中国吴桥杂艺节等；"地方物产"类型，如中国青岛国际啤酒节、大连国际服装节、菏泽国际牡丹节等；"科技体育"类型，如中国青岛海洋节、中国银川国际摩托旅游节、中国岳阳国际龙舟节、山东潍坊风筝节等；综合性旅游节庆，如上海旅游节、北京国际旅游文化节、中国昆明国际旅游节、广州国际美食节、湖南国际旅游节等。

2）基本要求

（1）节庆名称要突出地方特色

节庆名称来源于节庆载体资源，有些为即有性民俗节庆载体，有些为创造性节庆载体。选择的节庆名称所包含的载体资源一般应为地方文脉的主脉络之一，以体现"地方性"，使游客从旅游节庆的名称中感受到强烈的旅游目的地信息。另外，应改变现在的地方旅游节庆不顾节庆本身的影响范围、泛滥地冠名以国际旅游节的错误倾向。

（2）语言方面，易读、易记，字义吉祥，能启发联想

在节事活动的名称策划上，要注意语言艺术，听起来既简单又易于理解、记忆，并且有一定的震撼力，让人产生愉悦的心理；说起来朗朗上口，不论中文还是英文都容易发音，不存在拗口、发音困难等现象。用词上要考虑与时代接轨，富有时代感，不因时间的推移而产生歧义，不会引起不悦、消极的联想甚至淫秽的感觉。词语的拼写上要简单、简洁，既体现个性又易于传播。

（3）法律方面，具有法律效力，在竞争中独一无二

名称的策划要考虑法律问题，要做到不侵犯他人的知识产权，也不能让他人来侵犯自己的品牌。对于竞争对手来说，名称要成为市场中独一无二的富有个性的活动，鲜明的独特性不仅便于公众记忆，也易于被公众接受。

（4）营销方面，具有促销、广告和引导作用

名称往往对节事活动的价值有一定的暗示或明示作用，与组织机构的形象相匹配，和本活动的形象要一致，并支持活动的其他标志，如会徽、吉祥物、口号等。

4.2　宣传语的策划

要在广泛调查研究的基础上，提炼出反映节庆发展定位、反映城市和区域个性、展现城市和区域特色、体现城市和区域的核心价值、国内外广泛认同的节庆形象主题口号。口号要具有唯一性、排他性和权威性，成为该节庆的理念识别。口号应包括中文和英文表述，要简洁规范，利于口碑流传，具有独特的标志意义和持久生命力，被国内外旅游者、投资者和广大市民广泛认同。

4.2.1　宣传语策划的原则

节庆促销除了明确节庆的主题，还要明确宣传语。宣传语策划的基本原则有：
①宣传语内涵源自地方文脉，避免过于泛泛。
②宣传语表达针对游客，即节庆口号的创意要充分了解游客市场的心理需求和偏好。

例如,上海旅游节的主题"走进美好与欢乐",正是把握住上海市民在物质和精神上的需要,贴近民意,看似仅仅能满足旅游者的感官体验,若进一步品味,可以从中体会到包含的上海"城市精神"和上海的文脉——"海派文化",而在以此为主题设计的具体活动中,又可以让旅游者对这个富含文化意味的主题进行完整的体验,整个旅游节的境界得以提升。

③语言要紧扣时代,即节庆的主题口号在表现方面要反映时代特征,有时代气息,反映游客需求的热点、主流和趋势。

④形式要借鉴媒体广告,从市场营销要求来看,旅游口号要打动旅游者的心,激发旅游者的旅游欲望,要被旅游者永久而深刻地记忆,要能够广泛迅速地加以传播,即要有广告效应。

4.2.2 宣传语策划的方法

充分运用心理学原理,紧紧抓住记忆这一要点,从语音、语义、句式、修辞手法等方面入手,增加节庆活动的效果。

①讲究节奏韵律,追求平仄押韵,加深记忆。

②语义的巧用、妙用,加深记忆。

③简短、精练的句子,便于记忆。

④有意重复,反复刺激,加深记忆。

⑤成语、俗语等的新用和异用,加深记忆。

【案例启迪】

2016年首届苍梧六堡茶文化旅游节口号获奖结果公布

苍梧县定于2016年4月29日—5月2日举办2016年首届苍梧六堡茶文化旅游节。为确保将活动办成有品位、有声势、有影响的节会品牌,组委会发布了征集口号的公告,征集期间共收到全国各地邮寄作品4 382份,经过评委们的精挑细选和投票选出11份优秀的作品作为首届苍梧六堡茶文化旅游节的口号。

获奖名单公告

口号获奖名单

一等奖:

天赐苍梧美,地道六堡茶。

兰继红　湖南

二等奖:

(1)品六堡名茶,览古镇风情。

莫杰珍　广西

(2)六堡美如画,茶香迎天下。

刘洁梅　广西

三等奖:
  (1)苍梧山水秀,六堡名茶香。
    张雄喜 广东
  (2)游苍梧山水,品六堡茶香。
    肖云兰 湖南
  (3)苍梧古郡观山水,六堡名镇品茶香。
    李志雄 广西
  (4)好山好水出好茶,要喝就喝六堡茶。
    钟斌明 广西
  (5)品六堡名茶,红浓香醇益康智。
    览古镇胜景,幽秀韵美怡性情。
    李香 广西

(资料来源:征集网)

4.3　标志物策划

4.3.1　标志物策划的原则

标志(Logo),是表明事物特征的记号。它以单纯、显著、易识别的物象、图形或文字符号为直观语言,除表示什么、代替什么之外,还具有表达意义、情感和指令行动等作用。作为一种图形传播符号,它以精练的形象向人们表达一定的含义,它能为公众起到识别、指示、引导的作用,通过创造典型的符号特征,传达特定的信息。

1)标志的特性

识别性:独特的个性,强烈的冲动力,令人一眼即可识别,过目不忘。
艺术性:给人以美感,这是对其艺术性的基本要求。
显著性:强力的视觉冲击力,色彩强烈醒目,图形简练清晰。

2)标志物策划的原则

(1)独特原则

独特原则是节庆标志设计的基本要求。标志的形式法则和特殊性就是要具备各自独特的个性,不允许有丝毫的雷同,这使标志的设计要做到独特别致、简明突出,追求创造与众不同的视觉感受,给人留下深刻的印象。因此,标志设计最基本的要求就是要能区别于现有的标志,应尽量避免与各种各样已经注册、已经使用的现有标志在名称和图形上相雷同。只有富于创造性、具备自身特色的标志,才有生命力。个性特色越鲜明的标志,视觉表现的感染力就越强。

（2）创意原则

标志的本质用意在于能够识别和宣传节庆活动,由于现在活动名目繁多,如果设计出的标志缺乏创意,没有显著个性,就不能体现区别和启迪作用。设计要醒目直观,新颖独特,别出心裁,给人留下深刻的印象。还要有冲击力,体现国际化。

（3）通俗原则

要求在设计时运用美学、心理学等多方面的知识,图案与名称单纯醒目,寓意深刻,耐人寻味,易于传播,易于理解记忆,各种色彩的运用也要给人带来美的感觉和丰富的联想,体现出强烈的感染力。通俗性是标志易于识别、记忆和传播的重要因素。通俗性不是简单化,而是以少胜多、立意深刻、形象明显、雅俗共赏。通俗性强的标志具有公众认同面大,亲切感强等特点。

（4）情感原则

标志的设计要优美精致,符合美学原理,注意造型的均衡性,保持视觉的均衡,在线、形、大小等方面作造型处理,使图形兼有动感及静态美。标志的设计既要相对稳定,又要富有时代特征,符合人们的审美标准,只有这样才能发挥其宣传作用。

（5）吉祥作用

人们都希望活动举办顺利、成功,往往通过吉祥的图案、吉祥的色彩来寄托这种愿望。在设计时一定要注意所在地的民风民俗,让更多的公众所接受。

（6）传播原则

标志不仅是识别节庆活动品牌、认识节庆活动的途径,也是提高节庆活动知名度的一种手段。因此,尽量使标志具有讲得出、听得进、看得懂、记得住、传得开的特点。对标志设计还应追求名字响亮、动听、顺口,造型简洁、明晰、易于识别的效果,无论在听觉和视觉上都具有通俗、易记的个性特征。

4.3.2　标志物的策划与设计

标志作为视觉图形,有强烈的传达功能,在世界范围内,容易被人们理解、沟通、使用,并成为国际化的视觉语言。标志有不同的对象和种类,根据功能和分类有许多用途。标志包括会出现在所有与活动项目有关的物品上的文字、颜色和图案设计,如名称、节徽、节旗、吉祥物、节歌、主题词、口号、登记卡、入场券或商品。

现代标志设计的评价标准是8个字,即易解、好记、美感、适用。可谓8字方针,离开这一方针,很难说是一个好的标志。易解:标志作为图形语言,最大的特点就是用图形说话,只要有图形,就有对内涵的表达问题,不管这种表达是直接的还是间接的、是直观的还是曲折的、是明显的还是隐匿的,这本身没有高低之分,只是设计者按设计意图所采取的一种方式。好记:一般来讲,人们对标志的接受往往是在无意中发生的,因此,怎样使标志让观者引起注意,产生兴趣,印象深刻,有利记忆,很重要的一点是标志要有明显的形象特征,它应该是新坊蝴蝶风筝图形,充分体现风筝的含意和我市风筝文化特色。同时,会徽图形又像奥运五环的变化组合,象征潍坊风筝越飞越高、越飞越好。

图 4.4

潍坊国际风筝会会徽的颜色一般为红色或者天蓝色。会徽的整体比例要协调妥当,高和宽的比例应为 7.4∶10,笔画粗度和徽标宽比例应为 0.65∶10,中心竖画粗度和徽标宽比例应为 0.8∶10。

潍坊国际风筝会会徽等标志要按规定使用

潍坊国际风筝会和国际风筝联合会名称、会徽、会旗、会歌及风筝会吉祥物图案等,为潍坊国际风筝会办公室和国际风筝联合会秘书处所有,并对该标志进行特许管理和经营,未经许可,以谋取个人或团体利益为目的的使用上述标志,属于侵权行为。在从事公益性活动时,如需要使用潍坊国际风筝会会徽等标志,应经潍坊国际风筝会办公室审核批准后使用。

(资料来源:潍坊新闻网,刘伟)

2)吉祥物策划与设计

"吉祥"的含义源自中国古代传统的祈福文化,即人们在生产、生活中根据自己对大自然的理解,所产生的一些信仰、希望等。按照字面解释即为"吉利""祥和"。人们都知道,吉祥就是代表美好的东西,它承载着人们对事物的美好愿望,凡事顺心、如意、美满。因此,吉祥物就是人类创造出来借以传达心声的产物。

吉祥物一词,源于法国普罗旺斯 Mascotto,直到 19 世纪末才被正式以 Mascotte 的拼写收入法文词典,英文 Mascot 由此衍变而来,意能带来吉祥、好运的人、动物或者东西,寄寓了人类追求幸福生活的情感,同时具有非凡的传播力。吉祥物既是节庆标志物的一种,又是重要的节庆活动纪念品,受到消费者的喜爱。

3)节歌策划与设计

易学易唱、具有时代精神、节奏感好、视野广、有音乐冲击力是节歌创作的基本要求。一般应充分体现当地民族特色和地域风格,昂扬进取、欢快喜悦、雅俗共赏,同时具备自己的特点。由于宣传口号表现要求相对直接,又有字数限制,在文学性、艺术性、感情投入和表现理

图 4.1

外部由 4 个不同色彩的"石"字组成一朵绽放的花朵,既向内汇集,又似向外放射。该图案以其丰富的色彩体现青田石之品类繁多,色泽雅丽,同时又象征中国四大名石汇聚青田,共襄发展。

设计者:

主体设计:陶向阳,广东省深圳市艺纳百川纸品包装有限公司设计总监。

"青田"印章设计:徐谷甫,捷克中国书法家协会主席、中国美术协会上海海墨画社社员、西泠印社社员、中国书法家协会会员。

入围作品一(见图 4.2):

图 4.2

设计者:陈武强,重庆市永川区金龙镇金龙小学教师

入围作品二(见图 4.3):

颖的、与众不同的。人们对自己看惯了的东西表现习以为常,甚至不屑一顾,更谈不上有什么印象储存了。美感:组成标志美的元素最基本的是形象、结构和色彩。适用:任何设计都要通过一定的工艺制作才能体现设计的价值。因此,创造一个便于制作的条件,对标志的实际应用有十分重要的作用。为使标志简洁好用,美国几年前把耐克标志的文字省去,只突出了一个"OK"勾。

1) 节徽策划与设计

节徽是节庆活动的重要标志物之一,也是节庆活动的重要形象标志。

(1) 注目性

注目性是节徽所应达到的视觉效果。优秀的节徽应该吸引人,给人以较强烈的视觉冲击力。只有引起人的注意,才能使标志所要传达的信息对人产生影响。节徽设计要能应用在各种不同的环境中,保持良好的节徽视觉形象,使节徽无论是在节庆活动的现场如背景板、门票、指示物、旗帜、服饰、纪念品、招贴画,还是各类节庆商品的包装和各类媒体的宣传中,均可起到突出节庆品牌的积极作用。节徽应富有人情味和生活气息,给人以一种亲切感和轻松感。

(2) 信息性

节徽的信息传递有多种内容和形式,有图形的、文字的,也有图形和文字结合的;有直接传递的,也有间接传递的。但不管如何传递,它不仅要反映出这个节庆活动的精神实质和活动特色,还要明显区别于其他节庆活动的个性,要突出主题物品、当地风土人情、文化特色,应尽量追求以简练的造型语言,表达出既内涵丰富,又有明确侧重,并且容易被观者理解的兼容性信息为最佳。

(3) 文化性

文化性是节徽的设计风格或设计品位的核心特征,能充分体现地方文化和活动传统的节徽,才是好的节徽。通过组成节徽的元素体现民族传统、时代特色、社会风尚、活动理念等精神信息。文化性强、设计品位高的节徽,其必须是联想丰富、耐人寻味的不同凡响之作。

(4) 艺术性

艺术性是节徽设计给人是否有美的享受的关键。节徽的艺术性是通过巧妙的构思和技法,将节徽的寓意与优美的形式有机结合时体现出来的。艺术性强的节徽,具有定位准确,构思不落俗套,造型新颖大方;节奏清晰明快;统一中有变化,富有装饰性等特点。

【案例启迪 1】

第三届中国青田石雕文化节节徽征集评选结果

录用作品:凝固的花(见图 4.1)

创意说明:节徽由两部分组成,中间为篆刻"青田",以印石形式体现其深厚的文化底蕴。

念方面相对较差,不如节歌的感染力强。而会歌的选择要求内涵深刻、主题鲜明、旋律优美、通俗易唱;具有鲜明的时代特征和高水平的艺术表现力、感染力;一般是原创。

【案例启迪】

第九届中国·沧州国际武术节主题词会徽会歌吉祥物揭晓

据悉,第九届中国·沧州国际武术节筹委会于 2015 年底正式面向全国征集主题口号、会徽、会歌和吉祥物方案,得到了全国热心群众的积极响应,分别收到了 2 万余条"主题词"、72 套"会徽"、30 套"吉祥物"和 140 首"会歌"的应征作品。经专家评审组认真评议、广泛征求社会各界意见和入围作者精心修改,分别评出了最终的入选作品。

本次选出的四项元素各有特色,其中,"主题词"确定为"相约武乡沧州,共襄武术盛典",充分体现"魅力沧州,武术盛典"办节理念,展现狮城人民奋力推进"创新之城、产业之城、文化之城、生态之城、好人之城"建设的激越情怀;"会徽"确定《生生不息》设计,立意充分体现了河北燕赵风骨和沧州著名武乡神韵(见图 4.5);"吉祥物"选用了"武娃"设计方案,构图融入了"中国·沧州国际武术节"元素,能广泛运用于特许产品、视频宣传和景观塑造(见图 4.6);会歌则选定了《精彩时光》,歌词充分体现沧州作为中华武术文化重要发源地、拳种富集地和典范传承地的风格特点,有机融入了河北京畿大省与沧州运河古郡、武术名城的人文精神(见图 4.7)。

图 4.5

创意说明:

"武娃"是沧州千年铁狮"镇海吼"的化身,是狮城沧州的新时代形象。吉祥物将铁狮以拟人化的特征来表现,"武娃"英武雄健,活泼可爱,喜庆吉祥,充满亲和力和感召力,既传达了沧州国际武术节的信息,又揭示了沧州地域文化特色,体现了武术特征与时代特点。

"武娃"身着节目盛装,笑迎来自五湖四海的武林高手,比武论剑,把悠久的中华武术发扬光大。

图 4.6

作品名称：生生不息

方案设计河北燕赵文化和沧州武术文化为设计理念，以沧州首字母"CZ"为视觉形象，融入了太极、武术、书法、铁狮等元素。并以简洁抽象的设计手法，演绎出了中国沧州国际武术节独具魅力的形象内涵。

整体沧州首字母"CZ"组合而成，代表了沧州地域名称，易于记忆识别和传播，同时勾画出太极形象，展现了沧州深厚的历史人文、寓意着沧州武术传承历史，不断创新的精神风采，彰显了沧州武术文化生生不息的发展态势，同时泛白地衬托出两位武术人，蕴含了沧州武乡的神韵风采，凸显了沧州国际武术节文化特性。

沧州铁狮融入其中，展现了沧州地域人文，具有独特的文化符号。

整体圆形寓意着全球、国际性的盛会，寓意着中国沧州国际武术节圆满举行。

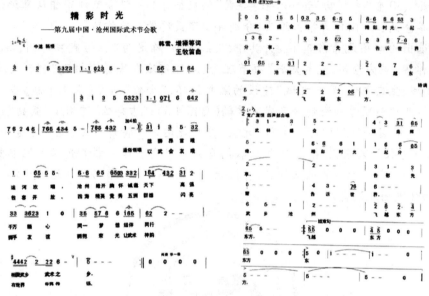

图 4.7

需要说明的是，至今为止，虽然不少节庆活动面向社会征集了节歌，并经过专家评审等评选出了节歌，但节歌的传唱和流传并不理想，其应具有的传播效应不甚明显。值得一提的是，著名作曲家徐沛东在第一届青岛国际啤酒节时，就受邀创作了取名为《东方翡翠》的节歌，由当红歌星毛阿敏主唱；2000 年第 10 届青岛国际啤酒节时，由任卫新等作词，姚明作曲，韦唯演唱的节歌《共同的节日》，这些歌都曾传唱一时，但未能坚持如一地一届一届传唱下来。青岛国际啤酒节可以说是比较成熟和完善的大型标志性节庆，其不仅有朗朗上口的主题口号是"青岛与世界干杯"，还有会歌、节徽、吉祥物、旅游纪念品等全套大型活动形象标志物。青岛国际啤酒节的节徽 Logo 在图标的核心位置突出冒着气泡的大杯啤酒，漂浮在碧波之上，清澈的水波环抱着地球，嵌有黄色麦穗的圆环围绕着地球，蓝色球体代表地球，象征青岛啤酒节与世界干杯的口号，与青岛啤酒的商标构成极为相似。青岛国际啤酒节自首届举办以来，每届都有属于当届的啤酒节吉祥物。还有各式各样、价格不一、大小不一的旅游纪念品，满足游客的需求。

4) 节旗策划与设计

节旗的策划与设计的原则一般与节徽、节标相同，节旗可以采用节徽或者节标做成旗帜,也可以单独进行设计。

【案例启迪】

中国(曲阜)国际孔子文化节标志征集大赛揭晓

中国(曲阜)国际孔子文化节标志征集大赛在主办方和中国艺术设计联盟的共同努力和广大应征者的大力支持下,于8月15日—9月10日顺利举行,征集评选结果日前揭晓。经过专家的层层评选,在608号和63号作品基础上综合而成的作品《儒传天下》获得节旗类作品一等奖,136号作品《和而不同》、535号作品《一山一水一圣人》、247号作品获得入围奖。

据了解,本次大赛虽然时间短,但应征者非常踊跃。15天的征集时间,创意擂台共征集了628份有效参赛作品,其中节徽作品394件,节旗作品234件。通过对参赛作者信息的抽样调查分析,发现近70%的参赛作品都来自于全国各地专业的、资深的设计师的投稿,它们或由专业的设计机构创作,或由专业的在职设计师独立创作,体现出了高水平的设计。还有近30%的参赛作品由各艺术高校艺术设计类专业的在校学生创作,涌现出不少极富创意的构思作品。国际孔子文化节济宁市执委会已邀请608号参赛作品选手许评(北京)和63号参赛作品选手黄茂宋(福建)参加2007中国(曲阜)国际孔子文化节。

节旗中标作品如图4.8所示。

图 4.8

题目:儒传天下

评定说明:

最终确定的作品是将608号和63号参赛作品合并后创作而成。新作品在原来的基础上寓意更加丰富、深远。

一、作品底色为明黄色,彰显孔子的尊贵。

二、雄伟的大成殿坐落在地球形象的中央,表现出国际孔子文化节的国际品牌和中国曲阜在孔子文化研究方面的国际中心地位。大成殿与两侧的建筑形象结合,体现出曲阜悠久的历史文化和三孔旅游胜地的概念。

三、抽象的孔子形象,表现出孔子手持书卷,行走在将其思想传播世界的路途中,以及孔子文化节以宣传孔子文化为中心,将孔子文化传向世界的历史使命。

四、作品展现的凤凰形象,寓意孔子是史上第一位被称为"凤"的人,同时寓意"太平盛世、有凤来仪"及和谐社会下孔子文化节的重要作用所在。

五、作品中红色的"C"字母形象是英文中国(China)的第一个字母,表现了开放而热情的中国走向世界。黑色的"C"字母形象是英文孔子(Confucius)的第一个字母,加之其在图形中的中心位置,蕴意极具厚重度的儒家文化创始人——孔子位居世界十大思想家之首。

节旗类入选作品:

136 号作品《和而不同》 参赛选手:伍天友(深圳)(见图 4.9)

图 4.9

535 号作品《一山一水一圣人》 参赛选手:谢为(江苏江阴)(见图 4.10)

图 4.10

247 号作品　参赛选手:李海军(安徽太和)(见图 4.11)

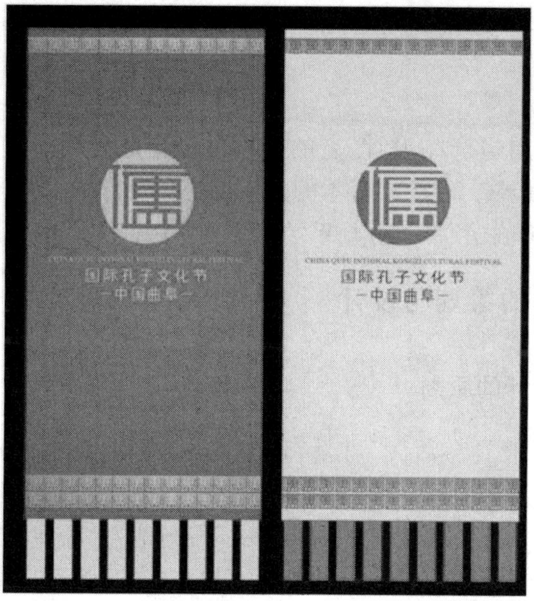

图 4.11

（资料来源:潍坊新闻网,刘伟）

4.4　节庆商品策划

4.4.1　节庆商品的种类

1) 吉祥物

吉祥物的核心是"吉祥",寓意节庆活动的喜庆、祥和,其基本的造型为人物、动物或者事物。吉祥物是人类原始文化的产物,是原始的人类在和大自然的斗争中形成的人类原始的文化。在这种和大自然的斗争中,人类首先以生存需要为中心,而在发展过程中自然就形成趋吉避邪的本能的观念。中国古代认为麒麟、凤凰、龟和龙是有灵性的动物,因此,把它们称为四灵,作为祥瑞的标志,当作吉祥物。其实,除了龟以外,其他 3 种都是传说中的动物。中国的祖先赋予这些东西一种象征的内容及意义,去满足人们内心祈福的心理需求,民间流传的吉祥物形形色色,不胜枚举。

吉祥物出现在节庆活动中,起始于 1968 年,法国格勒诺布尔冬季奥运会吉祥物 Schuss 滑雪人舒斯 Schuss 是冬季奥运会第一个官方的奥运会吉祥物。从此以后,每届冬季、夏季奥运会都有吉祥物的出现,并且它的发布成为该项活动的盛事之一。世博会和越来越多的节庆活动设计出反映东道主国家和地区文化的吉祥物,反映东道主国家的历史发展、文化观念、艺术形态以及社会背景,传递了不同国家、民族和地区的世界观和价值观。

2)节庆纪念品

以吉祥物为核心的周边产品设计,它的开发已经全面运用于商业范围,超出其表层意义,达到了更深层次的境界。2005年日本的爱知世博会发行了100多种纪念产品,小到毛绒玩具、徽章、文具,大到T恤、领带、毛巾、手帕、手提袋等,产生了巨大的商业价值。

4.4.2　节庆商品的策划与设计

1)吉祥物策划与设计的原则

吉祥物在造型上一般具有活泼、可爱、简练、夸张的特点;在色彩上具有简洁、明快、鲜艳、对比强烈等特征。

①关联性。与举办的节庆活动主题内容相关联;与地方、民族和国家的文化相关联。

②拟人化。以卡通的形象,拟人化的表达,显现活泼可爱、热情亲切、吉祥欢乐的艺术魅力。

③寓意性。具有深刻的文化内涵,寓意美好、吉祥。

④独创性。吉祥物的设计具有广泛的文化内涵,特别是在表达节庆精神方面,体现主办地的文化特色,尤其是在色彩的使用方面,要充分尊重该地的民族习俗。同时,设计形象要令人有耳目一新的感觉,有别于以前其他的节庆与活动的吉祥物形象,具备商业开发价值,并且设计创意具有故事性和人格化。

2)节庆特色纪念品的开发

国外的节庆活动纪念品体系鲜明,品类丰富,在形式上包括吉祥物、特色纪念品、特色装饰品等,在内容上较为深刻地反映了节庆活动的文化内涵。节庆活动纪念品,已经构成了节庆活动的特征之一。

在国内,节庆活动在纪念品的开发上是个弱项,不仅品类缺乏特色,且价格昂贵,真正能够反映旅游节庆活动文化特色的纪念品为数甚少,只能作为旅游节庆活动的一种点缀,有的价格相对低廉,但是粗制滥造,甚至有可能影响旅游节庆活动的总体形象和质量。现在,各种节庆每年都会推出一批标志性节庆的旅游纪念品,但总体来看品牌效应不大。

【案例启迪】

啤酒节8月10日世纪广场开幕　设平价纪念品区

啤酒节设休闲展销区　纪念品可现场或网上购买

记者从青岛啤酒节办公室了解到,第23届青岛国际啤酒节将设立特许商品休闲展销区,将啤酒节纪念品的销售与休闲结合起来,让游客选购心仪纪念品的同时能够乐享新生活。

休闲展销区开放设计

特许商品展销区位于世纪广场啤酒城南大门处,游客一进门就可以看到近50 m长的纪念品展销区,统一的伞状顶棚搭配色彩艳丽的展示柜与背景板,能迅速攫住游客的眼球。

今年,本着打造"百姓节日"的宗旨,让更多游客体验"多彩啤酒节,乐享新生活"的魅力,纪念品展销区采用开放式设计,给游客更多选择的空间。纪念品展柜前草坪上将放置休闲桌椅与遮阳伞,游客可以一边品酒一边欣赏各式纪念品。"我们将把纪念品的展销区打造成一块可供游客们休闲、享受生活的区域。"工作人员介绍说。

名家设计价格亲民

第23届青岛国际啤酒节官方纪念品是由国内一流设计大师、北京理工大学设计艺术学院谢勇教授设计打造。设计以展现青岛特色为基调,将"啤酒的海洋""帆船之都""旅游胜地"等形象融入每一件纪念品中,时尚而具有美感。

本届啤酒节纪念品沿用"我爱青岛"这一主题。"我爱青岛"系列纪念品由青岛蓝色动力文化有限公司生产,主要由彩虹系列和蓝色系列两部分组成。两大系列共有几十种单品可供游客选择,各种款式的钥匙扣、徽章、T恤、帽子,各自有着独到之处和高科技含量。啤酒节纪念品以"贴近百姓、贴近生活"为主要设计理念,在价位上继续走平民路线,去年上百种商品八成多都在100元以内,而今年50%的商品售价都在20元以内。据介绍,价格最低的是纪念品徽章类,一般为5~10元,喜欢的游客可以尽情挑选。

啤酒节品牌文化的代表

青岛国际啤酒节官方纪念品在最初只是作为一种商品出现,随着青岛国际啤酒节品牌的树立,其官方纪念品也成为一种文化现象的载体,成为啤酒节品牌文化的代表之一。工作人员向记者解释说:"现在更多人把吉祥物等具有代表意义的纪念品作为藏品收藏,游客对啤酒节官方纪念品的认可,也是对青岛国际啤酒节23年品牌文化积淀的认可。"

目前纪念品已经设计完毕,今年将首批生产20万件各类纪念品,保证货源充足。此外,青岛市啤酒办公室将在世纪广场啤酒城和青岛啤酒节博物馆内设置本届啤酒节官方纪念品销售点,喜欢网购的朋友也可在百度团购提前预订。

(资料来源:青岛新闻网,2013-08-06)

4.5 网站策划

4.5.1 网站建设的原则

(1)准确定位网站的主题、名称,方向明确

节庆网站以介绍节庆基本情况、树立节庆形象、营销推广节庆为主要目的。因此,它的建设要从节庆本身、节庆发展的目标和节庆消费者(节庆旅游者、赞助商等)等方面定位,突出节庆所有产品和服务,结合节庆品牌的管理。

(2)做好网站形象和整体风格的创意设计

节庆网站的形象和整体风格要和节庆本身的风格和文化气质吻合,保证现代与传统的有机融合。

(3)仔细策划网站的栏目模块及层次结构

在策划节庆网站栏目模块时,要兼顾节庆特色特征、重点内容、创新所在、营销理念和未来的发展规划,节庆网站建设应该追求搜索优化和游客体验的最佳结合点。

(4)网站内容要精、专、奇、新,不要面面俱到

节庆活动内容可能非常丰富,但是如何突出重点和特色以吸引游客和用户,多页面站点页面的编排设计要求把页面之间的有机联系反映出来,特别要处理好页面之间和页面内的秩序与内容的关系。为了达到最佳的视觉表现效果,应讲究整体布局的合理性,使浏览者有一个流畅的视觉体验。

(5)灵活运用色彩,发挥其在网页设计中的作用

色彩是艺术表现的要素之一。在节庆网页设计中,根据和谐、均衡和重点突出的原则,将不同的色彩进行组合、搭配来构成美丽的页面。根据色彩对人们心理的影响,合理地加以运用。按照色彩的记忆性原则,一般暖色较冷色的记忆性强。色彩还具有联想与象征的物质,如红色象征血、太阳;蓝色象征大海、天空和水面等。网页的颜色应用并没有数量的限制,但不能毫无节制地运用多种颜色,一般情况下,先根据总体风格的要求定出一至两种主色调,有 CIS(企业形象识别系统)的更应该按照其中的 VI 进行色彩运用。

(6)导航结构要一目了然,以提高网络的交互性和亲和度

一个网站最重要的部分就是整个网站的导航,没有它,无论在哪个页面中,用户都会发生卡在这个页面离不开的状况。因此,节庆网站的建设最主要的目标就是网站导航,尽可能减少操作(动作),努力让用户到达他想要浏览的内容。

4.5.2　网站制作的技巧

(1)优化图片,获得更好的页面加载速度

有很多的工具可以进一步优化图片,降低文件大小。尽量把图片数量减到最低,灵活使用图片,尽可能缩小图片文件的大小。如此一来,可以大大减少页面的读取时间和改善网页的性能。

(2)保持干净和简单(即简洁)

一个好的网页设计不仅只是看起来好看而已,还要是用户友好型的。通常来说,一个干净、简单的网页设计最终会成为一个可用性高的网页设计,因为它在与用户的交互中不会使其产生混淆。当页面上有太多的网站功能和组件时,会分散网站用户的注意力而失去原本浏览网站的目的。

（3）导航(条/栏)是最重要的设计

在网站的导航结构上,投入足够的时间和很多规划是非常重要的。摆放位置、风格、所用技术(javascript 或 CSS)、可用性和网页易读性,这些是制作导航设计时需要考虑的。

（4）网页形式与内容相统一

要将丰富的意义和多样的形式组织成统一的页面结构,形式语言必须符合页面的内容,体现内容的丰富含义。运用对比与调和、对称与平衡、节奏与韵律以及留白等手段,通过空间、文字、图形之间的相互关系建立整体的均衡状态,产生和谐的美感。网页设计中点、线、面的运用并不是孤立的,很多时候需要将它们结合起来,表达完美的设计意境。

（5）多媒体功能的利用

网络资源的优势之一是多媒体功能。要吸引浏览者注意力,页面的内容可以用三维动画、Flash 等来表现。但要注意,由于网络带宽的限制,在使用多媒体的形式表现网页的内容时应考虑客户端的传输速度。

（6）合理发布和更新资讯

节庆新闻的内容要经常更新,文章内容报道节庆的一些动态,里面最好配备图片,图文并茂更为节庆网站增添活力。不少节庆网站建设好以后就不管不问,自然对推广节庆起不到任何作用。节庆网站最好由专业人员维护,才能发挥价值。

复习思考题

1.如何确定节庆活动的主题?

2.我国节庆主题的创意方法有哪些?

3.简述我国节庆项目的立项。

4.如何进行节庆活动的宣传语策划?

5.宣传语策划的方法有哪些?

6.如何进行标志物策划与设计?

7.如何策划节庆商品?

8.如何策划节庆网站? 节庆网站制作的技巧有哪些?

【案例研究】

闻鸡起舞放飞滨海　第34届潍坊国际风筝会吉祥物出炉行

记者由潍坊国际风筝会办公室获悉,第34届潍坊国际风筝会将于2017年4月15日在潍坊滨海开幕。近日,第34届潍坊国际风筝会吉祥物卡通鸡出炉。

据介绍,本届风筝会吉祥物由潍坊市著名设计师梁文道设计,设计师程静、梁冰制作。风筝会适逢农历鸡年,以鸡为吉祥物是历届风筝会以生肖系列为主线的延续。鸡与"吉"同声,"17"又与"要起"和"一起"谐音,这是多年不遇的巧合,更增强了第34届潍坊国际风筝会大吉大利和风筝与滨海一起腾飞的美好寓意。

今年风筝会吉祥物设计上体现了大胆创新的思路,与往届单个吉祥物不同,由4只活泼可爱的卡通鸡组合而成的吉祥物,体现了风筝会欢乐、和谐,万众参与的浓厚节日气氛。4只拟人化的卡通鸡,形态各异,聚合有度,线条简练,色彩艳丽。同时,风筝会的有关元素,如五环状的会徽,34届的标注,放飞的3种不同造型的风筝;滨海的元素,如蓝色的大海、欢腾的浪花等,都被巧妙地融合和展示。

"卡通鸡"吉祥物就像一个幸福美满的家庭,在潍坊滨海这片神奇的土地上,尽情地放飞春天,放飞梦想,也仿佛向中外宾朋发出了"闻鸡起舞,放飞滨海"的盛大邀请(见图4.12)。

图4.12

（资料来源：齐鲁壹点,2017-01-17）

讨论问题:

1.为什么第34届潍坊国际风筝会的吉祥物以鸡作为原型?

2.4只卡通鸡的寓意是什么?

3.在吉祥物的设计中,鸡与风筝会是如何巧妙地融合在一起的?

【开阔视野】

美国半月湾南瓜艺术节节标设计大赛
Half Moon Bay Art & Pumpkin Festival Logo Design Contest

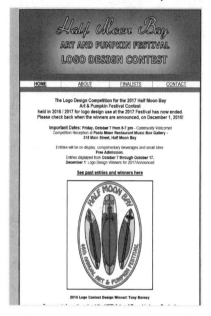

图 4.13

图 4.14

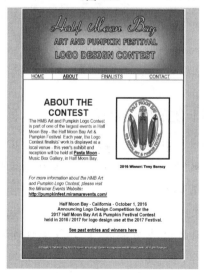

图 4.15

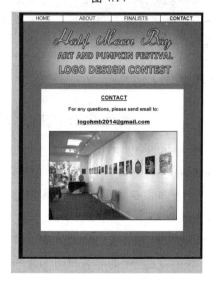

图 4.16

（资料来源：For more information about the HMB Art and Pumpkin Logo Contest，please visit the Miramar Events Website）

第5章
相关活动策划

【学习目标】

通过学习本章,学生应该能够:

理解:节事相关活动策划的作用

　　　节事相关活动策划的原则

熟悉:节事相关活动常见类型

掌握:节事相关活动策划流程

　　　开幕式、专业研讨会、技术交流会等策划要点

【关键术语】

节事相关活动策划原则　礼宾活动　交流活动　表演活动　贸易活动　开幕式　招待酒会　记者招待会　领导会见　闭幕式　专业研讨会　技术交流　表演活动　产品发布会　产品推介会　项目签约　工作分解

【开篇案例】

海南欢乐节获评"2016年度中国十佳节庆活动奖"

在2016年12月14—15日上海举行的"2016第十三届中国会展行业年会·中国会展业高峰论坛大会"暨年度颁奖盛典上,海南国际旅游岛欢乐节因突显国际元素,展现海南本土特色,节庆与产业相结合,全民共欢乐等特点,荣获"2016年度中国十佳节庆活动奖"中国会展业年度大奖。

本次评选活动是由全国城市会展管理办公室、行业协会共同举办,极具权威性和影响力,被誉为"中国会展业奥斯卡大奖"。

海南国际旅游岛欢乐节是海南省的国际性品牌旅游节庆活动和一张具有国际影响力的旅游文化名片,经过连续十六届举办和不断发展创新,欢乐节已成为海南宣传旅游新业态、营销旅游新产品、推出旅游新线路、创造旅游新效应的大平台。今年欢乐节开幕式于11月26日在海口市举行,来自世界18个国家、省内25个省市的400余名嘉宾出席了欢乐节开幕式。

为期一个月的欢乐节期间,全省共推出了海南国际旅游岛网络欢乐节、欧洲专场音乐会及欧洲美术作品交流展、三亚国际美食嘉年华、万宁国际冲浪节等89项凸显国际化、本土化、特色化和大众化系列配套活动以及166项旅游优惠措施,并在此基础上打造了涵盖精品景区游、欢乐购物游、欢乐美食游、欢乐乡村游、环岛高铁游和高尔夫温泉养生游六大主题的22条旅游线路,在让广大百姓和游客共享"欢乐"的同时,有效拉动了旅游消费,提升了海南国际旅游岛的知名度和影响力。

(资料来源:凤凰资讯)

节事活动主办方为了更进一步丰富和实现节事的体验、吸引、对区域经济的发展和展示举办地形象等功能,为了给节事创造更好的气氛,越来越讲究在节事活动期间举办一系列相关活动,这些活动已经成为现代节事活动不可分割的一部分。节事相关活动的举行可增加节事活动的人气吸引力,增强节事活动的影响力、知名度。在进行节事相关活动的策划时,要掌握有关原则,注意策划的要点。

5.1 节事相关活动策划的作用与原则

5.1.1 节事相关活动策划的作用

1) 丰富节事信息

节事作为会展活动的主要构成部分,其本质和会展活动一样,也是基于为信息交流而进行的传播活动,其最大的特点也在于信息的"集中"。从主办方角度讲,节事活动主办方增设相关活动,目的在于丰富节事活动内容,拓展办节内涵,增强办节特色;从目标受众角度讲,观众参加节事,目的在于体验节事活动特色,搜集节事活动信息。因此,节事活动是信息的发散源,举办节事相关活动正是为了极大地丰富节事信息。

2) 强化节事发布

节事活动常常会有系列研讨会、专业论坛、新产品体验及发布活动,主讲单位大多为行业内领先者和知名单位。节事活动作为人流、信息流等汇聚的平台,信息传播速度快,众多企业均选择节事活动作为发布信息的场所。有的节事活动主办方还组织产品体验及发布会供企业选择,将节事活动与新产品体验、发布、表演、娱乐等活动结合起来,以此来强化节事的发布功能。

3) 增强节事展示

节事的价值主要是在节事活动现场得以实现。节事活动现场工作包括节事举办期间的嘉宾接待、产品推介、贸易洽谈、市场调研、文化体验、用户反馈等。节事相关活动好比节事活动的"调味剂",能使节事活动举办地更好地展现当地文化资源特色、经济产业基础、城市形象,使观众对其产生更加深刻的影响。

4)延伸节事贸易作用

目前,各地意识到以举办节事活动为契机,辅以经贸洽谈、产品推介、项目展示等活动,可以实现节事的贸易作用。因此,节事是一个重要的贸易平台,举办节事相关活动能够延伸节事贸易作用,为节事活动主办方取得更多综合效益。

5)活跃现场气氛

举办富有观赏性和趣味性的相关活动能极大地调动现场观众的积极性。在设计相关活动时,策划者应当选择参与性强、互动效果好的子活动项目,这样不仅能给观众留下深刻的印象,而且可以增加节事活动现场人气,活跃节事活动现场气氛。

5.1.2 节事相关活动策划的原则

节事相关活动是为节事活动服务的,策划节事相关活动的原则应该为节事"锦上添花"。节事相关活动策划应遵循的原则有:

(1)契合节事主题

节事相关活动应围绕节事的主题展开,并与主题相得益彰。策划节事相关活动不能漫无边际、空穴来风。若相关活动与节事主题不相关,且相关活动的形式脱离节事实际,那么节事相关活动不仅与节事主题脱节,而且还会干扰节事活动的现场秩序,甚至造成不必要的安全隐患。

(2)吸引目标受众

策划得当、组织完善、丰富多彩的节事相关活动对节事目标观众的吸引有很大的助推作用。因此,能否有助于吸引节事活动目标受众是节事相关活动策划的重要原则。目标受众的多少和质量是衡量节事活动是否成功的有效标志和发展根本,在策划节事相关活动时要考虑能否吸引目标受众。例如,应根据目标观众的需求和实际情况考虑节事相关活动的内容、形式、时间、地点,切忌忽视目标观众仅关注节事主办方的需求。

(3)提高办节效果

节事活动主办方办节事的目标多种多样,既有经济效益,也有社会效益。无论主办方设立怎样的办节目标,总是希望能够达到预期目的,获得良好的办节效果。例如,专业研讨会能紧抓行业热点和难点问题,能有助于拓宽视野、更新知识和思路,表演活动富有观赏性等。节事相关活动的策划应组织有力,秩序井然,要为人们所喜闻乐见,为获取节事总体效果服务。

(4)创新办节形式

举办节事相关活动要产生良好的效果,要能够吸引目标观众眼球,给目标观众留下深刻而美好的印象。这就要求策划节事相关活动要打破传统、突破常规、别出心裁,避免模仿其他节事活动的做法,才能在竞争中取胜。创新办节形式主要表现为:节事相关活动传播方式及其组合的创新性,思维方法、操作方式及策划方法的创新性。

如果把节事活动比作一个大舞台,那么节事相关活动可以看作是节事大舞台上的舞美布置。舞美布置一定是根据剧情发展需要而设置,如果可有可无,则不应设置该舞美布置。

5.2 节事相关活动常见类型

5.2.1 礼宾活动

礼宾也称礼遇,为表示敬意,节事组织者根据参与人员的身份、地位、级别等给予相应的接待规格和待遇。在节事活动举办中,常见的礼宾相关活动主要有开幕式、招待酒会、记者招待会、领导会见、闭幕式等。

1) 开幕式

开幕式是宣布节事活动正式开始的具有象征性和标志性的仪式,开幕式策划主要内容如下:

(1) 开幕式的名称、时间、地点

确定节事活动开幕式的时间时应遵循"三不宜"原则,即不宜过早、不宜过晚、持续时间不宜过长,因此,大部分节事活动都将开幕式的时间定在早上 9 点左右。至于地点,一般选择在场馆前的广场上举行,舞台往往需要临时搭建。另外,策划开幕式的时间和地点时,主办单位还应该充分考虑当天的天气状况,如果恰逢天气炎热或雨天,应提前通知嘉宾、媒体记者等作好相应准备。

(2) 确定出席主要嘉宾

一般情况下,主办方会邀请行业主管部门的领导、行业协会的主管人员、外国驻华机构代表、专家及其他相关人士作为嘉宾出席开幕式。为此,主办单位首先应根据节事需要和开幕式安排,仔细遴选名单。对于所有应邀嘉宾,应该提前沟通并确认。此外,还要事先安排好接待、翻译、礼仪人员以及嘉宾在开幕式舞台上的位置等事宜。

(3) 开幕式形式

主要有两类:一是以致辞为主的形式;二是文艺演出的形式。

(4) 配套设施

主要包括开幕式相关的硬件准备。

(5) 做好接待工作

对相关人员的接待安排和分工。

（6）确定开幕式程序

从操作程序上看,无论是自己策划组织还是承包给专业公司,节事活动开幕式的基本程序为:

①嘉宾在休息室(可临时搭建)集中。

②礼仪小姐引领嘉宾走向开幕式主席台就位。

③主持人主持开幕式并介绍到场的各位嘉宾。

④有关领导或嘉宾代表讲话。

⑤剪彩或开幕表演活动。

⑥某位领导或重要嘉宾宣布节事活动正式开幕。

⑦主持人宣布开幕式结束。

⑧由工作人员带领,主办单位负责人陪同嘉宾进行参观。

2) 招待酒会

招待酒会是指各种不备正餐的邀请形式,一般备有食品和酒水,通常不排固定席位,可以自由活动。常见的有冷餐会、酒会。

冷餐会这种宴请形式的特点是不排席位,菜肴以冷食为主,也可用热菜,连同餐具陈设在餐桌上,供客人自取。客人可自由活动,可以多次取食。酒水可陈放在菜桌上,也可由服务员端送。冷餐会适宜于招待人数众多的宾客。

酒会又称鸡尾酒会,这种招待会形式较为活泼,便于广泛接触交谈。招待品以酒水为主,略备小吃、菜点。不设座椅,仅置小桌或茶几,以便出席者随意走动。酒会举行的时间比较灵活,中午、下午、晚上均可。请柬上通常注明酒会起讫时间,客人可在此期间任何时候入席、退席,来去自由,不受约束。

3) 记者招待会

记者招待会是节事活动组织方与新闻界人士建立并发展关系的机会,是将节事活动的情况广泛深入地介绍给新闻媒体的有效方式。记者招待会成功的关键是内容。节事活动组织方必须有充分、能吸引新闻媒体兴趣的内容,方可考虑举办记者招待会。记者招待会应提前准备,准备工作要细致,主要包括以下内容:

①内部提前商订好时间、地点、程序、内容、人员、司仪、讲稿等。

②注意时间安排,与其他已安排的活动不能冲突。

③一周前书面邀请记者,邀请范围可包括相关重要领导和重要客户,充分准备答复记者可能提出的问题。

④布置现场。包括主席台、座席、花篮、招贴等。安装、调试设备(包括扩音设备、投影设备、空调等)。此外,还要准备胸牌、签到簿、纸笔、饮料、纪念品等。

记者招待会最好由主办单位高层领导主持或发言,发言应简短,总时长不能超过 1 h。

4) 领导会见

领导活动可分为两大类：一类是外事活动，有外事接见、洽谈和宴请，主要由外事部门负责具体安排落实；另一类是内事活动，有礼仪性庆典、接见、与会、陪同、外出参观、基层视察。在节事活动中，这两类领导活动均较为常见。

会见是为了达到预定目的而有组织、有计划开展的交换信息的活动，它既具有礼仪性，又具有实质性。会见具有广泛的适用范围，可以在不同的层次和各个不同方面的人员中进行。常用的会见主要是社交上的礼节性会见和涉及业务商谈、经贸洽谈等内容的事务性会见。

领导会见的工作程序如下：

一是确定议题和明确目标。会见的目标一般是为了互通情况、沟通立场、消除分歧、确定原则，应当根据双方的实际情况确定会见的具体的目标，包括最高目标和最低目标。

二是收集信息和分析双方资料。主要内容有：

① 了解会见的目的。

② 对方的求见对象。

③ 接见方相关社会背景，如习俗、禁忌、礼仪等特征。

④ 对方参加会见的人数、姓名、职务等。

⑤ 主要求见人的详细资料。

三是确定参加人员、时间和地点。

① 会见参加人员的安排。确定参加的领导，指定陪同人员。参加人不宜过多，只要求有关人员参加。

② 会见的地点。一般安排在主人的办公室、会客室或小型会议室，也可在客人的住所进行。

③ 会见的时间。应根据主办方出面会见的领导人的工作日程来安排，同时应考虑客人的来访活动的日程。

5) 闭幕式

闭幕式与开幕式相对应，是节事活动结束时举行的庆典仪式，一般是对节事活动作概括性的评价和总结。节事活动能否给人留下圆满的印象，闭幕式也起着重要的作用。在节事活动举办中，开幕式多以致辞形式为主，而闭幕式多以文艺晚会形式为主。

节事活动闭幕式策划一般包含以下内容：

① 闭幕式的名称、时间、地点。

② 主办单位。

③ 参加范围。

④ 主持人、致辞人和剪彩人的身份、姓名及出场秩序。

⑤ 闭幕式的形式。

⑥配套设施。闭幕式相关的硬件准备。

⑦接待。对相关人员的接待安排和分工。

⑧闭幕式的程序。

5.2.2 交流活动

常见的交流活动主要有专业研讨会、技术交流会、技术讲座、学术报告、专题论坛等。专业研讨会和技术交流是较为常见的节事相关活动,两者均立足于对节事主题所涉及的行业发展前沿、动态追踪,论题具有一定的前瞻性和导向性,能给观众带来新思维和新视野。因此,它们不仅对观众有较大的吸引力,也对丰富节事的信息功能有着十分重要的作用。本部分将对专业研讨会和技术交流会作重点讲解。

1)专业研讨会

专业研讨会是围绕节事主题而展开的,由行业内的专业人士参加,专门针对某一主题进行研究、讨论、交流的会议。研讨会通常以演讲人陈述为主,讨论议题集中,与会者参与较多,可以平等交换意见,分享知识和经验。

专业研讨会的策划流程如下:

(1)收集市场信息

为了使研讨会研讨的内容有的放矢,在准备前,节事活动组织者应多方收集市场信息,对节事主题所涉及的行业作深入的研究,努力抓住行业热点问题,为下一步确定会议主题提供翔实的背景资料和参考依据。

(2)确定会议主题

会议一定要有能紧紧把握时代脉搏、能切实反映该行业某一领域发展动态的鲜明的主题。会议的主题是会议的灵魂,一个好的主题能对会议潜在的听众产生强大的号召力。如果会议主题不能被会议潜在的听众所接受,会议将名存实亡。导致会议失败的原因可能很多,但主题确定不当一直是众多会议失败的原因中最致命的一个。会议的主题要有创意,并且要具备前瞻性、总结性和时尚性等特征。

所谓前瞻性,是指会议的主题针对行业的发展现状和发展趋势要适度超前,对行业热点问题要看得更远、更深,不能只局限于眼前情况。所谓总结性,是指会议主题要能高屋建瓴,能对行业发展有所总结,能体现行业发展的特点和趋势,不能脱离行业发展泛泛而谈。所谓时尚性是指会议的主题要能有的放矢,紧扣行业热点和难点问题,不能远离现实。会议主题可以不同时具备上述3个特征,但它至少应该具备其中的一个,否则会议的主题将会失去号召力。

(3)准备会议方案

会议方案是有关会议召开的具体实施计划。要组织一个高水平的会议,会议实施计划要做到详尽周密、高效协作。会议方案的内容如图5.1所示。

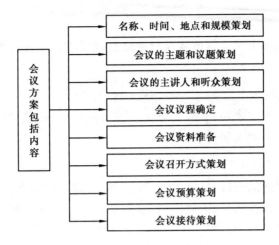

图 5.1　会议方案内容

（4）要求会议主讲人员

会议主讲人负责演讲、分享会议的议题,同时,会议主讲人也是吸引参会人员的重要吸引力和亮点之一。会议组织者应提前通知主讲人早作准备,并做好相关配套服务。

（5）会议危机管理方案

会议危机管理方案包括两个方面的内容:一是针对突发事件的管理方案,这与解释期间可能出现的危机事件的管理办法基本相同;二是会议备用方案,即针对一旦原会议策划方案因故不能全部或部分实施而制订的替代方案。

（6）会议召开

当会议召开日期临近时,组织者要妥善安排和布置会场以迎接会议的召开。本阶段策划内容主要包括:

①安排会议流程。主要有两类内容:安排会议主持人与嘉宾发言和安排会议议程。要根据主题确定相关议题及各自的讨论方式、时间安排等。

②安排会议配套服务实施。主要包括场地租用、会场氛围设计、音响视听设备等,应注意检查并提前调试,保证会议期间能正常使用。

③安排会议相关服务。主要包括准备会议材料、会场茶水服务,酒会、午餐、晚宴等安排,会场礼仪接送安排,社交活动安排等。

以上各项准备工作就绪后,则可以按照会议议程举行会议。

（7）会后总结

会议召开后,要及时对会议筹备及举办过程中的经验和教训进行总结,以便下一次举办该会议时能使会议的水平得到进一步改善和提高。

2）技术交流会

技术交流会的策划流程和专业研讨会有很多相似之处,但由于技术交流会和专业研讨会是两种不同的会议,因此,在策划流程的各具体阶段,两者也有一些不同,具体表现在以下 5 个方面:

（1）收集市场信息阶段

技术交流会侧重收集节事主题所涉及行业最新技术发展状况和发展趋势,了解该行业的实用技术发展状况。

（2）确定会议主题阶段

会议主题要与技术问题密切相连,要务实,尤其是会议的议题,既要反映技术方面的内涵,也要通俗易懂,能为一般人所理解。

（3）准备会议方案阶段

尤其要注意会议时间的安排、会议议程的确定和会议资料的准备工作。由于技术交流会的演讲内容是关于技术的话题,因此,很多演讲都需要伴有现场演示,这就要求会议的每一个具体议题的时间安排都要合理。在安排时间时要考虑到有些演示在演示中途可能会出现一些细小的失误,因此,对某一议题演讲时间的安排要留有一定的余地,在编制会议议程时不可太紧。技术交流会的资料比较复杂,准备时应仔细,尽量不要出错。

（4）邀请会议主讲人员阶段

主讲人最好要有一定的技术背景和经历,要能回答听众关于该技术议题的一些问题。如果会议需要现场翻译人员,要尽量让翻译人员事先熟悉该演讲所包含的一些技术专有名词,以保证翻译人员在现场能流利翻译。

（5）会议召开阶段

要根据技术议题的特殊要求对会议现场进行布置,要能够提供和维护会议所需要的特殊设备,要安排懂技术设备操作和维护的现场工作人员。

【案例启迪】

五粮液厂商共建共赢大会投资者沟通交流会举行

2016年12月17日下午,作为2016中国(宜宾)白酒文化节的重要子活动之一,五粮液股份有限公司举办了"第20届厂商共建共赢大会投资者沟通交流会",与会嘉宾就行业发展趋势、价格策略、渠道等话题进行了深入沟通交流,证券公司、基金公司研究员,分析师、投资者共计约180人参与交流。

为了向全球展示"五粮酿造"和民族品牌的魅力,2016年五粮液开启了"耀世之旅"全球文化巡展活动,还与G20峰会、长安俱乐部、欧美同学会、年度中国青年领袖评选等高端资源进行合作,实现资源共享、优势共享。2016年五粮液品牌价值达875.69亿元,继续保持中国食品行业和"亚洲品牌500强"酒类行业领军地位,并获得"最受尊敬企业""华谱奖之国家名片奖""腾讯济安上市公司投资峰会黄金奖""2016 A股最佳上市公司""上市公司监事会最佳实践前30强"等众多奖项。

招商证券、兴业证券、浙商证券等投资机构相关负责人就诸如市值管理、成都营销中心建设、市场价格等问题与公司领导进行了沟通和交流。

（资料来源:宜宾新闻网）

5.2.3 表演活动

表演活动是观赏性较强的公众性活动,它吸引的观众一般较多,现场气氛也比较热烈。表演可以是节事活动主办方为提高活动知名度、增加现场人气而组织,也可以是由节事参与者为整个节事活动及观众服务的表演,还有一些是行业协会和当地政府组织的表演。

(1)节事活动举办期间的表演活动的类型

①与节事主题无关的表演。如抽奖、演唱会和其他娱乐性表演活动等。这类表演本质上是为了活跃现场气氛和扩大节事影响而举办。例如,有些节事活动在开幕式或闭幕式期间会举办一些文艺表演助兴,或专门组织有著名歌星或影视明星参加的文艺晚会。

②与节事主题有关的表演。如某项展品或设备的制作演示、操作演示、技术表演等。这类表演活动多是为了帮助产品营销和提升企业形象而举办。

③程序性表演活动。这类表演活动很多是依照行业惯例而按行业程序举办的。例如,在节事活动开幕式举办时,开幕现场同时举办一些或大或小的表演活动。

(2)策划表演活动的主要内容

①提前策划。主办单位要清楚自己正在策划的是什么性质的表演。是与节事主题相关,还是纯粹的娱乐性表演?是开幕式表演,还是欢迎晚宴表演(或答谢晚宴表演)?是为整个节事服务,还是由某家赞助商出资委托?……在明白了这些问题后,项目人员才能对整个节事期间的所有表演活动进行策划和宏观把握。

②选择场地。为表演活动预先选择合适的场地。如果是为整个节事服务的表演,如开幕式上的乐队或舞狮表演,则应该选择在节事活动的公共场所举行;如果由某家赞助企业出资委托的表演,则应安排节事活动主场地或附近场地举行。总之,除了开闭幕式上的活动外,各类与节事主题相关的表演安排在节事活动现场比较合适。具体选择在什么地方表演,要根据实际情况而定。

③现场协调。对节事现场的各种表演活动进行有效协调是很重要的。首先,主办单位应该对由组委会自身组织的表演进行统筹安排,并做好现场调度与服务,确保表演活动的顺利、安全举行;其次,各赞助商之间有时候也会因为对方的表演(或演示)活动影响了自己的效果而发生纠纷,这时需要主办单位出面进行协调。

④安全防卫。无论是为整个节事服务的表演,还是赞助商自己组织的表演或演示,现场表演活动往往会吸引大量专业观众驻足观看,因此,主办单位要事先和场馆协商,提前制订危机处理方案并安排适当人力,努力做好安全保卫工作。

需要指出的是,在策划表演活动时,要注意表演活动的举办不能对节事现场管理、节事利益相关者产生不利的影响,也最好不要妨碍观众参观。另外,无论是何种表演活动,由于观众较为密集,在策划时要注意提前拟订表演现场的安全措施和现场秩序维持办法,要提前做好危机处理预案,以应付万一出现的事故,在参与者较多的表演活动尤其应注意。

【案例启迪】

青岛啤酒节搭建大棚,为游客提供充足的畅饮空间

第 26 届青岛国际啤酒节于 2016 年 8 月 13 日在崂山区世纪广场啤酒城开幕,本届啤酒节持续 16 天。

作为今年啤酒节主会场的崂山区世纪广场啤酒城,包含崂山区世纪广场仙霞岭路以南至香港东路以北的 3 个广场,由北向南依次分为青岛啤酒激情广场、世界啤酒品牌广场等五大板块。蓝白、红白相间的大棚主体支架由立柱支撑,支架采用高品质的铝合金型材,足够抵抗 8~10 级大风。大篷边高 6 m,最大的面积达 2 000 m²,为游客提供充足的畅饮空间。

据了解,今年的世纪广场啤酒城高起点规划、搭建生态美观的啤酒篷房,优化提升硬件基础设施的同时,还将组织周边酒吧街区、餐饮娱乐聚集区共同参与节庆活动,把会展中心、丽达餐饮娱乐一条街、云岭路酒吧一条街、弄海园海景酒店等区域纳入节庆辅助板块,提升文化软环境,共同营造全城鼎沸的节日氛围。

(资料来源:青岛日报,2016-07-08)

5.2.4　贸易活动

1) 产品发布会

产品发布会主办者一般是企业或行业协会,在策划举办这类活动时,节事组织方首先要与一些研发能力较强的企业或行业协会多方沟通,了解该行业新产品发展的动态和他们对发布会的设想和要求,然后才开始策划发布会方案。在节事相关活动中,多数新产品发布会的策划是由节事组织机构与发布新产品的企业或行业协会共同合作完成。在策划和筹备过程中,节事组织机构应起一种穿针引线、提供展示平台和现场管理与服务的作用。发布会的实施方案则由发布新产品的企业或行业协会来策划和实施。因此,在策划发布会方案时,节事组织机构与该企业或行业协会之间的沟通和协调就显得尤为重要。对于节事组织机构而言,策划产品发布会时的工作要点包括:

①穿针引线。在策划节事相关活动总方案时,将产品发布会作为一项活动列入其中。

②提供展示平台。在产品发布会中,产品的展示平台对发布会的成功举办有重大影响。节事组织机构需要将所有场次的发布会统筹协调安排。

③提供现场管理与服务。产品发布会的现场管理和服务一般由节事组织机构负责。首先,节事组织机构要在合适地提供平台展示的基础上,按要求布置好发布会现场,提供必要的道具,安排好合适和足够数量的服务人员;其次,要妥善安排好各发布会的时间顺序,不要因时间安排不当而引起彼此冲突或者现场混乱;最后,如果发布会在节事活动现场举行,组织机构要协助发布单位控制现场人流和秩序。

2) 产品推介会

产品推介会的目的很明显,即将产品更好地推向市场。产品推介会的真正主办者一般

是企业,节事组织机构在产品推介会中的角色与其在产品发布会中的角色相似,也是主要起着一种穿针引线、提供展示平台和现场管理与服务的作用。因此,产品推介会与产品发布会在策划程序和方法上有较多相似之处,可以彼此借鉴。此外,产品发布会和产品推介会的会议预算在构成上较为相似,产品推介会往往少了新闻采访和报道的费用支出。

策划产品推介会的技巧见表5.1。

表5.1 策划产品推介会的技巧

工作技巧	说　明	备　注
突出发布主题	统一安排不同的产品推介会,使推介会显得组织有序、主题明确	—
统一协调安排	统筹安排节事活动期间所有场次的产品推介会,避免现场混乱	—
提供展示平台	利用媒体日、新产品专区等方式,为节事活动参与者展示产品创造更多机会	制订切实可行的媒体邀请计划很重要
增强教育意义	能反映行业发展的新趋势和新技术	控制待发布产品的档次和质量
做好现场服务	做好会场布置、现场协调、安全保卫和现场服务等工作	—

3) 项目签约

如今,举办节事相关活动往往会考虑策划一系列招商活动来吸引外来资金项目落户本地,如举办投资环境介绍会,项目招商会,与国(境)外大银行、大跨国公司建立较为稳定的沟通渠道等。在节事期间举办项目签约,要在节事活动开幕前合理的时间内让有关企业知晓该签约信息,使相关企业有时间准备。招商活动重要的阶段性工作即举办项目签约仪式。常见的项目签约仪式主要有:

①司仪宣布签字仪式正式开始。
②签字双方有关方面负责人到主席台分两边站立。
③由举办方代表致辞并简要介绍签约背景。
④请双方主签人就座,请双方代表在协议书上签字。
⑤交换签约文本。
⑥签约双方合影留念。
⑦司仪宣布签约仪式结束。

5.2.5 其他相关活动

在节事举办期间,还要结合需要,更好地为节事提供服务举办一些其他相关活动。如公益活动、志愿者服务、各类赛事活动、评奖活动等。这些活动能使某个行业的相关企业齐集一堂,众多的观众形成大量的人群聚集,在此期间举办一些比赛活动效果显著,不但可以活跃会场气氛而且吸引潜在观众。

5.3　节事相关活动策划的流程

节事相关活动策划的具体流程总体上可以分为 3 个阶段,即前期筹备阶段、现场执行阶段和收尾阶段。

5.3.1　前期筹备阶段

1)成立相关活动策划小组

相关活动策划负责人的确定既可以委托专业策划公司,也可以从办节主、承办方中选取有活动策划组织经验的人员负责。由于相关活动通常具有较高的媒体关注度和观众吸引力,因此,节事主办方可成立领导小组来负责整个相关活动的策划、执行和评估。相关活动策划小组需要具体负责节事相关活动的人力、物力资源配置,时间进度管理,资金预算来源,观众管理,风险管理等工作。

2)明确相关活动目的

在节事相关活动中的利益相关者可分为:项目组内部人员(主办方)和项目组外部人员(承办方、媒体、赞助商、观众等)。

主办方可能期望通过借助举办相关活动的机会来展现节事主题,丰富办节内涵,提升节事举办地形象;承办方可能期望通过节事相关活动提升承办方外部公关形象,展示良好的执行力;媒体希望能够捕捉到相关活动的亮点和获得更多的新闻线索,提高媒体的阅读率和收视率;赞助商希望通过参与相关活动的机会,提高赞助商品牌的媒体曝光率,并为赞助商自身的发展奠定媒体基础和用户基础;除了受邀参加相关活动的嘉宾外,其余的普通观众可能只是因为好奇才来参与。

3)明确相关活动的细分目标

一旦确立了相关活动的目的后,为了能最大程度实现该目的,策划者需要将活动目的进行细分并加以明确,这有助于节事主办方将注意力集中于他们想要实现的目标上,从而更容易实现量化控制与管理。在设置细分目标时,应注重保证其具有可衡量的特点。一般来说,可以从以下角度制订细分目标:

①参加观众的人数。
②吸引媒体报道的新闻点。
③承办方的贡献。
④活动的资金与赞助。
⑤推出一项新产品。

⑥提供娱乐活动。

⑦庆祝一项历史活动。

⑧节事相关产品的销售额。

⑨场地的声誉。

⑩社会的声誉。

4）确定参与人员及规模

相关活动的规模主要涉及相关活动举办的持续时间，以及邀请的对象和参与人数。因此，节事主办方需要评估自身可提供的有效资源，如人力资源、硬件设备资源、财力资源（赞助等）和时间资源（明确各项相关活动不会与其他相关活动在时间上起冲突）等。

5）确定相关活动的时间

为确保相关活动的有效进行，相似活动的密度不宜过高，活动的时间跨度应根据总体目的确定，减少或避免相似活动的个数。在日期的选择上，通常要把办节时机、市场时机结合起来考虑，使相关活动与办节时机相契合。

6）明确相关活动选址

可以从以下 5 个方面考虑活动的选址：

（1）活动场地与活动主题的匹配

要根据相关活动的性质（即相关活动目标和主题）来选择场地实施相关活动方案。同时，还要做好交通协调与管制报备、安全保卫、重大事故安全预警等管制。

（2）活动的规模（包括到场观众的数量）

在选择场地时，对场地规模的要求主要取决于可能参与相关活动的人数。通常情况下，在举办不同类型的活动时，人均所需要面积有特定的标准和要求。如举办鸡尾酒会时，每人所需的面积约为 $0.8\ m^2$；举办提供食品餐台的酒会时，人均需要面积为 $1.1\sim1.5\ m^2$；举办正式宴会时，人均面积要求约为 $1.9\ m^2$；安排现场表演及舞会等活动时，人均所需面积约为 $0.3\ m^2$；现场演奏乐队的每件乐器所需的面积约为 $1.9\ m^2$。因此，明确了参与的观众规模，可以根据上述依据得到所需的场地面积和规模。

（3）场地的区位因素

相关活动举办地点的区位条件在很大程度上影响参与者的数量和活动的效果。一般情况下，节事相关活动的场地应和节事主场地保持一致。若节事活动存在主会场和多个分会场，相关活动场地的选择和分会场场地选择要求也应一致，即交通便利，食宿游购娱等方便，若条件允许，还应考虑停车是否方便等情况。

（4）设施设备要求

除了场馆规模、照明强度、主要风向、场地状况（已使用年数、装修风格）等条件外，还要考虑所选定的场馆的其他设施，如座位（包括临时座位和固定座位）、新闻记者席、场容量和周边停车位供给、会议设施、储藏间、供餐服务等条件。所选择的场地必须有助于降低风险，减少恶劣天气、断电等意外事件的发生。如露天场地必须准备所需要的棚盖设备以遮阳遮雨；对于出入口，一定要能够确保观众畅通无阻地出入；而疏散通道、急救车辆的通行区在遇到紧急情况时能够发挥有效作用。

（5）服务区域

如储藏区、演员休息室、化妆室等。在活动开始之前，要对场地的现场进行再次视察，检查如场地与相关活动项目的要求是否一致、观众的舒适度、观众对相关活动项目的可视性（视线）、舞台区及相关区域、设备等情况。

以下为相关活动场地评估时需要考虑的细节：

①场所的布置。

②场所大小与相关活动的规模相匹配。

③相关活动的场所与节事活动主题相匹配。

④该场所曾经举办过的活动及声誉。

⑤可用性。

⑥场所提供的设施和服务。

⑦来往于场所的交通和场所周围的交通情况。

⑧观众、设备、表演者、贵宾、工作人员和残疾者等人的入场。

⑨厕所和其他便利设施。

⑩饮食设备和首选的餐饮服务供应商。

⑪供电（可用的电压和电源插座）。

⑫通信设施（电话、网络服务）。

⑬天气。

⑭应急计划和紧急出口。

7）制订宣传计划

根据相关活动的不同阶段可作为宣传与推广的时机。一般来讲，根据相关活动的不同阶段，策划人员在宣传与推广方面可根据相关活动阶段的不同而作合适的推广宣传形式。

8）确定相关活动预算

策划者可以根据相关活动规模、活动内容、场地类型、所需配套服务等资讯，制订较为初步的预算估计。常见的财务支出主要包括：场地租赁费用、设备租赁费用、人员邀请费用、宣传推广费用、各项物料费用等。一般情况下，活动前期筹备费用应占相关活动总费用的30%（包括启动、宣传、场租、物料等），现场布置费用占40%左右，活动服务人员、嘉宾邀请费用占20%左右，其他杂费占10%左右。

9）制订风险管理计划

相关活动的风险包括现金流的危机、负面的公众舆论、恶劣的天气、各类安全突发事件等。其中，天气方面出现不利于相关活动举办的状况较为普遍。因此，在制订计划时，应关注天气发展的趋势，并设计备选方案。

5.3.2　现场执行阶段

1)工作分解

在节事相关活动的执行阶段,为了提升效率和准确性,通常需要对执行部分的工作进行分解。将一个复杂的活动专案分解成许多可供管理的更小工作单位的程序,通常被称为工作分解结构(Work Breakdown Structure,WBS),而分解后的工作单位通称为作业或任务。因此,这种过程也被称为任务分解。一个任务或作业具有 3 大特点:一是它通常只有一个简单目的,而且可以被当作独立的个体来管理;二是它有明确的开始和结束的时间;三是它需要明确分配资源。

节事相关活动的执行阶段的活动可以分为以下部分:活动节目安排(会议、展览、宴会、表演、观光等);工作的位置或地点(某广场或某会场);具体的功能(如资金、音响、娱乐、奖品、报道)等。

在进行工作分解时,通常使用工作分解结构图协助表述及展示相关工作的内容和分工。在绘制工作分解结构图时,应首先将节事相关活动的执行工作划分为不同层级,不同层级的关系为递进和细分关系。如某庆典活动现场执行工作可以从总体上划分为交通、餐饮、安保、娱乐表演等几大功能,这些部分的内容就构成第一个层级的工作。随后,可就娱乐表演功能进一步细分,如包括乐队表演、观众参与等,这些内容则构成表演的下一层级的工作。如此这般,按照不同的工作层级进行工作分解,最终能够得到描绘庆典现场的工作分解图,如图 5.2 所示。

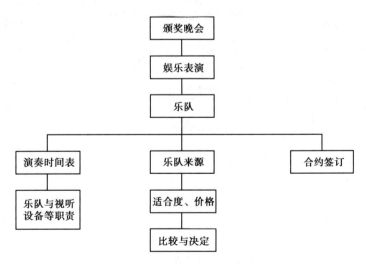

图 5.2　某庆典晚会娱乐部分乐队安排工作分解图

图 5.2 是经由第一级任务所分解出来的下一个层级任务,乐队部分的工作被分解为许多独立的任务,各个任务可以由具有不同专业技能的人来负责。整个活动专案管理在工作分解结构图中一目了然,易为节事相关活动利益相关者所理解,有利于协调和提升活动的执行效率。

2) 组织体系架构及分工

在相关活动现场为保障活动内容的顺畅进行,需要将人员分为不同的小组来执行管理对应的工作任务,如总指挥、演艺组、接待组、文秘组、后勤安保组、工程组、宣传组。

3) 日程表策划

日程表是节事相关活动项目的工作日程或时间安排表。工作日程表有助于在实际执行过程中按部就班地完成相关工作,并有助于督导人员对应的检查。

【案例启迪】

表 5.2 2016 中国广西横县茉莉花文化节主体活动安排日程表

日　期	具体时间	活动名称	活动地点
8.21	全天	报到	横州国际大酒店
	9:00—10:00	文化节启动仪式	横县工商质监局一楼
	10:30—11:30	2016 茉莉花产品质量评选结果发布会	横县国泰综合楼 1 号楼三楼
	11:00—11:30	(张一元)横县公司投产仪式	张一元横县公司
8.22	10:00—11:30	文化节开幕式	横县国泰综合楼 1 号楼
	14:40—18:00	2016 全国茉莉花茶产销形势分析会暨桂台茶产业发展交流会	顺来产业公司
	15:30—18:00	投资信息发布会,县领导会见重要客商及对接洽谈重大项目	横县国泰综合楼 1 号楼二楼
	15:00—18:00	第二届国家重点花文化基地建设研讨会(参观)	现场参观点
	20:00—23:00	2016 中国(横县)茉莉花音乐会	横县国泰综合楼 1 号楼一楼
8.23	9:00—11:00	第二届国家重点花文化基地建设研讨会(会议)	县委一会议室
	8:30—12:00	参观活动	中华茉莉园
	15:00—16:30		春之森茶业公司金花茶业公司
8.22	9:00—10:30		国泰综合楼 1 号楼开幕式现场
8.21—8.23	全天	茉莉花文化民俗表演	中华茉莉园
	9:30—11:00		金花茶业公司
	9:30—11:30		横州公园
	10:00—12:00		江滨公园
8.21—8.24	全天	2016 茉莉花和茉莉花茶及特色产品展销会	横县国际商贸城
	全天	魅力横县展示	横县国泰综合楼 1 号楼
	9:30 始	"中国茉莉花风情游"——精品景观游	横县旅游集散中心
	15:00 始		
8.27—8.28	全天	2016 中国路亚舟钓公开赛	西津国家湿地公园

(资料来源:2016 中国(横县)茉莉花文化节官网)

4）活动场地的现场布置

现场布置的内容包括座位的安排、舞台的具体布置，相关配套设施（灯光、音响等）的安排布置以及活动场地标志的设立等。物品准备主要包括设备、纪念品、小礼品、画册、纪念册等。

（1）场地座位布置

在考虑场地布置时，较为常见的场地布置模式包括剧院式和宴会式。一般来说，参与人数较多、观众人数较多的活动多采用剧院式布置，而参与人数较少、观众较少的活动多采用宴会式布置。

剧院式布置，又称礼堂式布置，即面向主席台前方依次摆放一排排座椅，中间留有较宽的过道。适合听众较多的场合，讲话者可站在较高的主讲台上。特点：在留有过道的情况下，最大限度地摆放座椅（见图 5.3）。宴会式是由大圆桌组成，每个圆桌可坐 5~12 人。宴会式布置一般用于中餐宴会和培训会议。在培训性会议中，每个圆桌安排 6 人左右就座，这样有利于同桌人的互动和交流。

图 5.3　剧院式布局图

图 5.4　宴会式布局

在安排座位时，必须考虑多种因素。如座位的类型，是固定的还是可以移动的；观众的数量及到达的方式；安全因素包括安全门和消防制度、过道的位置大小；座位布置对观众和参与者视线的影响；残疾人入场的方式。

（2）舞台布置、音响等相关设施设备的布置

通常情况下，舞台安全设计中需要注意的问题包括：

①舞台搭建应安全，应由有专业资质的搭建方完成。

②舞台的入口有充分照明。

③所有凸出的地方以及台阶都要安全，并被明确标注。

④要有工作灯光，以便在活动前后提供充分照明。

⑤活动用电负荷保证安全。

⑥准备好急救包和其他应急设备。

⑦明确规定出现紧急情况由谁来处理。

⑧列出所有相关人员的联系电话号码。

（3）活动标志的设立

节事相关活动需要设置相应的标志来实现引导人流，提供信息的目的。常见的标志使用分为5类：指标性标志、作业性标志、法规性标志、设施性标志、其他标志。

①指标性标志。主要为指示方向，指示由他处前往活动地点及活动现场的标志，如"嘉宾签到"。

②作业性标志。主要为组织者和现场管理者提供资讯，包括咨询告示板或导览地图。

③法规性标志。包括法律规定必须设置的资讯系统，如"火警逃生口"，或特殊警告标语，如"地滑小心"。

④设施性标志。包括设施的分类辨识，如"入口处""休息室""卫生间"等。

⑤其他标志。包括赞助商看板、宣传看板、注意事项等。

5.3.3 收尾阶段

1）活动总结

相关活动结束后，仍有大量工作需要跟进，包括敦促媒体客观、迅速地报道此次庆典活动的情况；收集传播媒体及公众舆论的相关反映；做到新闻报道的资料存档；做好活动的影响评估；写好活动的总结报告，为将来的活动积累经验等。总结阶段需及时将活动中形成的材料收集、整理并归档，以便日后查阅；清点活动用品，进行财务核算。

2）活动评估

相关活动评估，可通过活动结束后搜集各到场记者在平面媒体、网络媒体、视听媒体等所发的稿件，进行归档，核查是否由于失误造成报道失实。若有发现，应立即设法采取补救措施。在对节事相关活动进行评估时，除了对实施效果进行评估外，还需要从节事形象传播效率的角度加以评估。如本次相关活动后，是否会增强公众对节事的全方位了解；活动组织过程中所使用的媒体组合是否科学；社会资源和社会声誉是否增加；各利益方的满意度等均应列入庆典活动的评估项目中。

复习思考题

1.节事相关活动策划的作用和原则是什么？

2.常见的节事相关活动有哪些类型？

3.开幕式策划的主要流程是什么？

4.专业研讨会、技术交流会策划的重点是什么？

5.节事相关活动策划的流程是什么？

6.节事相关活动为节事活动能带来哪些影响？

【案例研究】

2016 永川国际茶文化旅游节

品味茶之味,享受慢生活,永川与您相约。4 月 29 日,2016 中国重庆(永川)国际茶文化旅游节于永川开幕。茶艺表演、旅游创意大赛、拳王争霸赛等丰富活动为广大观众精彩呈现。

此次茶文化旅游节从 4 月中旬持续到 5 月中旬,时间跨度 1 个月,共设活动 11 项。主要有三大重点活动、三大特色活动和三个配套活动。

三大重点活动均在 4 月 29 日开展,分别为开幕式、永川区经贸洽谈会和 2016 年中国·重庆 WBC 世界职业拳王争霸赛。三大特色活动分别为"6+1"茶文化展览展销、"兴业银行"杯永川区青少年茶艺表演赛和自 1 月起启动的"兴业银行"杯永川区首届旅游创意大赛。三个配套活动分别为茶山竹海景区开展的采茶品茶活动、乐和乐都主题乐园举行的动物奥运会和松溉古镇举行的永川区百名乡土人才才艺展示。

本次节庆活动具有主题鲜明、活动丰富、助推经济和群众参与性强 4 个特点。节庆期间还将举办第五届永川投资贸易洽谈会,届时将广邀客商,利用茶文化旅游节这一盛会的契机,赴永川实地考察,洽谈一批投资合作项目。同时,茶文化展览展销将设置国内六大名茶及永川秀芽茶叶、茶具共 8 个展区,邀请代表性茶商参展,促进茶文化交流,加强茶类产品交易。

茶旅文化节期间各项活动

4 月 29 日 19:30 在永川体育馆举办国际拳王争霸赛。

4 月 29 日—5 月 2 日沿神女湖畔有"中国名茶展",涵盖了中国六大茶类以及茶具的展示展销,市民们可以边品茶边观赏茶文化展板、听取茶知识讲解。

4 月初至 5 月在茶山竹海景区有游客参与的采茶、制茶、品茶活动。

4 月初开始的乐和乐都动物奥运会到茶旅节期间也会进入决赛阶段。

有关永川国际茶文化旅游节

2003 年至今,永川已经成功举办了六届国际茶文化旅游节,该节会由我国最具权威的茶文化促进机构中国国际茶文化研究会授权,每两年举办一届。统计资料显示,2015 年永川接待国内游客 1 163 万人次,实现旅游总收入 48 亿元,比上年增长 16.2%。同年"永川秀芽"被评选为全国最具文化底蕴十大地理标志名茶。目前,永川茶叶种植面积达 6.5 万亩*,年产量 4 700 t,产值达 4.6 亿元。茶文化旅游节的开展,让永川的城市美誉度和旅游吸引力得到了全面的提升,助推了产业发展。

(资料来源:搜狐网)

讨论问题:

1.2016 永川国际茶文化旅游节策划了哪些相关活动? 这些相关活动属于哪些类型?

---

* 1 亩 ≈ 666.67 m^2

2.2016 永川国际茶文化旅游节相关活动设置对该节产生了何种影响？

3.2016 永川国际茶文化旅游节为当地经济社会发展带来了哪些影响？

【开阔视野】

2016 中国（宜宾）白酒文化节

长江第一城，酒都更宜宾。12 月 18 日,2016 中国（宜宾）白酒文化节开幕式举行，以节为媒、以酒会友，全面打造加深友谊、交流合作的平台。

本届中国（宜宾）白酒文化节坚持"共办、共享、共赢"理念，聚焦"酒都宜宾·绿色发展"主题，集中国酒文化国际传播论坛、科技创新研讨、白酒技能竞赛、绿色食品展销等活动为一体，进一步丰富了白酒文化节的内涵，拓展了白酒文化节的外延。值得一提的是，本届白酒文化节组织邀请了全国知名酒企、茶企及绿色食品企业等参展，特别是首次邀请了泸州老窖、郎酒这类知名企业参展，共同宣传打造五粮液、泸州老窖、郎酒等川酒品牌，加强宜、泸两市在白酒行业上的互利合作。这充分体现了宜宾市对外开放、合作互促的开放姿态和良好愿景（见表 5.3）。

表 5.3　2016 中国（宜宾）白酒文化节相关活动

序号	活动名称	时　间	地　点
1	新闻发布会	12 月 9 日上午	宜宾城市名人酒店
2	宜宾市首届白酒品评职业技能竞赛	12 月 14 日	酒都饭店
3	五粮液健康跑活动	12 月 16 日上午	五粮液东大门
4	五粮液大赋落成典礼	12 月 16 日	五粮液集团 03511 馆外
5	国内著名书画家书画作品展	12 月 16 日	五粮液集团旗标广场
6	宜宾市白酒产业科技创新研讨会	12 月 17 日	宜宾学院图书馆学术报告厅
7	中国酒文化的国际传播论坛	12 月 17 日	宜宾学院三平台演播厅
8	酒圣祭祀暨封坛大典	12 月 18 日	五粮液集团酒圣山
9	文化节开幕式	12 月 18 日	南岸酒都剧场
10	名优白酒及绿色食品展示展销会	12 月 18 日	南岸体育广场
11	五粮液第 20 届厂商共建共赢大会	12 月 18 日	五粮液集团多功能厅

千百年来，宜宾以得天独厚的酿酒环境，独具匠心的生产工艺，集长江、岷江、金沙江之灵气，取五谷之精华，成就了不可复制的民族品牌五粮液，催生了叙府、高州、梦酒、华夏、竹海等资深的白酒企业集群。改革开放以来，特别是近年来，宜宾抢抓省委、省政府打造"川酒"千亿产业的重大机遇，坚持酒文化与酒产业融合发展，培育了白酒这一支撑宜宾加快发展的第一大支柱产业。2015 年，宜宾 62 户规模以上白酒企业产量 57.33 万 kL,实现主营业

务收入 835.45 亿元、利润总额 112.91 亿元、利税总额 180 亿元。主营业务收入、利润总额、利税总额分别占全省白酒行业的 43.96%,61.06%,50.98%,占全国白酒行业的 15.03%,15.53%,14.07%。当前,宜宾正在巩固提升以五粮液为龙头的宜宾酒品牌形象,力争2021 年白酒主营业务收入分别占全国、全省同行业的 20%,45%。

[资料来源:2016 中国(宜宾)白酒文化节官网]

第6章
节庆视觉与场景设计

【学习目标】

通过学习本章,学生应该能够:

理解:视觉识别系统的概念

视觉识别系统的构成要素

场景的含义及设计理念

熟悉:场景无形氛围的维度和要素

节庆活动的声音场景设计

节庆活动的气味场景设计

掌握:视觉识别系统基本要素的构成及设计

视觉识别系统应用要素的构成及设计

节庆活动的照明场景设计

【关键术语】

企业识别系统 视觉识别系统 基本要素设计 应用要素设计 标准字 标准色 色彩三要素 色彩模式 辅助图形 场景 无形氛围 光通量 光强 照度 显色性 声音标志 耳朵虫 声音品牌化

【开篇案例】

Sensation White 音乐节中的色彩设计

Sensation 是由世界超级巨型派对组织 ID & T 推出的世界级大型 DJ 电子音乐节,是世界派对人士的盛会(见图 6.1)。ID & T 推出了许多派对品牌系列,其中整体效果最优的 Party 就是 Sensation。无论在节庆活动理念、人数规模、舞美造型、音乐阵容方面,Sensation 都是最好的。因此,ID & T 称 Sensation 是 World's Leading Dance Event。

图 6.1　Sensation White 音乐节标志

Sensation 每年固定在荷兰阿姆斯特丹的巨蛋举行,并分 white 和 black 两个 version,举办时间相隔一周。先是"White Edition",曲风侧重 Progressive Trance,参加者穿白衣,隔周再举办"Black Edition",放的都是刚硬猛烈的 techno 或 hard style 曲风,参加者穿黑衣。从 2001年举办第一届至今,一旦有 Sensation 的活动举行,邻近国家的 Fans 都会不远千里地赶赴盛会,连 Michael Jackson,Madonna 等知名人士都曾经从美国飞到荷兰感受 Sensation 的气氛。Sensation 已成为欧美时尚一族最向往的音乐节活动。

(1) White Edition

在整个音乐节场景设计中,主办方 ID & T 利用白色气球和其他白色装饰物将活动场地布置成一个白色天堂,所有的活动参与者身着白色服饰置身其中,宛如白色天使在天堂中舞动。白色是所有色彩中最单纯的颜色,可以给人发散、扩张、明朗、透气的感觉,具有清净、纯洁、轻快的象征性(见图 6.2)。

图 6.2　Sensation 音乐节现场设计

(2) 色彩要素分析

①白色的明度最高,反射率最高,用在 Sensation 这样大型音乐节活动中,可以使每个参与者更容易进行相互寻找和交流,每个参与者就是一个闪光点,将活动场地和活动参与者较好地融合在一起,使整个活动成为一体。

②就纯度来说,白色的色感光明,其色彩性格表现出朴实、纯洁、快乐的感觉,这和

Sensation 的活动理念完美匹配,白色还具有圣洁的不容侵犯性,如果在白色中加入其他任何颜色,都会影响其纯洁性。

(3)色彩音感分析

人们有时候在看色彩时会感受到音乐的效果,这是由于色彩的明度、纯度等要素的对比所引起的一种心理感应现象。

在 Sensation White 活动中,所有场景装饰物和参与者全部以白色调为主,同时配以不同色彩的灯光,这样使色彩要素能够产生一定的节奏感和韵律感,加上 Progressive Trance 迷幻电音舞曲风,派对活动的所有主体与客体都完美匹配,参与者的视觉与听觉都被"白色-迷幻"这 4 个字充斥着。

艺术评论家 John Ruskin 对色彩的音感这样评述过:"任何头脑健全的、性情正常的人都喜欢色彩,色彩能在人们的心中唤起永恒的慰藉和欢乐,色彩在最珍贵的作品中、最驰名的符号里、最完美的乐章上大放光芒。色彩无处不在,它不仅与人体的生命有关,而且与大地的纯净与明艳有关。"

利用色彩要素进行节庆活动场景设计的案例比较多,因为色彩能带给人们一定的心理感知,引导人们往主办方需要的方向上感受活动理念和内容。如果在色彩的基础上,加上其他感官设计,会使节庆活动的现场体验感更强,尤其是利用现今最热门的 AR,VR 技术,可以使活动参与者更加觉得身临其境。

(资料来源:姚鸿飞.Sensation White 音乐派对中的色彩设计[J].活动研究,2016-07-19)

6.1　节庆视觉识别设计

视觉识别设计(Visual Identity Design)是指将可视化与非可视化的元素(如形状、色彩、字体、创意、灵感等)进行组合设计,最终形成一套完整的视觉设计体系。创立一家企业、举办一场活动、规划设计某个旅游景点时都需要进行视觉识别设计,这是为了能区别于其他企业、活动和旅游景点,同时也是最直观的识别方式。具体以节庆活动为例,其视觉识别系统应该包括节庆活动的主题色、主题字、标志、海报、引导标志、纪念品、门票、官网、吉祥物等元素,这些都是一个节庆活动能够区别于其他节庆活动最直观的体现。

6.1.1　视觉识别系统

1) CIS 的概念和发展

CIS 是 Corporate Identity System 的首字母缩写,意为企业识别系统,中文简称"司肖"。20 世纪 80 年代,CIS 作为一套品牌管理体系引入国内,是当今企业管理对内对外的文化宣传和形象识别的基础理论,是狭义品牌理论的构成部分,也是一种拥有对内对外两面性的标准或规则,通过对理念、行为、视觉 3 个方面进行标准化、规则化,使之具备特有性、价值性、长期性、认知性的一种识别系统的总称。在社会不断发展中,CIS 已不再局限于企业范围内,它已经逐渐发展到活动(展览、会议、节庆、赛事、演艺、婚庆)、旅游(旅游景区、主题公园)等行业中,使其成为独一无二的辨识元素。

2)VI 系统的概念和内容

CIS 作为一个整体进行建设和发展,主要由 3 个部分构成:理念识别(Mind Identity,MI);行为识别(Behavior Identity,BI);视觉识别(Visual Identity,VI)。VI 是 CIS 系统中最具创造力、传播力和感染力的部分,是将 CIS 的非可视内容转化为静态可视的视觉识别符号,它是以标志、标准字、标准色为基础核心展开的完整的、系统的视觉表达体系。将 CIS 中的理念、行为、文化、服务、规范等抽象概念转换为可记忆和可识别的形象符号,从而塑造出排他性的视觉形象。戛纳国际电影节、青岛国际啤酒节等知名节庆活动大多是通过其强烈的视觉设计元素让活动参与者印象深刻,如图 6.3、图 6.4 所示。

图 6.3　戛纳国际电影节标志

图 6.4　青岛国际啤酒节标志

VI 系统由两大部分构成:一是基本要素(Basic Elements,BE),包括标志、标准字(中英文)、标准色、辅助图形等;二是应用要素(Application Elements,AE),包括事务用品类、环境指示类、产品包装类、交通运输类、广告媒体类、服装服饰类、印刷出版物类等。

3)VI 系统的设计原则

让 VI 成为每一个活动参与者心目中对于节庆活动产品、内容、服务的一种期待,让参与者能喜欢、信任它,并且能够产生对于该节庆品牌的高度忠诚,这就需要活动设计者在设计一套 VI 系统时要更加注重它的设计原则,使节庆活动品牌能够更加深入人心。

(1)统一性原则

为了使某个节庆活动形象对外传播时具有一致性与连贯性,应该运用统一设计和统一传播方式,用完美的视觉一体化设计,将品牌信息个性化、明确化、有序化,创造能储存与传播的统一的节庆活动理念与视觉形象,这样才能集中与强化节庆活动品牌形象,给广大活动参与者留下强烈的印象与影响力。

（2）差异性原则

这是 VI 最根本的原则,每一个 VI 都必须是独一无二的。视觉识别不仅要体现在标志上,还有诸如标准色、标准字等,都应该体现出艺术化和与众不同的个性化。差异性原则要求在设计时必须突出节庆活动品牌的特点,才能使其与其他节庆活动品牌有不同的形象特征,有利于识别认同。

（3）适用性原则

一套成功的 VI 系统必须是能超越当下的时尚而持久耐用,还应该为未来的品牌发展留下足够的拓展空间。VI 系统的可实施性和实用性要强,能适用于不同的环境和传播媒介,而且在设计时一定要灵活组合设计元素,要根据自身独特的节庆活动品牌理念进行设计,千万不可照搬其他节庆活动品牌的设计。

6.1.2　基本要素设计

基本要素（Basic Elements）包括标志、标准字（中英文）、标准色、辅助图形等,从根本上规范了节庆活动的视觉基本要素,是节庆活动品牌形象的核心部分。

1）标志

（1）标志的概念

标志（Logo）是以单纯、显著、易识别的物象、图形或文字符号作为一种视觉设计要素,它是应用最为广泛、出现次数最多的要素之一,是视觉识别系统中的第一形象要素,也是整合所有视觉要素的中心。在设计标志时,要使用最简洁、最直观的图形语言,这样在传播节庆活动品牌时才会更为直接和便捷,并且要具有极强的视觉冲击力和识别效果,体现以少胜多、小中见大的视觉艺术特征。

（2）标志的分类

①文字型。这种类型的标志多以节庆活动名称的中文或英文变形字为主体,强调独特的字体处理方式与清晰的品牌内容传达相结合,在设计时多运用象征手法和意形结合的手法。目前,在国内外的知名节庆活动中运用较少,如图 6.5 所示。

②图文结合型。这类标志多将节庆活动的品牌名称与品牌形象或品牌内容相结合,通过对图形和文字的整体变形,达成统一的艺术整体效果进行视觉传达,如图 6.6—图 6.9 所示。

图 6.5　广州国际美食节标志

图 6.6　"双十一"购物狂欢节标志

图 6.7　中国国际马戏节标志

图 6.8　格莱美颁奖典礼标志

图 6.9　迷笛音乐节标志

③图画型。这类标志一般以人物、动植物、建筑、生活用品等为表现对象。通过对图画的重新设计或变形,象征性地表现出节庆活动品牌的特质。这类标志在节庆活动品牌中运用最为广泛,如图 6.10—图 6.13 所示。

图 6.10　戛纳国际电影节标志

图 6.11　北京国际电影节标志

图 6.12　哈尔滨国际冰雪节标志

图 6.13　青岛国际啤酒节标志

④几何抽象型。这类标志多采用一些基本形状进行图形变换，采用对称、均衡等形式法则进行设计，如图 6.14—图 6.15 所示。

图 6.14　北海道札幌冰雪节标志

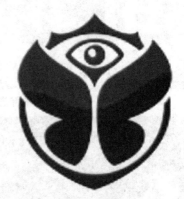

图 6.15　TomorrowLand 电子音乐节标志

2）标准字

（1）标准字的概念

标准字（Logotype）是指经过设计的专门用来表现节庆活动品牌名称的字体，在 VI 系统的基本要素中的重要性仅次于标志。标准字是 VI 系统中基本要素之一，应用广泛，常和标志联系在一起，具有明确的说明性和指向性，可直接将节庆活动品牌传达给观众。

（2）标准字设计的注意事项

标准字常常根据节庆活动的名称、主题和内容进行设计，设计原则要注重独特性、可识别性、原创性及艺术性，它对字体间的宽幅、笔画的配置、字体的粗细、字体编排形式、整体造型等要素都要进行严谨而周密的计算和制作。目前可以很轻易地在网络下载多种多样的字体文件并安装在计算机字体库中，然而在具体设计标准字时要选择何种字体却是一件很难抉择的事情，需要对字体库中的字体属性做到极为熟悉，这样在设计标准字时才能最快选中符合这个节庆活动品牌特点的字体。如图 6.16—图 6.19 所示。

MiDi

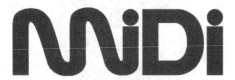

图 6.16　迷笛音乐节标准字

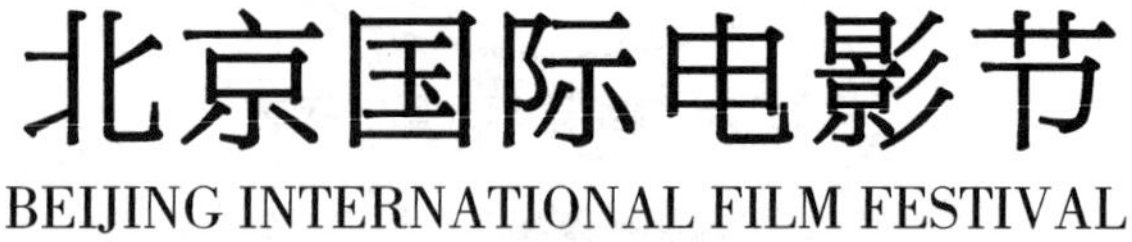

北京国际电影节
BEIJING INTERNATIONAL FILM FESTIVAL

图 6.17　北京国际电影节标准字

Budweiser
STORM
百威风暴电音节

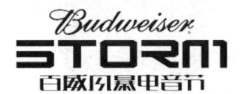

图 6.18　百威风暴电音节标准字

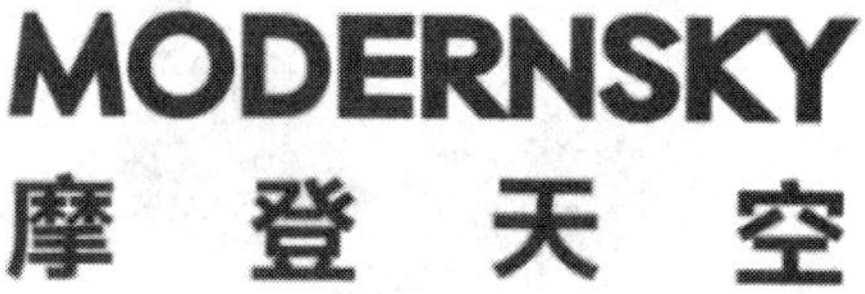

MODERNSKY
摩登天空

图 6.19　摩登天空音乐节标准字

3)标准色

（1）标准色的概念

标准色（Standard Colors）是指节庆活动为塑造独特的品牌形象而确定的某一特定的色彩或一组色彩系统，运用在整个 VI 系统中。不同的色彩会产生不同的视觉感受，并且会引起不同的心理反应和联想。标准色要能表达节庆活动的品牌理念和活动服务的特质，在设计标准色时要清楚了解色彩的基本原理和色彩的感知功能。

（2）色彩的基本原理

①色彩三要素

a.色相（Hue），是指从物体反射或透过物体传播的颜色，在 0 到 360 度的标准色相环上，色相是按位置度量的，红色为 0 度，绿色为 120 度，蓝色为 240 度。

b.纯度（Saturation），表示色相中灰色成分所占的比例，用从 0（灰色）到 100%（完全饱和）的百分比来度量，在标准色轮上，从中心向边缘饱和度是递增的。

c.明度（Brightness），是指颜色的相对明暗程度，通常用从 0（黑）到 100%（白）的百分比来度量，亮度为 0 时即为黑色，亮度为 100% 时是色彩最鲜明的状态。

②色彩模式

a.RGB 色彩模式，是指自然界中绝大部分的可见光谱可以用红、绿和蓝三色光按不同比例和强度的混合来表示，RGB 就分别代表着红色、绿色和蓝色。RGB 色彩模式多用于照明、视频和显示器。

b.CMYK 色彩模式，在早期是印刷业的标准。在 Photoshop 的 CMYK 模式中，每个像素的每种印刷油墨会被分配一个百分比值。CMYK 色彩模式的图像中每个像素都是由靛青（C）、品红（M）、黄（Y）和黑色（K）按照不同的比例合成。

c.HSB 色彩模式，是根据日常生活中人眼视觉而制订的色彩模式，最接近于人类对色彩辨认的思考方式，HSB 模型描述了色彩三要素。

（3）色彩的感知功能

①温度感。红、黄、橙等色彩具有温暖感，蓝绿、青、青紫等色彩具有寒冷感。色彩的冷暖感是相对的。

②重量感。以明度影响最大。暗色感觉重而亮色感觉轻，同彩度的暖色感觉重，彩度弱的冷色感觉轻。为达到安定、稳重的效果，宜采用重感色；为达到灵活、轻快的效果，宜采用轻感色。

③距离感。红色、橙色、黄色被称为"前进"的颜色；蓝绿色、浅蓝色、紫丁香色被称为"后退"的颜色。

④尺度感。因受色彩冷暖、距离、色相、明度、纯度及背景色的制约，产生色彩膨胀与收缩的色彩心理效应。暖色、近色、兴奋色、明度高、纯度高和以暖色、黑色、暗色为背景的色彩，易产生膨胀感，反之产生收缩感。

⑤季节感。大自然给了我们一年四季的变化，可以感受到四季的不同色彩，那么同样也

可以用色彩来表现不同的季节。黄绿、粉绿、粉红等颜色可以表现万物苏醒的春季;高明度的绿色、红色、黄色等可以表现日照充足、万物亢奋的夏季;橙黄、橙红、褐色等可以表现收获、萧条的秋季;白色、灰白、灰蓝等可以表现寒冷、冰冻、万物孤寂的冬季。

⑥味觉感。烹调的最高境界是色、香、味俱全,色摆在了第一位,鲜艳的色彩能给人们带来食欲,带来新鲜食物的感受。柠檬黄、草绿的结合会给人一种酸的感觉;粉红、橙红的结合能给人以甜的感觉;墨绿、灰黑的结合会让人感受到苦涩的感觉;鲜红、草绿的结合能给人以辣的感觉;白色、灰蓝的结合让人有一种咸的感觉。

(4)标准色的表示方法

为了使节庆活动的视觉识别系统更加统一,标准色在使用时就要严格遵守一定的规范,尽可能避免产生误差。当标准色确定以后,要以严谨、科学的数值加以注释,具体有以下3种方法:

①色彩数值标示法。主要用蒙赛尔(Munsell)和奥斯特瓦尔德(Ostwald)的色彩三要素的数值标示。

②印刷颜色标示法。根据印刷制版的色彩百分比,以CMYK四色分版的各色百分比数值来标示,这种标示法最为常用,如图6.20所示。

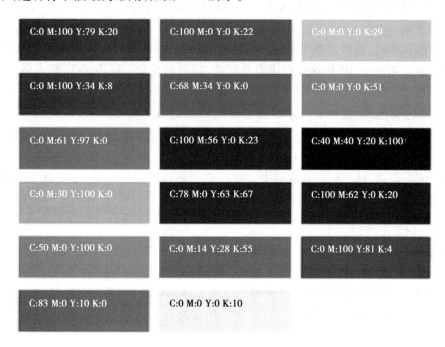

C:0 M:100 Y:79 K:20　　C:100 M:0 Y:0 K:22　　C:0 M:0 Y:0 K:29

C:0 M:100 Y:34 K:8　　C:68 M:34 Y:0 K:0　　C:0 M:0 Y:0 K:51

C:0 M:61 Y:97 K:0　　C:100 M:56 Y:0 K:23　　C:40 M:40 Y:20 K:100

C:0 M:30 Y:100 K:0　　C:78 M:0 Y:63 K:67　　C:100 M:62 Y:0 K:20

C:50 M:0 Y:100 K:0　　C:0 M:14 Y:28 K:55　　C:0 M:100 Y:81 K:4

C:83 M:0 Y:10 K:0　　C:0 M:0 Y:0 K:10

图6.20　CMYK印刷颜色标示法

③油墨编号标示法。根据印刷油墨制造商的色彩编号来标示颜色。

(5)标准色的设计注意事项

①要注意VI系统中运用的标准色一般不能过多,很多优秀的VI标准色都在3种以内,但是为了避免在一套完整的VI系统中只运用两三种标准色而出现单调的情况,可以采用辅

助色(Complementary Colors)进行烘托和调和,这样可以使一套 VI 系统中的色彩更加和谐。

②注意不同色彩所体现的特征,使之可以更好地与节庆活动品牌理念结合,避免出现较大的偏差。一般而言,红色容易让人联想到火焰、辣椒,给人以热烈、积极、革命、活力的抽象感觉;蓝色让人想到天空、海洋,给人一种静谧、冷漠、清新的感觉。

③在设计标准色时,还应该避免与国家的民族偏好和习俗产生冲突。法国人不喜欢绿色,因为会使人想到纳粹军服,法国还忌讳绿色的地毯,因为该国在举行葬礼时有铺撒绿叶的习俗;荷兰人比较喜欢能代表国家的橙色和蓝色。

4)辅助图形

辅助图形(Symbol Pattern)是指 VI 系统中经常被灵活使用、强化品牌形象,弥补标志、标准字等要素的设计运用不足的附属图形。辅助图形可以增强标志、标准字等基础要素的适应性,增强品牌形象传递的渗透力。更重要的一点是可以在应用要素设计种类繁多的情况下,用一些富有变化的图形来做适度的装饰和补充应用要素。

6.1.3 应用要素设计

应用要素(Application Elements)包括事务用品类、环境指示类、产品包装类、交通运输类、广告媒体类、服装服饰类、印刷出版物类等。它是基础要素的实施和推广,让基础要素从平面设计变成了实体物品。应用要素是具体项目的细化设计,在设计应用要素时要根据节庆活动的具体要求来加以整体规划和设计。

1)事务用品类

事务用品类包括节庆活动中主办方和承办方所用到的名片、信纸、信封、便笺、办公事务袋、事务用品封面、各类表单和账票、各类表格和文件样式、各类证件卡片(贵宾卡、邀请卡、通行证、工作证等)、各类旗帜(庆典旗帜、屋顶吊旗等)、办公设施(笔、标签、垃圾桶等)、荣誉奖品(奖杯、奖状等)、公关用品(吉祥物、钥匙牌、礼品)等,如图 6.21—图 6.24 所示。

图 6.21 旗帜

图 6.22 门票

图 6.23　入场券

图 6.24　礼品摊

2) 环境指示类

环境指示类包括节庆活动室内外的各类造型招牌(挂式招牌、立式招牌、霓虹灯招牌灯)、室内外的各种环境(室内外观色带、形象墙面、活动入口、活动围墙、储物柜等)、室内外各类指示系统(活动区域看板、公告栏、活动位置导向系统等)、展示环境(节庆会场设计、活动参加指示、展示橱窗、展示板、舞台、照明规划)等,如图 6.25、图 6.26 所示。

图 6.25　舞台

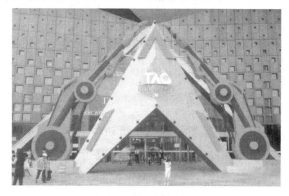

图 6.26　活动入口

3) 产品包装类

产品包装类包括包装纸、产品包装(运输包装、销售包装等)、礼品包装(礼品手提袋、礼品包装袋等)、其他包装辅助品等。

4) 交通运输类

交通运输类包括商务用车(小轿车、商务车、展销车等)、交通用车(客车、货车、脚踏车、客货运船、游艇、飞机等)、作业用车(重机车、牵引车、吊车、升降车、垃圾车、电视转播车)等,如图 6.27、图 6.28 所示。

图 6.27 飞机样式

图 6.28 客车样式

5) 广告媒体类

广告媒体类包括电视广告、报刊广告、T 恤广告、墙体广告、直邮 DM 宣传页、大型气球广告、大型海报、横竖条幅广告、灯箱广告、公交车体广告、大型路牌、官方网站、官方 APP 等,如图 6.29、图 6.30 所示。

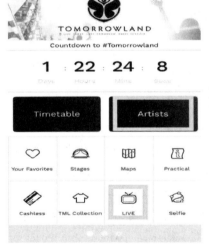

图 6.29 官方 APP

图 6.30 公交车体广告

6) 服装服饰类

服装服饰类包括服装类(活动主管制服、活动配套店面人员制服、活动服务人员制服、活动警务人员制服、活动纪念衫等)、服装配饰类(帽子、鞋子、徽章、领带、皮带)等,如图 6.31、图 6.32 所示。

图6.31　活动纪念衫

图6.32　徽章

7) 印刷出版物类

印刷物与网页类包括印刷出版物(节庆活动宣传册、宣传折页封面)等。

【案例启迪】

浅析音乐节主题设计的提炼和视觉表现

当众多信息陈列在眼前时,人们的目光停留时间只有几秒,想要在"读图时代"中脱颖而出,这无疑对海报设计提出了更高的要求。人们在享受丰衣足食的同时,对精神生活的追求显得更重要,个性的生活、精神的享受成为越来越核心的话题。对个性的追求越来越深入人心,成为人们追求时尚生活的象征。近年来,音乐节也成为传播文化的另一种创意方式。

在海报设计中,主题信息的提炼主要以文字和图形的方式表现出来,以迷笛音乐节海报为例,其中的文字部分主要表现为醒目的主题及标语:MIDI、爱熊行动、PM2.5、减少鸣笛,以及音乐节的时间、地点、演出信息等。文字符号相对来说是以一种比较直接的视觉方式来表现主题,与文字相对应的图形元素则是从抽象的、概念性的方面表达主题精神。草莓音乐节的海报设计则较为简单,以草莓标志为主题形象,参演信息占据了很大的部分,海报在颜色方面也选择了与草莓形象较为接近的红色。

回顾历年海报设计,2011年迷笛音乐联合亚洲动物基金将该年度主题定为"拯救月熊,抵制活熊取胆及熊胆制品",并把这一主题推广到音乐节现场,主要目的是通过音乐节这种独特的宣传方式呼吁更多人关爱月熊等珍稀动物,共同抵制虐待动物的残忍行为,在音乐商业之外宣传动物环境保护为音乐节增加了一层社会意义。2011年的迷笛音乐节性质定义为海洋迷笛音乐节,其海报为了配合海洋特色,画面整体以海洋的蓝色为主,给人一种自由的感觉,画面中的月熊戴上了潜水镜,高举着"爱"的手势,硕大的月熊形象强化了主题。

2012年京沪地区持续出现的大雾天气引发全国人民对空气质量问题的讨论,该年迷笛音乐节借这热门事件呼吁关注环境质量及人类健康。关注PM2.5,因为它的不断增长直接危害着人类共同的生存环境和身体健康。海报的主体形象是前卫艺术家朱伟先生的一幅木刻版画,一个戴着口罩的侧脸人物形象,画面整体呈现绿色调,代表了全人类关注自然环境、憧憬美好蓝图的共同理想,显示出对和平、自由的向往。

2014年迷笛音乐节的主题定为"减少鸣笛",旨在呼吁中国几千万司机管好自己的汽车喇叭,不要让粗野的肆意泛滥的汽车鸣笛污染我们上千个城镇的公共环境、破坏我们平和宁静的个人心境。主题海报的设计是在音乐节的大背景下衍生出来的一种细化了的主题,为了彰显出每个参与者的责任,让更多人通过音乐节这种活动形式加入行动中,画面用铁丝网将蓝天与地上的鸣笛的汽车隔开,禁止鸣笛的标志连接了左右的铁丝网,画面中心的位置是2014年MIDI的标志,在用色方面,蓝色与MIDI的标志呈现出蓝天白云的形象,鸣笛的汽车采用的是灰色调,不同的灰色阶把拟人的卡通汽车形象表现得生动却不压抑,愤怒得龇牙咧嘴的小汽车给人以一种诙谐与调侃(见图6.33)。

图 6.33

为了"减少鸣笛"这一健康诉求,2014年迷笛音乐节还设计了一些相关中英文标志,是对有车一族养成文明礼貌习惯的互相提醒,也是迷笛一直倡导的平等、友爱、尊重与宽容的和谐精神的具体实践,通过音乐节来传播这种行为,以实际行动倡导和推广一系列公益活动,启迪年轻人的思想,产生活动与观众之间的共鸣。这要求设计者能够通过海报准确地传播信息,使画面形成具有感染力的艺术语言,提升音乐节的主旨精神,既要融入对音乐的理解,又要表现年度主题,呈现出自然而又多元化的形式。音乐节门票、T恤、指示牌等周边产品的设计是与海报相关的对主题的延伸,这使得海报设计尤为重要。

随着音乐节在京沪等地区举办的规模越来越大,其海报设计也日益被重视,从历年海报中可以解读出每届海报都在竭力表现本年独特的主题,这也给乐迷们带来了音乐上和视觉上的享受。优秀的海报作品不仅是对主题的提炼与升华,更是一种以视觉的方式产生更深层次的主题文化积淀。

[资料来源:李婕.浅析音乐节主题设计的提炼和视觉表现[J].环球人文地理·评论版,2014(9)]

6.2 节庆场景氛围设计

场景(Scene)一词,一方面指电影、戏剧作品中的各种场面,由人物活动和背景等构成;另一方面泛指生活中特定的情境。虽然两种定义不尽相同,但却有共通之处。电影、戏剧等作品是生活特定情境的反映,强调在特定时间和特定地点发生的特定事情。

在节庆活动中,注重场景的设计,会给活动参与者留下非凡的体验。不同的场景设计可以为活动参与者带来不同的体验,而参与者的体验效果又会影响他们对这个节庆活动的感知度、满意度和忠诚度。因此,节庆活动的场景设计对参与者体验的影响具有重要意义。

6.2.1 场景设计理论

1) 场景设计发展

1956年,戈夫曼(Goffman)的剧场理论将背景设计划分为家具、装饰、空间布局及道具。从此,开始了对活动场景设计的研究。

1973年,科特勒(Kotler)据此提出了有形环境(Physical Environment)这一概念,认为可以将氛围(Atmospherics)描述为对场景环境的有意识的控制和管理,并将其按照视觉、听觉、味觉、触觉等进行分类。

不少学者对有形环境进行了探索,但都没有形成系统的理论。直到1992年比特纳(Bitner)对有形环境作了系统的阐述,并提出了服务场景(Servicescape)的概念。至此,有关场景的研究开启了一个新的局面,场景设计理论在行业中的应用也越来越广泛。

2) 场景设计维度

从1956年戈夫曼的剧场理论到1973年科特勒的场景氛围,到1992年比特纳的服务场景理论,再到2011年罗森鲍姆等所提出的扩展的服务场景模型,都在关注氛围的营造以及氛围所应该包含的要素。

无形氛围(Invisible Atmosphere)主要从视觉、听觉、触觉、味觉和嗅觉这 5 种感官角度进行营造(见图 6.34),一般而言,包含颜色、明亮度、大小、形状、音量、音高、气味、清新、柔软、平稳和温度等要素。除此之外,噪声和音乐的控制及选择对氛围的营造也至关重要。例如,米丽曼(Milliman)发现,背景音乐的选择会影响人们的购物行为。沙利文(Sullivan)研究了改变音量和音调的程度对背景音乐效果的影响。

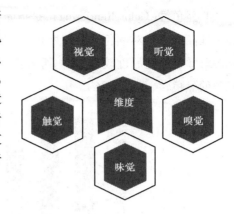

图 6.34　无形氛围维度

6.2.2　照明场景设计

照明场景设计对节庆活动场景氛围的营造作用非常明显,优秀的照明设计方案不但可以满足活动参与者在参加节庆活动时的生理及心理需求,还可以塑造整个节庆活动或品牌的形象,能更好地诠释节庆的主题和内容。基于节庆活动举办场地的多变性和混合性,对照明的要求也会比其他单一室内会展活动更为复杂,涉及的照明光效设备种类和数量也会更多。

1)照明基本理论

①光通量(Luminous Flux),是指光源在单位时间内发出的光量,通常用 $\varPhi$ 来表示,在理论上其单位相当于电学单位瓦特,单位是流明,符号为 lm。

②发光强度(Luminous Intensity),简称光强,单位是 candela(坎德拉),记为 cd。1 cd 表示单色光源的光在给定方向上的单位立体角发出的光通量。

③照度(Illumination),即光照强度,是指单位面积上所接收可见光的光通量,用 E 表示,单位为勒克斯(lx),用于指示光照的强弱和物体表面积被照明程度的量。

④色温(Color Temperature),是用来描述光源的本身颜色的,黑体是特殊形式的热辐射体,光源与黑体颜色相同时,该黑体的温度就称为光源的色温,一般用 Tc 表示,单位是 K(开尔文温度单位)(见图 6.35)。例如,黑体在 800~900 K 时的颜色为红色,5 000 K 是白色等。

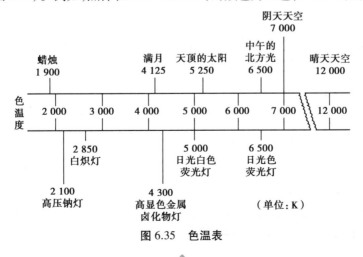

图 6.35　色温表

⑤显色性(Color Rendering),是指光源对物体颜色呈现的程度,也就是颜色的逼真程度,显色性高的光源对颜色的还原度较好,人们所看到的颜色也就越接近自然原色;显色性低的光源对颜色的还原度较差,人们所看到的颜色偏差也会越大。通常用显色指数(Ra)来表示光源的显色性(见图6.36)。

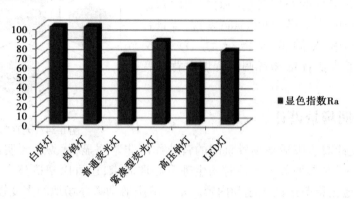

图6.36 不同照明产品显色指数对比图

2)节庆活动照明方式

因为节庆活动举办场地的多变性和混合性,所以对照明的要求也会比其他单一室内的会展活动更加复杂,涉及的照明光效设备种类和数量也会更多。比如,国内外举办的音乐节一般会从白天持续到夜晚,对于照明设备的配置也要随时间和场地进行变化,白天多利用自然光源直接进行照明,夜晚则采用人工照明设备加以照明,尤其当音乐节配备表演舞台时,舞台的照明设计也会显得更加重要。

(1)人工照明设计原则

照明设计不仅要会引入光源,而且还要会控制光源,并且需要设计一套完整的光环境服务。德国 Heinrich Kramer 博士(CIE"照明与建筑"技术委员会主席)曾提出下列8条设计原则:

①灯光应能给人方向感,并能够界定清楚它们在时空中的位置。

②灯光应该是室内和建筑不可分割的一部分,即在开始时就包含在规划方案里,而不是最后加进去的。

③灯光应该支持建筑设计和室内设计的设计意图,而不能使其剥离出来。

④灯光应该在一个场所内营造出一种状态和氛围,能够满足人们的需求和期望。

⑤灯光应该满足并促进人际交流。

⑥灯光应该有意义并传达一种特定的信息。

⑦表现灯光的基本形式应该是独创性的。

⑧灯光应该能够使人们看见并识别人们的环境。

（2）人工照明设计方案

节庆活动一般在室外举办，但也不乏在室内举办的节庆，当某个节庆活动采用多种场地举办时，就需要因地制宜利用不同的方案进行照明设计。

①泛光照明。通常使用聚光灯来照射某一情境或目标，且其照度比其周围照度明显要高的照明方式。

②轮廓照明。利用灯光直接勾勒出物体轮廓的照明方式。

③内透光照明。利用室内光线向外透射形成的照明方式。

④多元空间立体照明。从节庆场地或舞台的空间立体环境出发，综合利用多元照明方式，对节庆场地或舞台给予最佳的照明方向、适度的明暗变化、清晰的轮廓和阴影，充分展示其立体特征和文化艺术内涵的照明。这种照明设计方案多出现在各地音乐节活动中（见图6.37）。

图6.37 音乐节舞台照明

⑤剪影照明。利用灯光将被照物体和其背景分开，使物体保持黑暗，并在背景上形成轮廓清晰的影像照明。

⑥层叠照明。对室外一组景物使用若干种灯光，只照亮那些最精彩和富有情趣的部分，并有意让其他部分保持黑暗的照明。

⑦功能照明。利用室内外功能照明灯光（室内灯光、广告标志灯光、节庆活动橱窗灯光、活动场地作业灯光、机动车道的路灯等）装饰室外节庆活动场景氛围的照明。

⑧特种照明。利用导光管、硫灯、激光、发光二极管、太空灯球、投影灯和火焰光等特殊照明器材和高新技术来营造夜晚节庆活动场景氛围的照明方法。

6.2.3 声音场景设计

当声音作为节庆活动场景的重要元素被赋予感知功能时，其对活动参与者的影响力权重也被逐渐放大。声音场景设计应该成为节庆活动场景设计的核心范畴。初音未来之所以风靡，是因为声音形成的人格嵌入，没有人会在意这样的虚拟IP是否虚假，有声音，就意味着真实。从世界各地音乐节的专属音乐环境到狂欢节的热烈声场环境，每一个节庆活动品牌的核心理念都能通过其专属的声音传递到每一个活动参与者的耳朵里。

1)声音感知功能

人的声音体验源源不绝,无论自己是否知道它、选择它,声音都能够影响你的心情和意识,也能够影响你的决策和判断。当你参加百威风暴电音节时,你会不由自主地跟随电子音乐的节奏和旋律摇摆身体、尽情跳舞,会产生这种身体意识都是声音的作用。每一种声音都会给活动参与者带来不同的情绪感觉。以乐器为例,声音带给人的情绪反应见表6.1。

表6.1 乐器声音及相应的情绪

乐　器	情　绪
弦乐	温暖、规模、范围;充满激情、振奋人心
管乐	动力、优雅、力量、荣耀、勇气、英雄主义
电子合成器	现代、前瞻性思维、进化
钢琴	由衷的、感性的、个性化的、速度、焦虑
鼓	精力旺盛的、激励性的、原始的
电音吉他	能量、年轻活力、叛逆

对于声场丰富的节庆活动,尤其是具有独特声场的活动来说,它们都具有一种声音标志。声音标志(Sound Logo)是指利用听觉手段展现节庆活动品牌内涵的高度凝练的声音片段,它能够实时、高效地让活动参与者回忆、产生联想,并了解这个节庆活动品牌的故事。我国传统节日春节和清明节体现着两种截然不同的声音标志,春节期间的人们每天都会置身在欢快、热烈、兴奋的声音场景中,各大超市和商场会循环播放诸如《财神到》《恭喜恭喜》之类的音乐歌曲;清明节期间,人们会被周围"沉默或哭声"的声音场景氛围所感染,哀伤、悲痛、怀念的情绪便会出现。

此外,声音对活动参与者的感知还体现在它的"洗脑"功能。当参加完2016年百威风暴电音节后,由国内女歌手张靓颖演唱的《心电感应808》这首电音节主题曲的旋律会不断在活动参与者的脑海中重复播放(见图6.38),这就是耳朵虫的概念。耳朵虫(Earworn)是指某首歌或其他音乐作品的某个片段不由自主地反复出现在人们大脑中的情况。耳朵虫的影响巨大,会让参加节庆活动的人们铭记住这个节庆活动品牌,使之慢慢成为忠诚的活动参与者。

图 6.38 2016 年百威风暴电音节主题曲

2) 声音场景设计原则

要针对某一节庆活动设计专属的声音场景,要先将声音品牌化,这是兼顾了战术和战略,从全盘角度出发使用声音,以获取明显效果的过程。美国音乐大师乔尔·贝克曼(Joel Beckerman)曾提出声音品牌化(Sound Branding)这一概念,把这个概念运用到节庆活动中可以解释为节庆活动主办方创造或强化那些打破陈规的声音触发器,以此捕获活动参与者的注意力,利用这些注意力唤醒活动参与者头脑中与节庆品牌相关的正面体验。在具体设计声音场景时,要始终以"声音品牌化"为主轴,并遵循以下原则:

①活动参与者喜欢不等于节庆品牌适用。
②选择的声音要可以讲述节庆品牌故事。
③在活动场地的背景中加入合适的声音。
④在节庆活动中的节点放置声音触发器。
⑤适时采用无声代替有声来创造寂静感。
⑥抛弃不适用自身节庆品牌的垃圾声音。

6.2.4 气味场景设计

在节庆活动场景设计中,除了视觉元素需要进行大范围的设计外,还有一种场景设计要素能起到活动引导及增加活动参与者在活动场所逗留时间的重要作用,这就是气味场景设计。在一些节庆活动中,活动参与者乐于长时间逗留的主要原因是活动的环境氛围与参与者的心理相匹配。活动参与者对于一项活动的要求,首先是有较好的服务体验;其次是有与节庆主题匹配的视觉设计,包括 VI 系统设计、灯光照明设计等;再者要有能调动现场气氛的视听影音设计;最后还需要对整个节庆现场氛围体验起到重要作用的气味场景设计。

1) 气味感知功能

咖啡的香气可以诱发食欲,使消费者产生购买冲动。但是在节庆活动中,气味对活动参与者的影响远不止于此。比如,在参加广州国际美食节时,不同的商家在进行产品销售时都会现场烹饪,食物的香气对这个节庆活动的参与者来说是不可抵挡的,气味在这其中能起到诱导功能,刺激活动参与者产生一定的购买欲望(见图6.39)。

图6.39 气味的诱导功能

其实,气味本身影响的不只是嗅觉,它还影响着人们情感的表达。如何将气味与情感记忆联系起来进行节庆活动的场景设计和品牌营销是需要思考的问题。例如,在设计室内的节庆活动场景时,需要考虑活动参与者进入室内空间时是否愿意逗留,是否在参加活动时会产生舒适的感觉,这都取决于整个室内场地的气味环境设计;再比如,设计婚庆活动场景时,气味环境设计也是极为重要的一项内容,除了在活动场地布置鲜花能带来的自然香气外,还需要考虑活动参与者对气味的喜好,偏爱海洋或森林气味,便可以在婚礼场地增加海洋香氛或木质香氛。

2)香氛设计体验

作为活动参与者,在参与节庆活动时,大脑会掌控所有感官捕捉到的活动信息,并通过这些信息来了解活动内容。因此,在现代商业中,越来越多的场景设计者尝试通过神经系统科学来促进业务发展。近年来,香氛传播技术的革新为活动服务行业提供了运用香氛营销的良好契机,使节庆活动主办方能够方便地通过香氛营销或多感官营销来建立塑造品牌(见图6.40)。

图6.40 香氛提炼

此外,正确的香氛营销应该使香味和周围的环境相呼应,并且与其他感官协调一致。香味最能刺激和引发人们的记忆和情感,能够有效地建立活动品牌和活动参与者的情感联系。香氛专家Christophe Laudamiel说:"嗅觉和视觉一样,都是我们感知体验周围环境的重要感官。我们常常利用嗅觉来评判一个空间和周围的人,也常常不知不觉地通过嗅觉来推销我们的产品。"嗅觉能将活动场景的各种设计元素连接起来,气味为活动空间灌注了灵魂,使其能够被活动参与者铭记。

复习思考题

1.视觉识别系统包括哪些方面?有哪些设计原则?

2.请简述 VI 系统基本要素中标志的具体分类。

3.在进行标准色的选择上,应该注意哪些问题?

4.请举例说明 VI 系统中应用要素设计所包含的项目类别。

5.试简述场景设计对于节庆活动参与者的体验有何意义。

6.请举例说明照明设计对于节庆场景氛围体验的重要性。

7.请举例说明不同的声音场景对节庆活动参与者的感受有何不同。

8.在设计声音场景时应遵循哪些原则?

【案例研究】

哈尔滨国际冰雪节的场景氛围体验

2017 年 1 月 4—6 日,第 33 届哈尔滨国际冰雪节在黑龙江省哈尔滨市成功举办,本届冰雪节以"冰雪之冠上的明珠——哈尔滨"为主题,开展冰雪旅游、冰雪艺术、冰雪时尚、冰雪经贸、冰雪体育 5 大类活动。

有着"冰城"美誉的哈尔滨,以冰灯发源地兆麟公园为中心,在 21 个广场、32 条(段)街路、56 处重要节点建设了融入雪雕、彩灯、花灯等元素的冰雪景观,满城的冰雕雪塑使哈尔滨这座城市变成晶莹剔透的童话世界。哈尔滨冰雪大世界、太阳岛雪博会、伏尔加庄园、呼兰河口冰雪欢乐世界、群力冬季群众体育活动基地等各大冰雪主题景区游人如织。

1 月 4 日晚,黑龙江"冰雪之冠"大型冰雪投影秀在哈尔滨松花江畔天鹅堡进行公益露演。黑龙江冰雪文化的浩瀚长卷,浓缩于精彩的 7 min 投影秀,让观众叹为观止,为哈尔滨冰雪节增添了动感而时尚的文化元素。此次冰雪投影秀由黑龙江省委宣传部、黑龙江省森工总局和哈尔滨市委宣传部联合创意和主办。整场投影秀分成"天赐凉源""冷艳音符""赏冰乐雪"3 个章节。在动感的音乐和变幻的光影中,黑龙江冰雪"代表作"冰雪大世界、亚布力滑雪场、雪乡等一展风采,让观众分不清身在真实还是虚拟之中;冬泳、冰钓、糖葫芦、东北虎、大马哈鱼等独具特色的冰雪元素,让观众对冰天雪地如何变成"金山银山"有了直观的答案,让冰城人民和游客享受了一场以冰雪元素为主题的视听盛宴。

结合冰雪节的举办和冰雪季的到来,由黑龙江省文化厅策划和推出的具体内容是在3月20日冰雪季结束之前,在省内组织驻场文艺演出1 854场,参加演出单位22家,平均每天超过20场。其中,哈尔滨市在冰雪节期间将集中推出1 200场演出,"音乐之城"的称号名副其实。这些演出以"冰天雪地"为共同主题,演出地点包括省直院团剧场、哈尔滨市直院团剧场、哈尔滨音乐厅、红博马戏城、老会堂音乐厅、哈尔滨友谊宫、道里区文化宫、哈尔滨大剧院等场馆。演出形式包括交响乐、民乐、杂技、京剧、评剧、龙江剧、儿童剧、歌舞、曲艺、二人转等。

让黑龙江的冬天"热"起来,让"猫冬"的人们动起来,让往来的客人乐起来——在经济下行的巨大压力下,黑龙江积极探索用文化杠杆撬动旅游等相关产业,以"文化复兴"助力经济振兴。在如今的黑龙江人眼里,文化既是冰雪经济的重要内容,又为冰雪旅游营造氛围。他们的目标是促进文化与旅游相结合,让冰天雪地变成金山银山。

(资料来源:搜狐网,2017-01-05)

讨论问题:

1.请分析本届哈尔滨国际冰雪节是如何运用照明设备和高新技术来设计活动场景的。

2.以哈尔滨冰雪节为例,试分析节庆活动实景视觉设计对活动参与者的体验影响。

3.请举出一个与哈尔滨国际冰雪节类似的案例来说明节庆活动需要进行场景氛围设计的重要意义。

【开阔视野】

搭载高科技的新加坡国庆庆典

2016年8月9日的新加坡国庆庆典力求"大胆、创新",并首次在新国家体育场举行。今年的主题是"齐心共创未来家园(Building our Singapore of Tomorrow)",主办方是新加坡陆军装甲部队,本年国庆表演除了悬挂空中的大型道具和大量运用了高科技的三维投影映射技术和先进色、声、光效果外,还加入了室内烟火和无人机的驾驶表演,使这座城市在夜幕中焕发生机,跃然而动。

此次盛典最大的亮点是在活动中会有15栋高达35 m的"建筑",组成了雄伟的"空中之城"。该作品代表了新加坡对2065年国家发展的想象和期望。其中,10栋是即将盖起的大厦,另外5栋是已经存在的新加坡地标。每一栋"建筑"的面积约为5 m×5 m。可想而知"空中之城"的执行难度是空前的(见图6.41)。

图 6.41

ShowTex 香港为此次新加坡国庆庆典提供了 15 栋巨大的"建筑",为了减轻每一部分的重量,建筑采用了轻质量的铝制架和玻璃纤维管来制作该"建筑"。为了制造"空中之城"在舞台上忽然出现的幻象效果,每栋"建筑"需被完全折叠至 70 cm,然后在几分钟内被展开至超过 35 m 的高度。ShowTex 香港用灰色弹力布 P8 CS 和环宇弹力布印刷覆盖了 70% 的"建筑"表面,并印刷了定制图案,所有色调都能相互搭配和补充。

"空中之城"由 15 个大型建筑装置组成,该城使用了 ShowTex 的固有阻燃弹力布 P8 CS 5 500 m²,巴里纱 CS 1 300 m²、环宇弹力布印刷、吊绳 8 000 m 等。空中之城利用道具悬挂系统,把"樟宜机场""滨海湾花园"等 15 个新加坡地标从地面缓缓升起然后悬在空中,随着表演的进行,运用三维投影影射(3D Projection Mapping)技术和实时追踪定位技术,为观众呈现一场耳目一新且展现未来的精彩演出!(见图 6.42)

图 6.42

ShowTex 的弹力布 P8 CS 是非常理想的多单元组合布景幕布。它塑形容易、安装快速并能很好地保持形状,即使用于像"空中之城"这样大体积的制造上也毫无压力。它的半缎面材质和特性使它不仅正背面投影都能取得很好的三维效果,而且固有防火阻燃无惧今年的室内烟火表演。

该城也选用了 ShowTex 的环宇弹力布印刷,将特制的图案喷绘到布料之后裁剪制作特定造型。ShowTex 在此城的制作中不仅提供了幕布等软材料也提供了相应的技术硬件设备,如 5 000 m 的玻璃纤维杆和定制了的不同弧度弯管及各种连接件、网丝绳。鉴于庆典表演的需要,ShowTex 定制了 15 个巨型吊环和 15 个 6 m×6 m 的推车,每部分别承载一栋"建筑"上下舞台和快速升降。

在表演的尾声,"建筑"上的三维投影变成了深浅不一的绿,设计师在"空中之城"下方升起树干,象征新加坡的未来将会像这些"参天大树"一样欣欣向荣、茁壮成长。

(资料来源:高峰.材料上大胆创新、最终令人叹为观止的空中之城.活动创意疯汇,2016-08-11)

第7章
节庆时间管理

【学习目标】

通过学习本章,学生应该能够:

理解:时间的概念

时间管理的原则

熟悉:时间的特征

标准作业流程 SOP

掌握:甘特图、四象限法则、80/20 法则

日程安排原则

日程安排的内容

【关键术语】

时间 空间 尺度 甘特图 四象限原则 80/20 法则 亨利·劳伦斯·甘特 科维维尔弗雷多·帕累托 准时性 衔接性 协同性 上海旅游节 中国·哈尔滨国际冰雪节上海国际影视节 标准操作流程 SOP

【开篇案例】

时间管理的秘密

在日常生活中,总是会发生这样的情况,一方面人们发出"时间都去哪儿了"的惊叹;另一方面又陷入"忙忙忙"的死循环而无法自拔。"忙"是事业成功的必然代价吗? 当你忙到一刻也不停歇的时候,效率又是怎么样的? 我们该如何利用如此宝贵的时间呢?

美国一家顾问公司曾对 100 名白领作过一次调查,结果表明:仅有 1 人认为有足够的时间,10 人认为需要有 10% 的额外时间,40 人认为需要有 25% 的额外时间,其余的人认为需要多于 50% 的额外时间。对很多人来说,时间不够用是一个很严重的问题,许多人宁愿有充裕的时间而非充足的金钱。2008 年,美国独立性民意调查机构皮尤研究中心(Pew Research Center)曾对美国中产阶级进行调研,询问其最关切的问题是什么,其中,68% 的人认为拥有自己的时间非常重要,其重要性超过了生孩子(62%)、职业上的成功(59%)和富裕(12%)。

对于生活中最常见的资源,很多人对时间不够用非常担忧,却很少有人意识到需要重视这背后的时间管理。人们觉得自己缺乏时间,很大的原因是缺乏专注,没有效率。例如,美国人力资源调查公司 Salary.com 曾作过一项调查,统计结果显示47%的人觉得在职场中最浪费时间的事情就是开会,因为很多例会都是低效率的。

　　时间管理背后的秘密主要有:①做加法也做不出更多的时间,而应该把冗余事项从日程清单中消除,永远不要低估八卦浪费的时间;②制订标准流程比花时间苦干更有效,因为制订标准流程将生活或工作设定为想象的样子,这将节省时间;③花更长的时间钓鱼不如在正确的时间钓鱼,要在正确的时间做正确的事情,就要充分利用自己的效率高峰期;④工作不是越多越好,要学会委派,不要把自己修炼成无所不能的海豹突击队员,而是要为自己打造一整支军队。

　　[资料来源:王一.掌握时间管理的秘密,告别"忙忙忙"[N].解放日报,2015-12-28(W02)]

7.1　时间与时间的特征

7.1.1　时间

　　时间是一个用来度量过去、现在和将来的概念。列宁在《唯物主义和经验批判主义》中指出:"世界上除了运动着的物质,什么也没有,而运动着的物质只有在空间和时间之内才能运动。"这说明空间和时间是运动着的物质的存在形式,在哲学上这是无可回避的讨论对象。虽然时间是人们接触最多的一种"东西",但又是难以深刻理解的一种"东西"。

　　我国作为一个文明古国,早在殷商时代就有了明确的时间意识和观念。早期殷人对时间的理解主要是与神话密切联系,如占卜问时;随后为进一步适应农耕生产生活,又开始产生了历法时间,对每天给予特定的节气命名,并规定当天的农务,这对我国古代经济、文化的发展有着深远的影响。在古籍当中,《易经》《易传》《墨经》《春秋》都是中国古贤对时间哲学进行阐述的雏形,如老子的周而复始思想、庄子的安时思想、孟子的时中思想,《墨经》中记载的"久,弥异时也"更是不多见的全面界定和阐释。从某种程度上来说,时间也是中国古人摆脱封建神话束缚的一个突破口,尽管这种"去神话"并不完全彻底。在现代,"时间就是金钱,效率就是生命"(1981 年深圳蛇口工业区的巨型标语),是改革开放以来最响亮的口号,更是冲破思想禁锢的第一声春雷。而西方在亚里士多德之后,更多地从物理角度对时间进行量化的思考,这以西方近代经典力学奠基人牛顿为典型代表。此外,自 19 世纪以来,叔本华、尼采、柏格森、海德格尔、伽达默尔等哲人对心理时间也进行了转折性的探讨。

7.1.2　时间的特征

1)有限性

　　浩瀚的宇宙广阔无垠、无穷无尽,其中,地球从其起源、形成到现在已经经历约 45.5 亿年了,太阳更是经历了约 50 亿年。从社会的历史过程来看,对人类而言,时间从前向后是无限延伸的,永远没有尽头。但无限和有限是辩证统一的,无限的东西总是以有限的形式来存在,对于任何个人而言,生命是有限的、短暂的,对于某一个事物的发生、发展与消亡而言,时间也是有限的。

2)有效性

时间虽然看不见、摸不着,但时间是可以度量的,不同的生产效率、不同的生产效益反映出时间的有效性。以每千克标准煤所产生的 GDP 为例,中国与美国、日本、韩国乃至世界平均水平都有较大差距,这反映出我国能源利用率低,与发达国家相比还有数十年的距离,必须加快落实工业 4.0 和中国制造 2025 战略的落实。简单地说,有的人一天过得饱满充实,但也有人过得碌碌无为。

3)弹性

虽然时间的度量尺度不会变化,但由于人们认识和使用的不同,时间是存在弹性的。有的人在工作中从白天忙到黑夜,吃饭、走路都在想问题,恨不得一秒钟掰成两半用;有的人无所事事、游手好闲,这也就是光阴似箭和度日如年的区别。只要有来自外界的压力,人们对时间的使用就会有紧迫感,人就会珍惜时间、善于利用时间,最大限度地发挥时间的效能,从而在有限的时间内做出更多的业绩。

4)强制性

任何事物的发展都有其普遍的规律,这种规律也体现在时间上的发展规律,即时间是存在客观约束力的。比如,到了一定的时节就必须插秧,铃声一响就必须上课,公交车到点就必须发车。因此,时间是有强制性的,人们对其约束力要有正确的认识,对不遵守时间的人要有严厉的、不留情面的惩罚,哪怕只是 1 s 甚至 1/10 s 的差别也会带来成功和失败之间的天壤之别。

5)不可逆性

时间还有不可逆性,逝去的一天再也不能唤回,这也是其最大的魅力所在。正所谓不要挥霍时间和话语,这两样东西都是无法收回的。尽管人们都幻想能够通过时间旅行回到过去重新开始,但这种愿望只能出现在科幻作品里。所谓"开弓没有回头箭",一些事情一旦错过就再也无法回来,这也要求人们爱惜时间、抓紧时间,不要让时间白白流逝,即"莫等闲,白了少年头,空悲切"。

【案例启迪】

上班族的时间都去哪了?

根据北京师范大学劳动力市场研究中心主持编写的《2014 中国劳动力市场报告》(以下简称《报告》),我国劳动者通勤时间较长,加班现象严重。在《报告》发布的上一年度,北京、广州、上海和深圳等几个特大城市的日平均通勤时间都接近或者超过 90 min，其中，北京最长，已达到 97 min。究其原因，这和被调查者居住地与工作地距离较远以及交通拥堵是密不可分的，"舟车劳顿"已成为大城市上班族们每天都要经历的事情。

虽然我国的法定劳动时间与国际基本接轨，但各行业劳动者均存在不同程度的超时加班现象。作为劳动关系的重要内容，工作时间不合理甚至不合法，正成为引发劳动纠纷的重要"导火索"。《报告》指出，我国九成行业周工时超过 40 h，过半数行业每周加班 4 h 以上，大多数行业的周加班时间为 3～5 h，超过 50% 的行业平均周工时超过《劳动法》规定的"无特殊需求企业"应遵守的最高工时限制——44 h。

对于《报告》中指出的各种问题和我国劳动力市场的现状，国务院研究室社会发展司副司长乔尚奎表示，"过去的中国高速发展依赖人口红利，靠的是人们的过度劳动；如今，适应经济新常态，需要注重向人力资本优势转换，合理确定劳动工时，真正落实带薪休假制度，让劳动者体面工作"。

"关于工时的讨论在社会上反映强烈，集中反映了社会工时问题。"国家人力资源和社会保障部劳动关系司副司长尹建堃认为，要提高劳动者的就业质量和工资水平，需要帮助中小企业建立现代企业的人力资源管理制度。只有这样，才能实现效率提升，从而创造更多、更好、高质量的工作。

[资料来源：杨召奎.上班族的时间都去哪了？[N].工人日报，2014-12-09（006）]

7.2　时间管理方法

7.2.1　时间管理的原则

1）目标的明确性

没有目标，节庆的主办与发展就如同无头苍蝇，而时间管理就是协助主办者在有限的时间内实现更多的目标。目标有主次之分，有核心目标、重要目标、主要目标；目标有缓急之分，有紧急目标、非紧急目标；目标也有远近之分，有近期目标、中期目标、远期目标。但无论是什么类型的目标，目标都应该是明确的。也就是说，目标是可以用具体的标准来衡量的，是和所策划的节庆相关的，要在一定时间限定内能够实现，而且这个或这些目标的设置也应具有现实可达成性，不宜太简，也不能太难。

2）过程的计划性

目标一旦明确，就要付诸努力将之实现，但如果没有计划，即便投入大量人力和物力也有可能事倍功半。计划是时间管理中的重要一环，上承决策、下启组织，是通过分析达成目标的各种途径并选择最有效的那条途径，并将其过程投射在时间维度上以日、周、月甚至年的尺度加以呈现。过程是集中还是分散、并行或者串行,什么日期做什么、什么时间点做什么,都应详尽地列入计划之中。只要节庆的各项工作都按照计划依次有序且顺利地进行,高层管理者就可以更有效地进行顶层设计与宏观掌控。

3)内容的侧重性

实现目标的过程需要经历一定的步骤并耗费一定的时间,但对于过程中的每一个步骤而言不可能均分这一段时间,总归是有的步骤要耗费更多的时间。因为有些工作比较简单,只要在某一个时间节点完成即可,可能只需数分钟;有些工作十分复杂,需要多个环节、多个阶段、多个部门逐步推进,可能要花几天、几周甚至更长的时间。这也提醒管理者在节庆时间管理中要有侧重,即能掌握工作中最具生产力的重点,合理有效地安排时间,这样在通往目标的过程中也不会发生大的偏差。

4)执行的纪律性

在日常生活中,人们普遍有拖延症,即便设定了截止时间,不到最后一刻也都难以完成任务,甚至有的还需要延时才能完成。因此,时间管理能否从目标转化为现实行动并取得满意的结果,执行是基础,而执行力就是完成执行的能力和保障。能否拥有执行力、能否提高执行力,需要有优秀的团队和个人去落实,但根本还是需要有严明的纪律来形成源源不断的动力。纪律是保证执行力的先决条件和重要基石,正所谓"没有规矩不成方圆",没有纪律的严格约束,再优秀的团队和个人也无法脱颖而出。

7.2.2 时间管理的方法

1)甘特图

甘特图,又称横道图、条状图,英文为 Gantt Chart,产生于 1917 年第一次世界大战期间,以其发明者亨利·劳伦斯·甘特而得名。甘特是人际关系理论和科学管理运动的先驱者之一,早期曾用水平线条图来记录每个工人工作达标和获得奖金情况,其中,黑色代表达到标准,红色代表未达到标准,工人因为能够直观看到自身的绩效,对工作效率的提高有很大的激励作用。此后,甘特在此基础上发明了甘特图。

甘特图以横坐标表示时间,以纵坐标表示活动项目或具体工作内容,而图中的线条可以通过不同的颜色来表示活动项目或工作内容的完成情况。一般来说,线条的长短也代表着时间的长短。通过甘特图可以清楚地展示工作的开始时间、结束时间以及中间的持续时间,管理人员能够掌握进度,能清晰地知道哪些人负责哪些工作、哪些工作做完了、哪些工作做到什么程度、哪些工作还没开始(见图 7.1),从而采取相关行动对计划继续执行或是进行调整。甘特图根据表现内容的不同,还可以细分成计划图表、负荷图表、机器闲置图表、人员闲置图表和进度表 5 种形式。

甘特图有助于计划安排和进度控制,是一种理想的时间管理方法,其运用步骤主要包括:

①对活动项目进行分解,明确活动项目的重点内容、依存关系、先后顺序、进度安排等。
②将所有的活动项目内容按照时间顺序标注在甘特图上,从而创建出底图。
③按时间顺序依次启动活动项目内容,根据实际情况实施调整后续的进度安排。

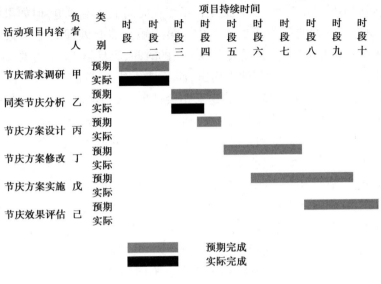

图 7.1 甘特图示例

甘特图具有形象化、简单化、易于理解等特点,而且容易绘制、容易运用,在项目管理中有着广泛的运用。甘特图的制作可以使用专业软件,如 Microsoft Project,Gantt Project,Varchart XGantt,jQuery Gantt,Microsoft Office Visio 等。例如,在 Visio 软件中,通过查找"日程安排"就可以进入"甘特图"选项,然后按对话框要求编辑输入任务数目、时间刻度范围即可生成。同时,甘特图的制作也可以使用大众化的软件,如在 Microsoft Excel 中通过插入堆积条形图并对相关元素进行设置,也能简单、快速地生成动态甘特图。虽然甘特图的制作并不用担心复杂的公式、计算或建模,但如果条目过多,眼花缭乱的图线只会增加甘特图的阅读难度。

2) 四象限法则

四象限法则是由美国管理学家科维提出的一种时间管理方法,基于工作内容的重要程度(重要、不重要)与紧急程度(紧急、不紧急),在坐标轴上划分出 4 个象限,分别是:重要不紧急、紧急不重要、既重要又紧急、既不重要又不紧急(见图 7.2)。中国古人很早就有类似的思想,清《日知录》记载有"轻重缓急",说的就是各类事情有主要的和次要的,有急于要办的和可以缓办的。

在日常工作中,管理者们由于要处理的事务

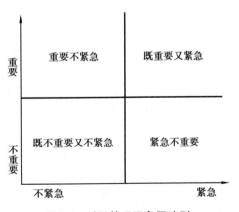

图 7.2 时间管理四象限法则

很多,因此,时常被搞得晕头转向、焦头烂额、眉毛胡子一把抓,有时甚至捡了芝麻丢了西瓜,这都是对各项工作优先顺序处理不清的后果。根据四象限法则,首先要处理的是那些既重要又紧急的工作,这一类工作无法回避,也不能拖延,否则会产生较大的影响。第二顺位需要处理的是重要但不紧急的工作,这一类工作虽然在时间上并不紧迫,但如果没有处理好将会使个人或组织陷入巨大的压力或危机之中。第三顺位需要处理的是紧急但不重要的工作,这一类工作在时间上很紧迫,会耗去许多宝贵的时间,容易给人"很重要"的认识误区,但其实这个"很重要"可能只是针对其他人而言,而不是针对自身而言。最后需要处理的是既不重要又不紧急的工作,这是一些既不紧迫又不会带来什么影响的工作,比如一些琐碎的杂事,处理这类工作意义并不大,颇有食之无味、弃之可惜的鸡肋般的感觉。

既然工作可以根据重要程度和紧急程度进行四象限划分,那么如何对一项具体的工作进行相应的归类呢?其中,紧急程度比较容易区分,根据工作的截止期限即可区分;重要程度则需要站在一定的战略高度,需要一定的主观判断能力。对于具体的工作内容而言,既重要又紧急的可能包括处理客户投诉、重大项目谈判等,重要但不紧急的可能包括事务中长期规划、建立人际关系网络等,紧急但不重要的可能包括不速之客、电话铃声、临时会议等,既不重要又不紧急的可能包括办公室闲聊、手机刷朋友圈或微博等。

在日常的工作中,对四象限上不同的工作也有不同的处理原则。对于既重要又紧急的工作,不能消极对待,必须立刻去做。对于重要但不紧急的工作,应该有计划地稳步去做,需要管理者投入大量精力去完成的事项,这也是区分高效管理者和低效管理者的重要指标,如果此类工作处理不当,随时都有可能进入第一象限。对于紧急但不重要的工作,肯定是需要处理的,但对于管理者而言,可以让别人去处理,也就是运用所谓的"猴子管理法则",不主动将不属于自己的工作揽下来。对于既不重要又不紧急的工作,例如闲聊、刷微博等,虽然也可以调整心态和身体状态,但严格意义上来说并不能真正算作真正的休闲活动,一旦沉迷更是浪费生命,理应尽量不去做。

3) 80/20 法则

19 世纪末,意大利经济学家及社会学家维尔弗雷多·帕累托(Vilfredo Pareto)发现社会上绝大多数的财富是由少数人口支配的,通过多个国家的资料分析,他总结并提出 80/20 法则,即社会上 80% 的财富是由 20% 的人拥有的。这一法则又被称为"帕累托法则""最省力法则"或"犹太法则",后来该法则在社会学、企业管理学中有着广泛的传播和运用,例如,企业 80% 的利润来自 20% 的重点客户,企业 80% 的病假条来自 20% 的员工,社会 80% 的资源是由 20% 的人口所消耗的等。80/20 法则提供了一个较好的基准,尽管在统计学上精准出现 80% 和 20% 的概率非常小,但这不是 80/20 法则的重点,而是该法则真实地揭示了生活中各类不均衡的现象,展示出小投入、大产出的可能。这也告诉人们,在日常生活中应集中精力做最重要的事情,要学会不钓小鱼钓鲸鱼,"钓大鱼饱,钓小鱼跑"就是这个道理。中国古人很早也有相似的思想,《荀子·天论》中记载:"大巧在所不为,大智在所不虑。"其释义就是,最能干的人是不去做不能做且不应该做的事情,最聪明的人是不去考虑不能考虑且不应该考虑的事情。《孟子》中的《离娄章句下》中:"人有不为也,而后可以有为",传达的也是同样的智慧。

　　生活中存在各式各样的时间窃贼,可能是娱乐的诱惑、同事与朋友的盛情邀请,也可能是网络上的新闻、突然抖动的 QQ 聊天对话框。建立在"重要的少数和琐碎的多数"的原理基础上,80/20 法则在时间管理领域也有着重要的运用,即在工作中要避免将过多的时间耗费在琐碎的事情上,否则可能用 80% 的时间也只能取得 20% 的成果。应该将时间更多地花在少数的关键问题上,可能 20% 的时间也能带来 80% 的成果(见图 7.3)。因此,80/20 法则告诉人们要做好每一件事情是几乎不可能的,应该把时间留给最重要的事情,同样要在衡量工作价值的基础上,对工作的重要程度进行排序,并对那些 20% 最为重要的工作留出足够的时间,压缩一般性工作的处理时间,对于没有价值、没有意义的活动要取消其时间安排,或者授权交由他人处理。

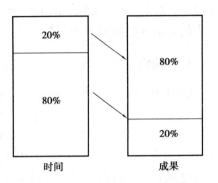

图 7.3　时间管理 80/20 法则

　　对于重要事情的判断标准,可以从事情的回报、与组织或个人目标一致度、组织重视程度等各方面进行分析,对于不同职位、不同角色、不同价值观的人来说,对同一件事情重要程度的判断结果也会有所不同。但对每一个人来说,都应该利用好 80/20 法则,专注于重要的工作,充分利用并增加有效工作时间,对于不重要的事项要果断说"不"。

7.3　日程安排

7.3.1　日程安排的原则

1)准时性

　　准时,即确守规定的时刻,如上海外滩海关大楼大钟每半小时就会准时鸣钟。但在日常生活中,人们的时间观念普遍有待进一步加强,不准时、不守时的现象屡见不鲜,各类社会公共服务时间延误的情况也司空见惯。日程安排与其他活动安排一样,也要有明确的目标,从经济学的视角来看就是追求效用的最大化,抑或追求损失的最小化。在日程安排中,首先要考虑的原则即是准时性,尤其对于单一主体的单体活动而言,节庆时间管理要格外关注日程表中的某些节点(主要表现为开始时间和截止时间)的重要性,以避免由于不准时所带来的损失。每个人的时间都很宝贵,在现代快节奏社会中倡导"时间文明",不迟到、不早退,不让别人无聊等待,如此才能创造"动车速度"。

2)衔接性

　　衔接,即相互连接、头尾相接,就好比物流网络中的货运站、仓库、配送网点等之间需要相互衔接才能形成完整的系统。时间是稀缺资源,日程安排会受到各种约束条件的制约,尤其对于单一主体的多项活动而言,活动与活动之间要注重相互的衔接,夜以继昼,缩短过度等待时间,以免日程安排过于碎片化。对于准时性而言,更多的是强调"点",而衔接性更多的是强调"线",好比连套所形成的链条即时间链。节庆的时间链是节庆期间各项活动随时间的变化形式,按照一定的顺序并通过衔接将活动与活动之间相互连接、连成一体,从而节省时间、提高效率。这就好似工厂流水线,一个接一个、一步接一步、一环扣一环,一旦停线等待就会造成时间损失乃至最后的经济损失。

3) 协同性

协同,即各方互相配合之意。这个源于物理化学的增效作用现象,简单的理解就是"1+1>2"的效果,在元素与元素之间从无序到有序、从混沌到协同。准时性针对的是"点",衔接性针对的是"线",对于协同性而言针对的则是"面"。在日程安排中,除了单一主体的活动外,更多的还表现为多主体活动,由于具有两个或两个以上的不同主体参与,因此,需要协同一致地完成某一目标。多主体活动又包括多主体单体活动和多主体多项活动两种类型,对于前者来说,在共享资源、数据的基础上,加强合作、步调一致,从而实现彼此的互补;对于后者而言,其涉及的时空关系更为复杂,但只要把握统一决策目标,在彼此之间进行优化或重组,打好组合拳、实现软联结,也能产生规模经济和范围经济。

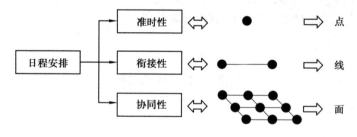

图 7.4 日程安排原则

【案例启迪】

谜之事件:集体迟到

第 69 届戛纳电影节伴着小雨开幕了,大牌明星云集,为冒雨久等的影迷送上养眼大秀。作为非竞赛片,《盗墓笔记》剧组以宣传名义来到戛纳,前前后后花了不少心思。但不知是不是经验不足,《盗墓笔记》来到戛纳后,状况不断。

先是井柏然飞机一再延误,直到 10 日晚上才落地尼斯,多名媒体在机场苦苦守候至深夜。11 日上午,原本安排好的小岛拍摄,因为天气预报下雨不得不取消,改为酒店楼顶拍摄。11 日下午,剧组原定要走开幕式红毯,结果由于戛纳堵车,接送艺人的车辆迟到了,导致整个剧组都没能走上红毯。戛纳开幕期间,多个路段实行了交通封锁,又由于法国前不久发生恐怖袭击,今年关卡检查格外严格,导致剧组无法按时赶到电影宫。据悉,《盗墓笔记》剧组唯一顺利走上红毯的是一名印度女演员。此外,黄景瑜也因为"迟到",没能出现在开幕式上。

(资料来源:朱引墨.戛纳谜之开幕:毯星压轴! 集体迟到[EB/OL])

7.3.2 日程安排的内容

1) 大尺度时间日程安排内容

时间是有尺度的。尺度(Scale)是自然过程抑或观测研究在空间、时间抑或时空域上的特征量度,一般把尺度划分为大尺度、中尺度和小尺度等类型,具体来说,时间基于长短可以划分为地质尺度、历史尺度、年际尺度、年及以下尺度。需要说明的是,这样的尺度划分并非人为刻意附加,而是自然本质存在的,是隐匿于自然实体单元、格局和过程中的。

对于节庆而言,即便是时间跨度较长的节庆,通常都是年内的活动,因此,节庆的大尺度时间通常也都是在年内,一般以月内或跨月为主,其日程安排一般细分到天或旬,一般不细化到具体的时段,相应的内容一般会单独加以展示。以创办于 1990 年的上海旅游节为例,举办时间已基本固定在金秋时节,其活动从每年九月份的一个周六开始,通常历时 20 天左右。作为一项涵盖多个主题的节庆,上海旅游节的日程内容包括观光、休闲、娱乐、文体、会展、美食、购物等多个大类的几十个具体项目,这些项目也都星罗棋布地安排在九月、十月。2016 年上海旅游节于当年 9 月 10 日—10 月 6 日举行,为期 27 天,共有各类活动 56 项并遍布各个区县(表 7.1)。2016 年上海旅游节做足"旅游+"文章、创新旅游节庆产品,充分展示上海以及"一带一路"沿线国家和地区丰富的自然人文景观和悠久的历史文化风情,并以"中美旅游年"为契机突显中美旅游合作的新气象,共吸引市民游客约 1 150 万人次。

表 7.1　2016 年上海旅游节主要活动时间安排表

区域	项目名称	举办时间	举办地点
全市	2016 年上海旅游节开幕大巡游	9 月 10 日	淮海路(西藏路—陕西路)
	花车巡游暨评比大奖赛	9 月 11 日—10 月 6 日	全市范围
	"乐游金秋上海　畅享多重优惠"活动	旅游节期间	全市范围
	银联上海旅游美食节	旅游节期间	全市指定饭店
	上海旅游节摄影大赛	9 月 10 日—10 月 6 日	全市范围
	微游双城	9 月 11 日	上海、台北
	上海购物节	9 月 9 日—10 月 12 日	全市范围
	2016 年长三角休闲农业与乡村旅游博览会	9 月 22—25 日	上海国际农展中心
	珠峰文化旅游节上海活动周	9 月	本市
	上海特色旅游食品评选活动	9 月 23—25 日	上海旅游纪念品展示中心
	"老凤祥"杯上海旅游纪念品设计大赛	6—9 月	全市范围
	上海旅游知识大赛	旅游节期间	全市范围
	上海旅游节闭幕活动	10 月 6 日	上海中心

续表

区域	项目名称	举办时间	举办地点
浦东	孙桥快乐丰收节	9月28日—10月28日	孙桥农业园区
	熊猫欢乐季	9月1日—12月31日	上海野生动物园内
	第十八届上海浦东假日酒店慕尼黑啤酒节	10月6、14—20日	上海浦东假日酒店东广场
黄浦	豫园中国日(节)豫园商城非遗项目文化展	9月7日—10月9日	豫园商城
	玫瑰婚典	9月21日	外滩区域
	南京路欢乐游	9月11—14日	南京路步行街
	欢购乐游黄浦行	9月10日—10月6日	全市范围
静安	2016年静安寺街咖啡文化节	9月8—14日	嘉里中心
	第四届静安国际起泡酒节	9月9—11日	静安公园南京西路广场
	上海(静安)国际喜剧艺术节	9月15—25日	静安区内
	2016年中国·上海静安国际雕塑展	9月20日—11月20日	静安雕塑公园
徐汇	唐韵中秋	9月14—15日	桂林公园
	复兴艺术节	9月10日—10月3日	衡复地区
	上海西岸热波音乐节	9月24日、25日	滨江绿地
长宁	扬子江德国啤酒节	9月20—30日	扬子江万丽大酒店
	"跟着绘本游长宁"小主人欢乐游主题活动	9月	长宁区
普陀	2016年上海环球港文化购物节	9月	长宁区
	M50艺术季暨M50大学生创业市集	9—10月	莫干山路50号
金山	金山廊下乡村烧烤节	9月15—30日	廊下生态园
	第十二届"吴根越角"枫泾水乡婚典	9月24日、25日	枫泾古镇旅游区吴越广场
	2016年上海金山国际沙滩音乐烟花节	10月2日、6日	城市沙滩

又如,中国·哈尔滨国际冰雪节,创办于1985年,与日本北海道札幌冰雪节、加拿大魁北克冬季狂欢节和挪威奥斯陆滑雪节并称为世界四大冰雪节。由于具有明显的季节属性,哈尔滨国际冰雪节自创办以来就把开幕时间定在每年的1月5日,持续1个月左右,但事实上许多相关的节庆活动在前一年底已经开始,会横跨新年、农历新年、农历元宵节等多个重大节日,是典型的节中有节、节中套节。2017年第33届中国·哈尔滨国际冰雪节认真贯彻落实习近平总书记"冰天雪地也是金山银山"重要讲话精神,共策划重点活动30余项(见表7.2)、其他各类活动80余项,从2016年12月中旬一直持续至2017年1月下旬,举办主体从国家旅游局、黑龙江省政府到哈尔滨市辖区县,全面展示"冰城夏都"最迷人的冬季风情,活动内容涵盖冰雪旅游、冰雪艺术、冰雪时尚、冰雪经贸和冰雪体育5大类。

表 7.2　第 33 届中国·哈尔滨国际冰雪节重点活动时间安排表

活动名称	活动日期	主办单位	活动地点
第 33 届中国·哈尔滨国际冰雪节开幕式	2017 年 1 月 4 日	国家旅游局、黑龙江省政府、哈尔滨市政府	冰雪大世界
世界城市冰雪旅游合作组织筹建大会	2017 年 1 月 5 日	哈尔滨市政府	市区
第 2 届中国(哈尔滨)国际冰雪旅游峰会	2017 年 1 月 5 日	省旅游委、市旅游委	市区
"全民上冰雪活动月"启动仪式暨"赏冰乐雪"冰雪体育趣味运动会	2016 年 12 月 10 日	市体育局	市区
哈尔滨市"全民上冰雪活动月"	2016 年 12 月 10 日—2017 年 1 月 10 日	市体育局	市区
第 18 届哈尔滨冰雪大世界	2016 年 12 月 21 日	哈文旅集团	冰雪大世界
第 29 届太阳岛国际雪雕艺术博览会	2016 年 12 月 20 日	松北区、太阳岛管理局	太阳岛风景区
第 43 届哈尔滨冰灯艺术游园会	2016 年 12 月 20 日	市城管局、冰博中心	兆麟公园
第 17 届国际冬泳邀请赛	1 月 5—6 日	市总工会	市冬泳场
2017 年哈尔滨寒地博览会	1 月 5 日	市贸促会	国际会展中心
中央大街欢乐冰雪节	2016 年 12 月—2017 年 2 月	道里区	中央大街
冰雪乐园嘉年华	2016 年 12 月 1 日	金河湾湿地公园	金河湾湿地公园
百万青少年上冰雪活动	2016 年 12 月中旬	市体育局、市教育局、各区	市区
欢乐冰雪世界	2016 年 12 月 21 日	呼兰河口湿地公园	呼兰河口湿地公园
第 23 届全国雪雕比赛	2016 年 12 月下旬	松北区、太阳岛管理局	太阳岛风景区
第 11 届全国大学生冰雕比赛	2016 年 12 月 28 日	冰博中心	兆麟公园
第 6 届中国哈尔滨国际组合冰雕比赛	2016 年 12 月 30 日—2017 年 1 月 4 日	市外侨办、哈文旅集团	冰雪大世界
2017 年哈尔滨新年音乐会	2016 年 12 月 31 日	市文广新局	哈尔滨音乐厅
第 22 届国际雪雕比赛	2017 年 1 月	松北区、太阳岛管理局	太阳岛风景区

续表

活动名称	活动日期	主办单位	活动地点
第4届全国大学生雪雕比赛	2017年1月	松北区、太阳岛管理局	太阳岛风景区
哈尔滨市冰雪节越野滑雪比赛	2017年1月	市体育总会	江北高尔夫球场
哈冰秀、T台秀等大型舞台秀	2017年1—2月	哈文旅集团	冰雪大集团
第9届国际大学生雪雕比赛	2017年1月4—7日	哈尔滨工程大学	哈尔滨工程大学
第4届哈尔滨"智慧之光"科技展洽会	2017年1月5—8日	市科技局	国际会展中心
国际业余冰球邀请赛	2017年1月5—8日	市体育总会	市冰球馆
2017年哈尔滨寒地发展论坛暨哈尔滨新区推介会	2017年1月6日	市外侨办	新香格里拉大饭店
中国·哈尔滨第33届维纳斯国际冰雪集体婚礼	2017年1月6日	市团委	兆麟公园
第31届哈尔滨国际冰雕比赛	2017年1月6—8日	市外侨办、哈文旅集团	冰雪大世界
第36届全国专业冰雕比赛	2017年1月6日	冰博中心	兆麟公园
哈尔滨雪地汽车漂移公开赛	2017年1月下旬	市体育总会	呼兰河口湿地公园

表7.3为2016年第19届上海国际电影节的主要日程。上海国际电影节创办于1993年,是我国唯一获得国际电影制片人协会(FIAPF)认可的国际A类电影节,和威尼斯国际电影节、戛纳国际电影节和柏林国际电影节并列为世界最有质量的15个A类电影节之一。作为全球电影人的盛会,上海国际电影节通常于每年的6月份举行,主体活动包含4大单元:评奖、市场、论坛和展映,其中,评奖单元包括金爵奖和亚洲新人奖的评选,市场单元包括基于电影交易平台的展览,论坛单元包括覆盖产业链上中下游的各类论坛活动,展映单元则是媒体和公众了解世界电影动态的重要窗口。第19届上海国际电影节于2016年6月11—19日举行,主要有15项活动安排,但作为共有近600部影片、34万观众参与的电影节,不可能仅仅只有如此少的活动,15项仅仅是其主要的相关活动。通过登录上海国际电影节官方网站,可以查询得知该届节庆全部活动共有近195项,举办地包括影院、酒店、商业中心等各个区域,每一项活动均精确到几时开始、几时结束,这样的日程安排更符合中小尺度安排的内容。

表 7.3　第 19 届上海国际电影节主要日程

序号	时　间	活动内容
1	6 月 11 日晚	电影节开幕式
2	6 月 11—14 日	电影项目市场
3	6 月 12—14 日	国际影视市场(电影板块)
4	6 月 11—19 日	金爵奖评选、国际影片展映
5	6 月 11—17 日	亚洲新人奖评选
6	6 月 12—16 日	电影论坛
7	6 月 12 日	2016 电影频道之夜
8	6 月 12—16 日	成龙动作电影周
9	6 月 13—15 日	互联网电影嘉年华
10	6 月 14 日	电影项目市场颁奖仪式暨十周年特别酒会
11	6 月 15 日	互联网电影之夜
12	6 月 16 日	成龙动作电影周颁奖典礼
13	6 月 17 日	亚洲新人奖颁奖典礼
14	6 月 18 日晚	央视电影频道"传媒大奖"颁奖典礼
15	6 月 19 日晚	金爵奖颁奖典礼暨电影节闭幕式

2) 中小尺度时间日程安排内容

对于节庆而言,中小尺度的时间日程安排主要是指时间跨度相对较短的活动,一般以周内或者天内为主,由于活动较为密集,其日程安排一般细分到每一小时甚至每一分钟,接近于企业管理中的 SOP 概念(即标准作业流程)。对于任何一个大尺度时间日程安排,最终的落实也都是以中小尺度时间日程安排为基础。因此,其要求也需更接地气、更有可操作性。

比如,广西忻城县是壮族人民聚居地,基于县内以全国重点文物保护单位莫氏土司衙署为代表的独特土司文化,以精心打造的 4A 级景区忻城薰衣草庄园为依托,以南国雪趣为引爆点,策划主办了 2016 年忻城冰雪香草音乐节。该节庆时间从 2016 年 12 月 30 日—2017年 1 月 1 日,为期 3 天,主要活动包括冰雪、香草、土司文化等主题趣味活动和民族风情活动(见表 7.4)。由于该节庆的时长不长,主要的活动不多,因此,其日程安排细化到每一天的具体时段。

表7.4　2016年忻城冰雪香草音乐节主要活动日程安排

序号	时　间	地　点	活动内容
1	2016.12.30 9:00—12:00	冰河世纪滑雪场大门	旅游节开幕式暨跨年演唱会
2	2016.12.30 11:00—12:00	薰衣草庄园、冰河世纪滑雪场	赏鲜花,赏冰雕,体验滑雪橇、堆雪人、冰雪保龄球、创意DIY、冰雪滑道表演赛等
3	2016.12.30—2017.1.1 9:00—12:00	薰衣草庄园	沙滩摩托车竞技、越野车大赛
4	2016.12.30—2017.1.1	薰衣草庄园	万只风车展
5	2016.12.30 13:00—14:00	土司练兵场	壮族舞龙舞狮表演
6	2016.12.30 14:00—16:00	土司练兵场	舂糍粑比赛、免费品尝糍粑
7	2016.12.30 15:00—17:00	土司练兵场	竹竿舞互动表演、抛绣球比赛、木板鞋竞技
8	2016.12.30 全天	大夫第	壮族织锦技艺展示
9	2016.12.30—2017.1.1	薰衣草庄园特色小吃街	特色商品、美食展
10	2016.12.30—2016.12.31	忻城县各景点	美丽忻城精品线路一日游、两日游

又如,2016年9月24日举行的首届南京城墙国际跑步节,时间仅一天,甚至仅仅只是一个上午就结束。随着人们对娱乐、休闲、健康、生活品质的要求越来越高,跑步已成为国人运动最常进行的运动之一,"走起"已成为一种非常时尚的社交方式,各类跑步节也层出不穷。由于跑步节的核心活动内容相对比较单一,除了开幕式、闭幕式、颁奖仪式等常见的活动内容,通常也只能在日程上进行内容丰富,这从表7.5可见一斑。在具体的时间安排上,所有的活动内容都精确到分钟,而且也基本首尾相连成一个整体。

表7.5　2016年南京城墙国际跑步节活动日程安排

序号	时　间	日程内容
1	7:30—8:20	领导和嘉宾及观众入场并热身
2	8:20—8:30	主办单位领导致辞
3	8:30—8:38	13.66 km逐梦穿越跑鸣枪开跑
4	8:38—8:48	6.5 km助力申遗跑鸣枪开跑
5	8:48—8:58	2.8 km公益保护跑鸣枪开跑
6	9:30—9:50	2.8 km公益保护跑公益跑者颁奖(20名)

续表

序号	时　间	日程内容
7	10:10—10:30	6.5 km 助力申遗跑助力跑者颁奖（20 名）
8	10:50—11:10	13.66 km 逐梦穿越跑逐梦跑者颁奖（20 名）
9	11:10—11:30	跑者互动体验
10	11:30	活动结束

　　表 7.6 是湖北省黄冈市举办的第七届东坡文化节的日程安排。苏东坡是四川眉山人，"问汝平生功业，黄州惠州儋州"，东坡文化节是由四川省眉山市、海南儋州市、广东梅州市和湖北黄冈市轮流举办的节庆活动。在第七届东坡文化节中，时长两天，主要活动 9 场，活动内容除了展示东坡文化以外，也深入展示黄冈当地的黄梅戏文化，活动时间安排精确到分钟。

表 7.6　第七届东坡文化节活动日程安排

时　间		活动名称	活动地点	活动内容
9 月 6 日	10:00 开始	报到	纽宾凯酒店	领导嘉宾报到
	15:30—16:30	黄冈旅游精品线路推介暨文化旅游产业招商签约活动	纽宾凯酒店	1.黄冈旅游精品线路推介； 2.文化旅游产业招商签约
	20:00—21:30	开幕式	黄梅戏大剧院大剧场	1.城市宣传短片展播； 2.宣布开幕； 3.文艺会演
9 月 7 日	8:30—9:30	东坡禅学研讨会	东坡文物遗址	1.东坡禅学研讨会； 2.参观东坡文物遗址
	9:45—10:45	东坡遗韵书法展黄冈胜迹摄影展	遗爱湖	1.参观黄冈胜迹摄影展； 2.参观东坡遗韵书法展； 3.参观寒食林
	11:00—11:50	大型电视纪录片《苏东坡》首发式	黄梅戏大剧院小剧场	1.领导致辞； 2.主创人员介绍与交流； 3.观看《苏东坡》纪录片片花
	14:30—17:30	黄冈论坛	黄冈市职工活动中心	东坡文化讲座
	17:50—18:20	"东坡美食汇"展示活动	东坡外滩	1.东坡美食宴烹饪大赛作品展示； 2.参观东坡美食一条街
	20:00—21:00	东坡文化节闭幕式	黄梅戏大剧院大剧场	1.微电影获奖作品展及颁奖； 2.东坡文化节会旗交接； 3.宣布闭幕

复习思考题

1.时间的特征是什么?

2.时间的尺度是什么?

3.时间管理有哪些方法?每种方法有什么优缺点?

4.日程安排的原则是什么?

5.如何对大尺度的时间日程进行安排?

6.如何对中小尺度的时间日程进行安排?

【案例研究】

2017年上海国际影视节延长至十天

2017年上海国际影视节将于6月12—26日举行。其中,第23届上海电视节的举办日期为6月12—16日,第20届上海国际电影节的举办日期为6月17—26日。

据介绍,今年上海国际电影节的举办日期将从往年的9天增加到10天,进一步满足广大影迷和市民的观影需求。目前,电影节的各项筹备工作已在紧锣密鼓推进之中,参赛片、展映片的申报数量已超过去年同期。

每年,上海国际影视节收到来自海内外申报的纪录片作品超过900部,众多世界级纪录片导演曾经坐镇白玉兰奖和金爵奖的纪录片单元评委席,也直接推动了大批优秀纪录片作品从上海国际影视节的平台上脱颖而出。

(资料来源:解敏.上海国际影视节"定档"6月中下旬　电影节"加映"延长至十天[EB/OL])

讨论问题:

1.为什么2017年上海国际影视节需要延长1天?

2.请分析上海国际影视节延长时间对其日程安排的影响。

3.如果你是2017年上海国际影视节策划者,你会安排什么有意义且有特色的活动内容?

【开阔视野】

标准操作流程——SOP介绍

SOP,Standard Operation Procedure,即标准作业流程,也译为标准操作规范、标准操作程序等,其内涵是将某一事件的标准操作步骤及要求以统一的格式呈现出来,从而规范并指导日常工作的开展。简单来说,SOP就是工作流程的标准化。每个人的日常生活都存在各种各样的 SOP，例如去医院看病、在网络上购物、存取快递等，每一件事情都有一个严格的流程。

一、SOP 的由来

在作坊手工业时代，一件产品的制作往往工序少、分工粗，甚至缺乏分工仅由一人独立完成，这和当时的生产力环境是密切相关的。自工业革命以来，在两百余年的时间里，生产力的飞速提高造就了繁荣的工业文明，产品种类日益丰富、生产规模不断提高，生产分工逐渐明细、工序管理更加困难，必须以作业指导书的形式对生产工序的操作步骤和操作方法进行统一。在这样规模化生产的背景下，SOP 孕育而生，它以文字的形式记录下每一步的操作过程，比传统的口头传授更为准确和可靠。

二、SOP 的作用

（一）技术和经验的积累

SOP 对企业积累下来的技术、经验以标准的格式进行了记载，以此为基础进行复制和传播，每位在职员工和新入职员工都依靠既有规范程序执行，有利于降低工作难度、高效率完成工作，也能避免因人员的流动而导致技术和经验的流失。

（二）快速培训新员工

企业新入职员工，都面临在最短的时间内尽快适应岗位的难题。一个统一的标准操作流程有助于新入职员工对岗位职责一目了然，上级主管进行指导和教授也有本可参，而且最重要的是可以保证不同的新入职员工可以达到同一基本质量水平。

（三）倒追疏漏产生的原因

当所有的员工都基于 SOP 进行操作时，工作流程一旦出现问题就可以立刻倒追溯源，从而发现问题出现的疏漏点在哪里、疏漏的相关责任人是谁、疏漏产生的原因是什么，从而有针对性地对问题进行处理和修正。

三、SOP 的编制步骤

第一，对不同岗位工作相应的主流程图进行制作，基于主流程图再制作子流程图，并依据每一具体的子流程制作相应的程序。针对所有的程序，进行分析是否需要编制 SOP，以及 SOP 编制的起始。

第二，把需要编制 SOP 的程序的相应执行步骤罗列出来，通常按照时间的先后顺序对其步骤进行划分。对于执行步骤的制订，需要编制人员和执行人员进行详细的沟通，以确定相应的节点。

第三，在子程序执行步骤明确的基础上，开始制订 SOP。通常，每个企业都会有自己固定的模板（如是初订，则需另外设计模板）。编制的内容可以是文字描述，也可以用图片加以详细说明，其目的都是明白、清晰、准确地进行表达。

第四，对 SOP 的执行。正如 ISO 质量管理体系所言："写你所做，做你所写。"SOP 的执行可以先在一定的范围内进行试行，通过收集执行人员的意见进行修正之后再全面推广。

第五，SOP 的执行不能走向形式主义、本本主义，要在时代和技术变化的背景下，要在消费者要求不断个性化的背景下，定期对 SOP 进行必要的修订。当然，多长时间对 SOP 进行修订，要根据执行人员和顾客的反馈进行研究。

四、SOP 的基本内容

（1）标题。包括：名称、编号、负责人、服务单位或对象、执行单位、执行代码、执行时间、执行人员资质、标准耗时、适用范围等。

（2）内容。包括：主旨、目的、设备、操作及耗时标准、质量标准、定期绩效考核等。

［资料来源：钟朱炎.标准操作规范——SOP 介绍（一）［J］.中国护理管理,2010（2）.

钟朱炎.标准操作规范——SOP 介绍（二）［J］.中国护理管理,2010（3）］

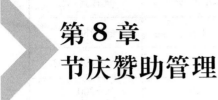

第8章
节庆赞助管理

【学习目标】

通过学习本章,学生应该能够:

理解:节庆赞助的概念、种类及意义

熟悉:节庆赞助的主要流程和内容

　　　　影响节庆赞助商赞助的因素

掌握:选择适合节庆赞助商的步骤

　　　　节庆赞助建议书的编制要点

【关键术语】

节庆赞助　体育赛事活动赞助　慈善活动赞助　庆典活动赞助　艺术活动赞助
娱乐活动赞助　精准营销　赞助建议书

【开篇案例】

"银七星"滑雪场赞助师大旅游节

小丁是师大旅游学院学生会主席。每年一届面向师大全校学生的旅游节是学生会的重头工作之一。每年的四、五月份是他们最忙的时候。

2005 年的旅游节又开始筹划了。今年,小丁他们设计了一个"夏之雪——银七星滑雪"的活动。滑雪是近年来非常流行的一项休闲运动,代表着时尚和健康的理念,受到很多年轻人的喜爱。他们策划的活动方案是:组织学生以团队形式,周三下午赴"银七星室内滑雪场"滑雪。安排专车接送。但却碰到了经费问题:一是门票票价比较贵(见表8.1),可能会影响大学生参加活动的积极性;二是包车费用,从学校到滑雪场来回一次的报价是 500 元,超出原定 300 元的活动预算。

在此情况下,小丁他们想,能不能请滑雪场提供便宜的票价并给予学生会一定的赞助。在没有任何熟人引荐的情况下,他们直接拿起电话与滑雪场销售部联系。让小丁他们喜出望外的是,银七星滑雪场非常乐意与学生们合作。原来,滑雪场正在推行大学生市场的宣传推广营销计划。小丁的建议引起了滑雪场的浓厚兴趣。小丁和他的小伙伴们大受鼓舞,立即与销售部约定了面谈的时间,并上门洽谈。

表8.1　滑雪票价　　　　　　　　（法定节日、专场除外）

票　种		一小时/元	二小时/元	无限时/元
平日票	儿童	80	120	180
	成人	98	138	198
周日票	儿童	100	140	200
	成人	118	158	218
周末夜场票(周五、周六) (19:00—凌晨1:00)				125
各高校代理学生票价				98元/3小时

为使面谈取得预期的结果,他们进行了充分的事前准备,撰写了有关师大和旅游学院及其旅游节的情况介绍,包括:①简述师大和旅游学院的情况,如学校规模、学生人数等。②介绍"旅游节"的情况,包括规模(参与面、覆盖面)、历届开展情况、在学生中的影响力等。③提供完整的"旅游节"策划书。

他们同时也分析了滑雪场赞助旅游节活动的目的:推广滑雪场的形象,从而吸引更多大学生参与滑雪活动中去;借助旅游节的宣传优势来提升滑雪场的知名度,最终获得经济利益。在了解分析了赞助商"银七星滑雪场"的需求、目标与期望的基础上,小丁拟订了一份《赞助建议书》,并且努力将建议书的内容与滑雪场的需求和期望相匹配,着力宣传此次赞助将为滑雪场带来的种种收益。

经过双方讨论后,滑雪场除了给小丁他们一个非常实惠的价格,并且滑雪票有效期可以延续至暑假,此外,还提供了一定金额的活动费用以及一系列免费的滑雪票和礼品。

经过来回几次商讨后,小丁负责起草《合作协议》,经双方确认后,由双方负责人签名盖章,一式两份,各自保管。

至此,小丁他们的赞助工作完成了关键的一步。接下来的工作一切顺利,双方按照协议规定的权利和义务履行职责,最终使参与银七星滑雪活动的各方皆大欢喜——学生玩得开心,主办方小丁他们活动取得了成功,银七星完成了市场推广计划。

通过这个案例可以看出,一般节庆活动赞助的流程包括:

①策划一个有吸引力的活动。

②寻找合适的赞助商。

③进行节庆活动的宣传。

④以赞助建议书为基础与赞助商面对面洽谈。

⑤对赞助方案进行落实。

⑥对赞助效果进行评估并总结。

8.1 节庆赞助的基本概念

早在公元前 65 年恺撒时期的角斗士比赛中就产生了人类历史上最早的赞助活动。在 14—17 世纪的欧洲文艺复兴时期，有不少赞助者支持画家、音乐家和发明家。然而，19 世纪以前的赞助行为更确切地应该称为"资助"，主要出于投资人的个人兴趣，而不是公司的商业行为，且没有大众媒体涉及其中。直到 19 世纪工业革命，才产生了现代意义上的赞助活动。

节事活动大量人群的集聚性、参与性、狂欢性一方面满足了参与者们文化消费的需求；另一方面也正在逐渐被企业关注，成为企业活动营销的重要载体。企业通过赞助节事活动达到其宣传品牌和产品，提高消费者知晓度和忠诚度的市场营销宣传目的。

对节事活动来说，由于它的运作模式特点，企业赞助是它的主要资金收入来源。兴办一个人民群众喜闻乐见的节事活动，将会吸引广大的参与者，而众多的参与者将吸引赞助商，赞助商的资金支持使节事活动可以办得更好，进而吸引更多的参与者；更多的参与者又会吸引更多的赞助商，更多的赞助商将使节事活动办得更好，这样就形成了一个良性市场循环，节事活动就会越办越好。

8.1.1 什么是赞助

现代赞助有 3 个特点：第一，企业有推销剩余产品的需求；第二，有大众媒体可以宣传；第三，有大众参与的节事活动。19 世纪工业革命和大众媒体产生了大量的有剩余的产品，企业需要与竞争者把这些产品卖出，从而产生了以商业利益为目的的现代赞助活动。

20 世纪 60 年代，赞助已逐渐开始注入"双赢"的商业本质，而非最初"慈善捐赠"的概念。自 1981 年由英国赞助专家 Victor Head 首创赞助战略以来，赞助这一独特的商业手段已逐渐发展成一种系统的科学方法，具备明确的战略目标、战略布局和战术手段，需要科学的预测和决策以及周密的计划和安排[①]。虽然目前国内外对此概念尚无统一标准的界定，但比较有代表性的是 Gardner 和 Shuman 将赞助定义为一种对事件的投资，并以此来获得企业目标（如提升公司形象）或市场营销的目标（如增强品牌认知度）[②]。Meenaghan 认为："赞助是指以现金或以货代款的形式进行的投资行为，该行为追求与赞助活动相关的一切可以利用的商业机会和权利。"Sandler（美国）提出："赞助是企业提供资源（金钱、人员、设备及技术等），以利组织执行各项活动，并换取企业与该项活动的直接关系，以达到企业营销目标或媒体目标。"[③]

结合节庆的概念，节庆赞助（Event Sponsorship）可以定义为：用现金或者实物支付给一

---

① 高菲.企业体育赞助评估研究[D].北京：对外经济贸易大学，2006.

② Gardner, Meryl Paula and Philip Joel Shuman. Sponsorship: An Important Component of the Promotions Mix [J]. Journal of Advertising, 1987(16):11-17.

③ 赵鲁南,丁元英.关于发展我国体育赞助业的研究[J].安徽体育科技,2004(s1):13-16.

个活动(如体育、艺术、娱乐或者公益活动),以求获得该活动所蕴含的潜在的商业利益作为回报。也就是说,赞助对一个节事活动来讲是一个资金筹措或获取的过程。通过企业的赞助,节事活动主办方获得举办活动所需要的资金。如果运作得好,主办方扣减掉节事活动所需要的成本费用后,还可以得到经营利润,这是一些专业节事活动公司生存及发展的基础。另外对赞助商来说,赞助不是赞助方对活动方单方面的恩惠,而是需要节事活动本身蕴含的商业利益作为回报的。因此,赞助是一个"双赢"的过程,是一种对等的交易行为。

8.1.2 赞助的种类

从事节事管理和节事旅游研究的加拿大卡尔加里大学 Getz.D 教授认为按种类划分,节事活动主要可以分为体育活动、艺术活动、文化娱乐活动、慈善活动、会议和展览活动、节日庆典活动等。节事活动是赞助工作的载体,对应的,节庆赞助的种类也主要可以分为体育赛事赞助、艺术活动赞助、文化娱乐活动赞助、慈善活动赞助、节日庆典活动赞助等。

1) 体育赛事赞助

体育运动不仅是社会公众所感兴趣的热点,也是各大新闻媒体所热衷报道的对象。由于体育赛事活动具有高度的群众聚集性和参与兴奋性,因此是企业进行品牌宣传的最佳时机和场合。体育赛事赞助正成为最具魅力和最受企业欢迎的一种赞助活动形式。

【案例启迪】

国际奥委会的全球合作伙伴计划

该计划是由国际奥委会直接负责谈判和管理,每4年为一个周期,每个周期含一届冬季奥运会和一届夏季奥运会。加入该计划的企业将获得"奥林匹克全球合作伙伴"的荣誉称号,也因此获得了在全球范围内使用奥林匹克知识产权、开展市场营销等权利及相关的一整套权益回报。

2008年北京奥运会有5种赞助类型和规格:首先是"北京2008年奥运会全球合作伙伴",包括可口可乐、Atos Origin、通用、强生、柯达、联想、Manulife、麦当劳、OMEGA、松下电器、三星、VISA 这样一些大型跨国企业;其次为"北京2008年奥运会合作伙伴",如中国银行、中国网通、中国石化、中国石油、中国移动通信、大众汽车、阿迪达斯、强生、中国国际航空、中国人保财险、国家电网;另有"北京2008年奥运会赞助商""北京2008年奥运会供应商"。

(资料来源:腾讯网)

2) 艺术活动赞助

赞助企业对具有一定艺术品位的展览、画廊的赞助,体现了赞助企业的艺术品位及对艺术界的支持。赞助高雅艺术除了能提高企业的社会形象外,比较重要的是当某些企业的客户群为高端人群时,这是一个去接触高端人群的比较有效的渠道。在这个时候艺术对社会身份区别的优势就体现了出来,企业可以稳定地锁住这部分人群。另外,在赞助商的重要客户里,很多人可能已经开始做艺术品投资,他们本身就是艺术品的需求者,赞助艺术可以获得和客户有更多的共同语言和面对面交流的机会,提高客户的忠诚度。当然也有不少大品牌考虑赞助艺术活动的出发点是为了体现自己企业的文化形象。

【案例启迪】

上海双年展

2008 年年初,瑞士私人银行"嘉盛莱宝(Bank Sarasin & Co.Ltd)"将对自 2008 年(第七届)到 2016 年(第十一届)上海双年展提供定额资金赞助,以支付未来 5 届上海双年展预算中政府拨款不足的部分。作为回报,上海美术馆在双年展的图录中注明"嘉盛莱宝"为合作伙伴。同时,这个赞助善举也给"嘉盛莱宝"带来了曝光率。

"嘉盛莱宝"选择上海双年展作为合作对象,基于两点考虑:其一,这是中国最重要的艺术事件之一,而艺术是塑造"嘉盛莱宝"的品牌形象最好的媒介;其二,上海双年展从 1996 年创办以来,"嘉盛莱宝"对其经过多年的跟踪观察与分析,认为上海双年展是促进中国与世界不同文化的国际交流非常好的催化剂。过去 6 届上海双年展展示的艺术家作品的创新性、多样性及其对社会公众的影响都很出色。"我们看好上海双年展,确信其会成为全球领先的展览、国际当代艺术的标杆。与上海美术馆的合作——赞助上海双年展,可以扩大我们的影响,找到机会与内地意见领袖形成稳定的联系,树立并推广我们的品牌。"

(资料来源:新浪财经)

3)文化娱乐活动赞助

文化娱乐活动包括电影、电视、主题公园、巡回音乐会及其他一些吸引人的娱乐活动。这些娱乐活动由于广大群众的喜闻乐见的特点,可以吸引赞助商前来赞助。赞助商借助娱乐活动有价值的文化内涵,一方面提高人们的文化生活水平;另一方面也提升企业的形象,加深消费者对企业或品牌的好感。如迪士尼乐园和迪士尼世界的众多游乐活动便是由一些大企业赞助的。

【案例启迪】

西门子与迪士尼的合作

2005 年,西门子和迪士尼签署了 12 年的战略同盟合作协议。这两家分别是在家庭娱乐领域和技术领域的世界巨头公司,就继续发展和拓宽双方在将技术应用到迪士尼的娱乐项目及其他方面达成合作协议。这是一个双赢的合作。合作包括了西门子在迪士尼进行市场营销和促销的权利;在佛罗里达和加利福尼亚的迪士尼度假村对西门子产品和服务特色的促销展示。对迪士尼来说,获得了西门子对园内的一些活动的赞助,包括将西门子的新技术应用到迪士尼,为客人创造良好的体验。而西门子则获得了通过与快乐的活动相关联的有趣而令人印象深刻的方式,在消费者中建立了西门子良好的企业品牌创新的形象。

(资料来源:资料根据网络信息整合)

4) 慈善活动赞助

通过赞助慈善公益事业,可以为企业树立起关心社会公益的良好社会责任形象,进而提升企业及所属品牌的美誉度。据美国 IEG 的调查,在被调查的对象中,有84%的美国人表示,他们愿意购买赞助过他们所关心的慈善公益活动的企业品牌产品。因此,赞助慈善活动的企业,不仅很好地履行了自己的社会责任,也取得了企业的潜在或未来的经济效益。

【案例启迪】

中智慈善健康跑

从2006年开始,每年初夏时节的某个周日,中智慈善健康跑都会在上海浦东世纪公园举行。在4年间,参加到中智慈善跑行列中来的有近20 000人次。在活动筹备与组织方面给予协助的国内外知名企业有30多家,累计4届慈善跑活动,共筹集善款近200万元,全部捐赠给上海慈善基金会,用于帮助陷于困境的少年儿童。在公众心目中,连续4届的中智慈善健康跑,打造了一个上海白领爱心平台,每年活动都能吸引50余家国内及沪上主要媒体参与报道,累计发稿200多篇。此项活动还获得上海市公关协会颁发的年度公关项目银奖。

(资料来源:中智视野)

5) 节日庆典活动赞助

在当今竞争激烈的市场营销领域,随着产品同质化现象的日趋严重,仅仅通过常规的品牌传播方式,已经很难达到迅速提升品牌知名度和美誉度的双重目的。因此,许多企业把目光聚焦到了某个节庆活动的赞助形式。通过节庆活动群众的大量聚集性、互动性和兴奋性,通过体验营销的方式,可以快速地在消费者中建立起企业的知晓度,乃至美誉度。

8.1.3 赞助的好处

目前,节庆活动作为一种营销手段,越来越受到企业的青睐。企业通过所赞助的节事活动作为载体,借用社会关注焦点,吸引媒体的报道和消费者的参与,进而达到宣传其企业或者产品,提升消费者对企业或其产品的认知度、好感度、忠诚度和购买力的目的。

节庆活动营销不但是集广告、促销、公关、推广等一体的营销手段,也是在传统营销之上的全新营销模式,它比传统营销模式更能有效地为企业带来效益。

1) 节庆活动比传统媒体的宣传效益更好

消费者对媒体的纯商业性广告存有抵触情绪。他们怀疑广告的可信度,并且电视、电台频繁插播广告,报纸杂志充斥厚重的广告页实质上是受众收看收听电视电台节目、阅读报纸杂志的干扰和杂音,使受众观看电视、收听电台节目或者阅读报纸杂志的体验遭受破坏。受众对广告一般持不喜欢的态度,这就影响了媒体广告的宣传效果,且在传统媒体上投放广告的成本越来越高,降低了广告的宣传效益。

通过赞助节庆活动进行宣传,能够在可信度上和骚扰受众这两点上得到改善。首先,能够赞助一项大型的节庆活动,本身就是对企业信度的一种证明。一些不太知名的企业通过赞助知名的节庆活动可以提高企业知名度。受众因为一家企业赞助了一项节庆活动而认知了该企业,同时因为企业出资帮助了自己喜欢的节庆活动而对该企业心存好感。其次,节庆活动对赞助商的宣传方式是融入活动中的,可以不骚扰或少骚扰观众,同时又让观众时时可以耳濡目染到赞助企业的各种宣传媒介。如活动冠名、表演舞台背景板的企业标志、提供比赛或活动的设施物品、提供比赛奖品奖金等。这种宣传既不打扰受众,还将宣传的商业气息降低,容易为受众接受。

2)节庆活动比传统媒体的宣传可达性更高

由于受媒体播放时间的限制,广告必须在很短的时间内完成基本的传播任务。电视、电台的广告所传播的信息转瞬即逝,即使是报纸杂志广告,消费者也一扫而过,要想在短短几秒钟内把广告所要表达的信息全部传达到位不是件容易的事。

节庆活动对赞助商的宣传方式可以提高受众可达性。节庆活动的特点是在集中的时间地点,聚集大量的人群。一个好的节庆活动可以在短短的几天或几周时间内,在一个相对集中的地方(包括收看电视机)集聚成千上万的参与者,而在相对集中的时间地点对集中的人群做广告宣传是其他媒体宣传无法做到的。与转瞬即逝的传统媒体广告时间相比,节庆活动的受众有较长时间与赞助企业的宣传媒介接触,特别是在节庆活动的现场对赞助商的宣传。各种有赞助企业标志的设施场所在活动期间能够持续给予受众一定影响。

此外,赞助大型节庆活动,赞助商可以到活动现场与消费者及潜在消费者进行近距离面对面的沟通,了解他们的需求,进行面对面的精准营销(Narrowcasting)。这是传统营销无法做到的。

3)活动营销能带来值得回忆的"体验"

赞助商利用节庆活动进行营销的优势不仅可以在一个集中的地方,在较短的时期内接触到企业目标市场的大量聚集的人群,对这些聚集的人群进行高效率的宣传,而且受众是在各种文娱体育活动的极度快乐兴奋的环境中,以愉快的感官体验,耳濡目染、无意识地接受了赞助商企业的宣传。根据广告心理学的理论,一个人在精神饱满时,最容易对新鲜事物产生兴趣并予以接受,即伴随着快乐的气氛接受的信息往往也容易被友好地接受,并因其延续性的快乐回忆而长久地存在,而且企业赞助一些有益的文化体育活动本身也对企业树立良好的负责任的社会形象非常有效。

基于以上的原因,越来越多的企业更愿意将市场宣传和推广费用用于那些能够吸引和集聚企业所关注的消费群体参加的节庆活动。通过赞助节庆活动来进行宣传,有其无法替代的优越性。

8.2 赞助商的选择

节庆活动赞助工作主要就是为节庆活动寻找合适的赞助商,将活动赞助的计划卖给这些赞助商,赞助商给予节庆活动主办方现金和(或)实物用以开展活动。当然,赞助不是"捐赠",而是一项"双赢"的商业行为,赞助商选择节庆活动项目必然是出于企业商业利益考虑的。

8.2.1 影响赞助商赞助的因素

国际权威赞助机构 IEG(International Event Group)采用 10 分制为企业赞助目的重要性评分,"1 分"表示"根本不重要","10 分"表示"十分重要"。根据 2015 年度赞助报告显示,获得"9 分"和"10 分"的企业赞助目的如图 8.1 所示。

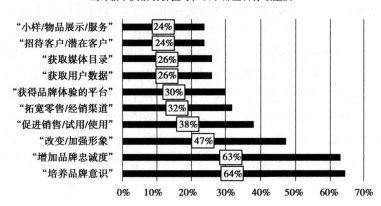

当评估节庆活动价值时,以下哪些目标最重要

图 8.1　企业赞助目的的重要性

(数据来源:IEG/ESP 集团 2015 赞助决策者调研)

具体而言,赞助商赞助一项节庆活动,可以为赞助企业带来哪些利益呢?

(1)提供曝光机会,增加企业知名度

由于节庆活动的公众参与度和关注度比较高,与节庆活动相关联的企业和产品会一同受到公众的关注。因此,为一个不知名企业建立认知度,或在一个新的市场获得知名度,或一个新产品要投放市场时,赞助节庆活动是一个集中轰炸式营销宣传的有效方法之一。

【案例启迪】

汉城奥运会和维萨卡(VISA)

1985 年维萨已经在全球范围内建立了 3 倍于美国运通卡的接纳网点,但却没有与美国运通卡一样的名声。维萨想成为高消费的公司卡,而且希望着重传播自己的强项,在全球被广泛接纳。为此维萨想建立一个国际性的整合营销计划,让它在全球 150 个国家的 2 万个成员银行都可以使用。国际奥委会指定的奥林匹克标志销售代理机构国际体育娱乐公司(ISL)的高级职员给维萨卡主管营销的副总裁打了一个电话,向其推销国际奥委会的 TOP 计划(奥林匹克伙伴计划)。当时这位副总裁对 ISL 的提议并不热情。但是,ISL 选择的接触时机非常好。

维萨的广告代理商公司看到了和奥运会结伴所具有的市场潜力,他们设计并发起了一部广告宣传片,宣传片结束时的广告语是:"带上你的维萨卡,因为奥运会不接受美国运通卡。"维萨主管营销副总裁在经历了开始阶段的担忧之后,很快认识到"奥运会将是接受维萨卡而非美国运通卡的最大商家"。当时美国运通为 1984 年洛杉矶奥运会支付的赞助费用是 400 万美元,而维萨要成为 TOP 伙伴,需要支付 1 450 万美元。尽管他们获得的权利包括冬季奥运会和夏季奥运会,但这个价格还是让董事会有些犹豫。最终,公司高级营销副总裁向董事会汇报说,维萨将"把刀锋钉在美国运通卡的肋骨上",虽然听起来很残忍,但却很有说服力,董事会终于同意了这一投资。

维萨的高级营销副总裁事后回忆道:"1988 年汉城奥运会把我们推上了全球舞台,让我们获得了成吨的信誉和声望。我们是参赛选手之一,而美国运通卡丢掉了控球权。"

对于维萨来说,回报是显而易见的。在它赞助奥运会的前 3 年时间里,维萨卡的全球签发数量上升了 18%,而它原本的预期是 12%。当他们在寻求直接效应的广告和其他促销活动中使用奥林匹克标志的时候,产生的效应比平时高出 17%。知道维萨赞助奥运会的消费者,对于维萨具有了更好的看法,认为维萨是一家良好公司的比例翻了一番;认为维萨卡是最好的信用卡以及最适合国际旅行的受众比例,上升了 50%。

从 1992 年起,维萨自己进行的市场调查显示,认为维萨卡是最佳信用卡的顾客比例,由 40% 提高到 63%,维萨卡的市场份额也由 40% 升高到 53%。

美国运通卡为他们当初错过奥运会这次机遇后悔不已。他们承认失去这次和奥运会合作的机会,是最大的错误之一。媒体也认同这种说法,称此为"历史上最大的营销失误"。

(资料来源:麦克尔·佩恩.奥林匹克大逆转[M].郭先春,译.北京:学林出版社,2005)

(2)宣传企业形象,增加企业美誉度

节庆活动往往是人们喜闻乐见的文化活动,与这种活动相关联的企业往往也会获得参与这些活动的人们的好感,特别是慈善公益活动。企业可以通过赞助节事活动来提高自身的美誉度,塑造企业的良好公众形象,可以在众多的竞争企业中脱颖而出,也可以在企业遭遇信任或形象危机时,改善企业的公众形象。赞助公益活动往往成为企业危机公关的重要手段。

【案例启迪】

加拿大石油公司的"形象塑造"

1988 年加拿大卡尔加里冬奥会组织了一个火炬接力活动,他们认为这将创造一个全国一体的精神风貌。他们推出一个行动计划,发动全国国民推举火炬接力手。他们一共向所有加拿大家庭发放了 1 700 万份推荐表格,这是加拿大历史上最大规模的邮政行为。

一共有 6 525 个接力名额,但最终回收的推荐表格统计结果,共有 662 万多人被推荐。这次火炬接力由加拿大石油公司赞助,当时加拿大政府正推出新的国家能源计划,被反对者认为是"一号公敌"。但是赞助火炬接力成为转折点,加拿大石油公司利用火炬接力巡遍全国的机会,赢得了难以估量的印象分,同时售出了 5 500 万副纪念眼镜,所得利润被用来成立了一个奖学金基金。这成为有史以来最为成功的赞助营销项目之一,使加拿大石油公司在公众眼中的形象得到了改善。

(资料来源:麦克尔·佩恩.奥林匹克大逆转[M].郭先春,译.北京:学林出版社,2005)

(3)进行精准营销,提高营销有效性

由于一些活动具有一定的专门性,例如,针对儿童的活动,有时候还有他们家长的欢乐聚集,给生产和销售儿童产品的企业提供了一个很好的宣传机会;歌星演唱会,大量青年人的狂热聚集,适应年轻人的各种商品,如电信产品、运动产品、饮料等的供应商就有了大好的促销机会;赛车活动,对汽车及相关产品的供应商是好机会;等等。因为节事活动的专门特色,聚集来了兴趣爱好相同的大量人群,使得企业可以在一个相对集中的地点和时间,方便找寻到一批自己的目标客户群,对其进行宣传促销。与其他广告宣传手段相比,其宣传的到达率和匹配度很高。这是节事活动最有优势的地方,其他广告宣传手段无法做到。

【案例启迪】

2006 年 PATA 年会(泰国芭堤雅)

亚太旅游协会(PATA)成立于 1952 年,是亚太地区旅游行业组织,目前总部设在马来西亚。PATA 在世界各地有 30 多个分会。PATA 的会员为亚太地区近 80 家国家或地区的政府旅游机构、省市一级旅游部门,40 家航空公司和游轮公司,以及数百家旅游企业和数千名旅游专业人士。亚太旅游协会(PATA)的职责在于促进亚太地区旅行与旅游业的持续发展。借助与官方及民间旅游机构的伙伴关系,不断推动亚太地区旅行与旅游业的可持续增长、旅游业价值和品质的提升。

在 2008 年之前,PATA 每年都在亚太地区不同的城市召开协会年会,以交流旅游业的发展信息和趋势,探讨旅游业新的思想和理念,建立旅游行业各界人士人际网络。2006 年的 PATA 年会在泰国旅游城市芭堤雅举行。与会者为 PATA 的会员组织代表,共有 1 000 多名。来自亚太地区旅游行业的各国政府旅游部门、各地旅游协会、旅游企业包括交通、景区、酒店、旅行社、邮轮、在线旅游企业、咨询公司、会展、媒体、金融机构及旅游教育机构等。

2006 年 PATA 年会的参与者虽然只有 1 000 多人,但仔细分析这一参与者群体,可以知道他们是亚太地区旅游业界的代表人物,这就是这一人群鲜明的人口统计特征,他们对自己当地的旅游业有着不同方面的影响力。这种背景对各种以旅游业为目标市场的旅游企业及相关的非旅游企业都是有吸引力的。

2006 年 PATA 年会的赞助商有泰国及芭堤雅当地的食宿行游购娱的企业、亚太地区旅游目的地城市、旅游媒体等。泰国航空赞助了与会者代表的打折机票,芭堤雅当地的诸多酒店提供了与会者相当便宜的打折房价,芭堤雅当地的一些景点和娱乐机构提供了与会者在会议期间的免费参观活动,商场也提供了优惠购物券等。这对代表是一种优惠,对泰国旅游业是一种促销宣传,对会议来说,提高了会议的质量。

会议期间 3 天的午餐和欢迎晚宴分别由几家大的旅游机构赞助,它们是澳门旅游局、TRAVEL AND LIVING 电视频道、巴厘岛旅游局、芭堤雅旅游局。此外,会议还提供了与会者免费上网服务,而这个服务由旅游媒体 TTG 提供赞助。会议期间泰国旅游局提供了泰国文化节活动,这个活动既丰富了会议的内容,使与会代表提高了会议体验,又宣传了泰国的文化及旅游项目。VISA 卡作为传统旅行的金融支付供应商,是 PATA 年会的长期战略合作伙伴。

（资料来源:杨荫稚,夏颖.节事活动赞助[M].北京:中国旅游出版社,2015)

在这里,我们注意到赞助商类型和受众类型的匹配关系,由于这些受众不是简单的旅游最终消费者,而是各国各地的旅游策划者和组织者、旅游产品的经销商和旅游政策的制定者等,因此,对这 1 000 人的营销意味着对他们身后的各国各地成千上万旅游者的营销。相当于是对旅游产品分销商的营销,鉴于此,虽然 1 000 人看起来不多,但由于他们的专业性强,因此,一些精明的赞助商会选择这种专业性活动进行赞助。可以说,PATA 年会提供了相关的企业一个精准营销的好机会。

(4)直接现场销售,提高产品销售量

由于节事活动的人群集聚度高,人流密集,因此,在现场进行设摊销售,除了有品牌的曝光度,还可以取得较高的销售量,如节事活动现场的饮料和食品等。还有的赞助商在节事活动现场向观众发放企业的优惠券、代金券,以吸引观众到赞助商的商店中去消费,提高销售量。如大学周边的各类针对大学生的餐饮、娱乐、美容美发等商店,经常赞助学校中的各种学生活动,他们采取这种方法也不失为一种比较有效的宣传促销手段。

(5)派发商品小样,现场接触消费者

企业在进行新产品营销活动时,利用节事活动的人群大量聚集,在活动现场派发产品小样,可以取得目标消费群针对性强,派发效率高的效果。如在女大学生较多的高校活动中派发化妆品小样,在青年人参与的演唱会派发饮料等。商品小样对收受者来说是一种馈赠,对企业来说是一种易被接受的企业或商品的宣传品。

(6)提供招待机会,奖励客户和员工

节事活动可能提供给赞助商参加节事活动的门票或优惠条件,也会举办酒会或宴请,而赞助商可以将其作为赠送给客户的奖励。除门票外,有的节事活动可以提供赞助商游行或比赛的处于有利位置的观看座位或包厢大棚等。赞助商可以将这些提供给自己的客户或者员工,以作为馈赠或奖励,加强与客户的情感联系,提高员工的企业向心力。

（7）其他

此外,节事活动举办的酒会或宴请不仅可以用以招待客户和员工,赞助商也可以通过参加这种只有 VIP 才可以参加的酒会或宴请,接触到平时没有机会接触的一些要人,或者企业的各种利益相关者。

8.2.2　如何选择合适的赞助商

为节庆活动找寻合适的赞助商是节庆活动顺利开展和参与者获得良好体验的重要保证。活动主办方可以通过剖析活动本身资源、特色和参与者人口统计特征及消费行为习惯明确赞助商所在的行业,再通过企业近期营销行动判断是否可能成为赞助合作伙伴。

可以通过以下步骤选择合适的赞助商:

1）节庆活动剖析

赞助商为什么要来投资,因为有他们喜欢的参与者;参与者为什么要来参加,因为有他们喜欢的活动。所以对目标赞助市场的分析要从节庆活动本身开始。

（1）主办方或组委会

有权威(如政府部门)或有影响力(如已经有品牌效应的活动)的主办方会有较多的资源,以保证活动的成功率。

（2）活动的宗旨

对举办者来说,举办活动通常都有其目的,也即宗旨。活动宗旨将会决定和指导该活动举办过程中的各项工作。如主题的确定、活动的取舍、宣传内容和方式等。活动的宗旨也将会对潜在赞助商产生影响,企业会考虑某节事活动是否与企业的战略方针及文化相合,来帮助他们进行是否赞助的抉择。

如爱丁堡国际艺术节的宗旨是:

①为尽可能多的观众演出最具国际化水准的节目。

②向来自苏格兰、英国其他地区和全世界的观众传递国际性的文化。

③通过与其他艺术表演和节庆组织的合作来鼓励公众参与艺术节。

（3）活动的时间、地点和内容

活动的时间、地点和内容是节庆活动的核心,也是举办者策划创意的成果,决定了一个节庆活动的质量,能否为观众所喜闻乐见,从而吸引广大群众前来参与。作为赞助市场分析,要通过对活动的分析,估计前来参加的观众的数量和质量。

（4）活动的特点

对活动的特点进行分析提炼。一切可以吸引观众、吸引赞助商的利好因素都要加以特别关注。这将可以在赞助工作的观众宣传和赞助商宣传等方面起到良好的宣传作用,如活动本身比较鲜明的特征、大学生为主体的、当时的政治经济环境、特殊的时间背景等。

2) 参与者人口统计分析

参与活动的观众才是赞助商真正关心的对象。通过对参与者全面细致的分析,对自己的产品有比较清楚的认识,才有可能向赞助商去销售赞助。观众剖析包括以下 3 个方面:

(1) 观众的人数

一般来讲,对于尚未开始的活动的人数的估计主要来源于该活动以前各届的情况。对于初次举办的活动,可以参照同类活动的群众的参与度。

(2) 参与者的人口统计信息

除了观众人数以外,很重要的参与者剖析的方面是参与者的各种结构,凡是会影响到参与者消费行为的人口结构都需要进行细分分析,如年龄、性别、职业、教育背景等。

(3) 参与者的主要消费品、消费理念和习惯

这些参与者日常必需的或感兴趣的消费品是什么? 他们的消费理念和习惯是什么? 通过分析,判断哪些类型的企业将会成为潜在赞助商。如大学生之于饮料、电信产品等,女大学生之于护肤品和化妆品等,儿童之于玩具等,老年人之于保健品,青年人之于户外旅游等。

3) 赞助企业定位

在分析了赞助市场后,活动主办方将大致掌握哪类企业会对活动参与者感兴趣,并不是所有的这类企业都有可能来赞助。一个很重要的考量因素是,他们目前是否有市场营销宣传计划。因此,获取企业是否有赞助需求是很重要的信息。以下是一些行之有效的办法:

(1) 目前正在通过其他方式进行广告宣传等

这说明该企业目前有市场营销计划。因此,企业在进行市场营销计划时,往往采取整合营销策略,即多种营销方式同时进行,如媒体新闻和广告、促销活动、网络宣传等,此时一个好的节事活动也往往成为企业市场整合营销策略的一个有效的组成部分。

(2) 赞助过同类活动

说明该企业有针对同类市场的营销计划,且对赞助营销比较能够接受。如赞助过 A 大学的学生文艺体育活动的社会教育培训机构,也有可能会赞助 B 大学的学生活动。因为作为大学有相同的统计特征的人群。

(3) 通过专业市场营销咨询公司

专业的市场营销咨询公司会承接一些目前正要进行营销宣传的客户项目,这些专业的市场营销咨询公司会为公司的客户策划市场营销方案,节事活动也许可以作为公司策划方案中的一个内容,提供合适的宣传方式。

(4) 已经赞助过本节事活动的企业

企业可能继续对已赞助过本节事活动拥有的市场人群感兴趣。如康师傅和雅漾化妆品在一段时期内一直是各种校园文化活动的赞助商。它们反复在校园的各种场合出现,使大

学生对它们非常熟悉。有的时候是推出新产品,有的时候就是纯粹的品牌宣传。

(5)通过赞助中介企业

赞助中介企业会提供一个平台,在这个平台上集中一些目前正在寻找合适的活动进行赞助宣传的企业。这是寻找赞助商的一个比较有效的方法,如美国的国际节事组织(IEG)、中国的中国赞助网上,都有为节事活动找赞助商的服务。企业可以为这个服务支付一定的费用,或者不需要付费。即使可能会支付一定的服务费用,也比自己去寻找赞助商要节省人力和物力。

一旦锁定了潜在赞助商,在与赞助商接洽合作事宜之前,还需要做好功课,即进行潜在赞助商研究。

对潜在赞助商研究的主要内容有:该公司的业务概况;该公司的经营哲学;购买和使用其产品/服务的顾客;该公司过去所赞助的活动类型;该公司有没有赞助经费;该公司做预算的时间;最近相关的媒体报道;该公司在企业形象、宣传推广、顾客关系方面的目标;该公司的广告策略;赞助决策者的姓名、职位、性别等。

8.3　赞助书撰写

按照赞助工作时间顺序,可以将赞助建议书分为两种:一种是在赞助工作前期,针对所有可能的潜在赞助商进行宣传用的赞助建议书,称为一般赞助建议书;另一种是在赞助工作有初步结果,已经有某些赞助商有了赞助意愿,在进一步洽谈时,需要专门编写为赞助商量身定制的赞助建议书,称为个性赞助建议书。两种建议书有不同的编制方法。

8.3.1　一般赞助建议书及编制要点

这种赞助建议书在赞助工作前期招商用。它主要是在赞助工作开始时,由活动主办方编制并广为散发,以期找到有赞助意向的赞助商。它的特点是内容全面,比较全面地介绍节事活动的各个方面,同时也列出所有的可以提供的赞助回馈方式。希望潜在赞助商能从中发现适合他们自己的内容。

1)一般赞助建议书的内容

(1)节庆活动的时间地点

简要告诉赞助商活动是哪种类型,有些什么具体的活动,有多大规模,以吸引潜在赞助商的注意,让他们了解节事活动,帮助赞助商来判断是不是值得投资。如在主街艺术节赞助建议书中,特别介绍主街艺术节有多少形式的艺术活动,以及来自全国各地的优秀艺术家和团体等;介绍主街艺术节作为一个非营利组织举办这个节事活动的社会责任使命等。

(2)本节庆活动的级别和荣誉

本节庆活动是全国性的节事活动、国际性的节事活动,还是获得国际国内奖项的节事活动,如主街艺术节曾获得地区和全国的各种突出的评选排名。告诉赞助商节事活动的品质是优良的,是受广大群众欢迎的,进一步推动潜在赞助商对本节事活动的认可。

(3)参与者的人口统计资料

这是最关键的内容,是每一份赞助书不可或缺的内容。赞助商之所以要赞助一个活动,是因为这个活动聚集了赞助商所需要的人群。人口资料包括总人数和人数各种特征的分类分析。这些人口统计资料对于赞助商来说是用来研究活动的人群是否与本企业的市场匹配的重要依据。一个没有人口统计分析资料的赞助建议书是不合格的建议书。

(4)已经成为本节庆活动的赞助商的介绍

这实际上也起到一个宣传作用,即节事活动是一个好的节事活动,是对赞助商有价值的节事活动,否则不会有那么多的赞助商来赞助。

2)赞助建议书的核心部分——赞助回馈方案

在一般赞助建议书中,要将所有可能提供的赞助回馈方案全部列出,让潜在赞助商从中发现并选择适合于他们公司的方案。赞助回馈方案含两个部分:赞助金额报价和提供给赞助商的宣传或服务。

例如,在某艺术节中,冠名赞助商赞助金额为 20 万美元,相应地,对赞助商的回馈主要有:保证在成千上万的参与者中使赞助商企业高度曝光,并且有 150 万户家庭通过广告和公共关系活动知道该赞助商。具体做法是:用企业名字命名艺术节。如“某某主街艺术节”;将企业 Logo 放在舞台背景上;在电视和广播中出现企业的形象;排他性(活动中不出现赞助企业竞争对手的宣传);在活动现场设摊派发商品小样;新闻媒体宣传企业;散发促销小册子;广告海报;网站宣传等。

赞助回馈方案可以是较高价格的,包含有较多回馈方式;也可以包含较少的回馈方式,但价格相对较低。设计多种规格的回馈方案可以适应各种不同诉求的赞助商的需要。在美国 NASCAR 的赞助商中,既有赞助金额成万上亿的大公司,也有赞助小额资金的小修车铺。

编制赞助建议书时,要注意一些细节,当企业有赞助意向时,要有方便的联系方法,在赞助建议书合适的地方,如在封面或结尾处写明联系人及联系方法。有的赞助建议书中直接附有反馈的赞助意向书,如果赞助建议书是放在节事活动官网上的,可以直接在网上填写赞助意向书并一键发出,这有助于尽快抓住潜在赞助商。此外,赞助建议书的文字书写忌冗长,要精练。在作文字介绍时,可以加入相应的图片,以帮助理解文字内容,更具可读性。排版要清晰,制作要精致。

8.3.2　定制化的赞助建议书及编制要点

在赞助销售过程中,已经发现有合作意向的潜在赞助商时,赞助建议书就必须是量身定制的赞助建议书了。为了更有效进行合作双方的沟通和推进合作洽谈进程,需要根据赞助商的情况,包括赞助商企业的目标市场和赞助需求,有针对性地编制赞助建议书。这份赞助建议书将再次递交给赞助商,作为进一步洽谈赞助事宜的基础。这种洽谈可能会来回反复沟通,各种款项进行不断修改,最后达成一致,形成最后的建议书,它也是最后签合同的文本基础。

定制化赞助建议书的编制,除了一般的赞助建议书所要求的对活动简要的介绍和对参与者的人口资料介绍以外,还有一些特点,主要原则就是——个性化和具体化。

(1)根据赞助商的需要简要介绍活动

让赞助商觉得节事活动与他有关系,是他所关注和感兴趣的活动。通过简短的介绍要将活动的优点和优势尽可能地描述出来。如定制化的美国国家樱桃节建议书,开篇就介绍它"被'旅行密歇根'评为密歇根州排名第一的节事活动,并且作为 USA today,private club, coast to coast 三本杂志所评出的国家最好的节事活动之一"。

(2)介绍满足赞助商目标消费市场的人口资料

对于某特定企业,在介绍人口统计资料时,会有特别的描述。例如,对赞助大学校园活动的化妆品企业,在赞助建议书中,会特别强调该大学学生人数及女生所占比例。又如,对赞助某音乐节的啤酒企业,在赞助建议书中,会特别强调其观众的中青年男性人数的比例等。

(3)提供满足赞助商需要的个性化的回馈形式

提供满足赞助商需要的个性化的回馈形式目的在于增加赞助商的曝光度和美誉度。如国家樱桃节为 PONTICA-GMC 公司提供"通过汽车巡展扩大 PONTICA 赠品的曝光, PONTICA 的纪念品销售代表也将随着头奖车辆到各种国家樱桃节的场地和学前教育活动地点进行宣传",以及"将在 open space park 为 PONTICA Aztek 或其他型号车辆提供展示区,为期 8 天"。这些都是为 PONTICA-GMC 公司量身定制的宣传方式。

(4)希望赞助提供的赞助形式和数量

赞助建议书除了写明活动为赞助商提供的各种回馈方式以外,同时也要写明赞助企业为活动提供的赞助内容和数量,可以是现金,也可以是实物。这些应该是与活动主办方提供给赞助商的回馈宣传方式及其宣传效力相对应和成正比。

(5)具体化,可操作性

在赞助建议书中提供给赞助商的回馈方式必须是明确具体的,且可操作。特别是在最后谈成的个性化的建议书中,所有的事项都应该是明确可操作的。能多具体就多具体,以使合作双方不会产生歧义。同时,也能在后续实施中,既方便实施者执行,也方便另一方监督。要强调具体的时间、数量、尺寸、次数、地点、如何做和谁负责做。

(6)文本要精致美观,尽可能少的文字和篇幅

制作的建议书文本要讲究,设计要美观。在说清事情的前提下,文字和篇幅越少越好。这样可以令赞助商容易阅读,愿意阅读。赞助建议书可以用 Word 文档或 PDF 文档呈现,也可以用 PPT 来制作赞助建议书,特别是在演讲时,PPT 有比较好的沟通效果。

复习思考题

1.节庆活动赞助有哪些主要环节以及如何实施?

2.请问如何理解 Cash and/or an in-kind fee paid to a property（typically in sports, arts, entertainment or causes）in return for access to the exploitable commercial potential associated with that property?

3.节庆赞助有哪些种类? 企业为何青睐通过赞助节事活动达成营销目标?

4.影响企业赞助的主要因素有哪些?

5.为节庆活动选择合适的赞助商有哪些步骤?

6.一般赞助建议书的内容及编写要点有哪些?

7.定制化的赞助建议书与一般赞助建议书有哪些区别?

【案例研究】

"使你的品牌做到最好"——波特兰玫瑰节吸引赞助商的理由

波特兰位于美国俄勒冈州西北部,为该州最大城市,是水、陆、空交通要地。波特兰湿润温和,是典型的地中海式气候,最适于种植玫瑰,素有玫瑰花城的美誉。

波特兰玫瑰节历史悠久,第一届玫瑰节于 1907 年成功举办。之后,一群商人正式组织了波特兰玫瑰节基金会,它是一个由专业人员组成的,专门为玫瑰节制订计划和筹集资金的非营利性民间组织。这个基金会完全自营,它的收入来源于社会赞助、合法的活动收入以及捐赠等。

在每年 5 月底到 6 月初玫瑰盛开的季节,波特兰玫瑰节会组织 60 个活动项目,为俄勒冈地区的家庭和个人呈上丰富的活动和节目。波特兰玫瑰节每年吸引 100 多万人前来,为俄勒冈州的经济产生 5 000 多万美元的收入。国际节庆及活动协会(IFEA)始终将波特兰玫瑰节排名为世界前 10。玫瑰节的花车巡游被《今日美国》列为全美第二大巡游和全美最佳巡游。有 80% 的参与者认为所有活动的质量为"优秀/高于平均水平"。

波特兰玫瑰节之所以创造巨大利润,与赞助商密不可分,赞助商之所以愿意投资玫瑰节主要源于玫瑰节能够为赞助商带来各种好处。

● Why Sponsor the Rose Festival?

- **Increase Your sales**—70% of attendees say they are more likely to purchase a product/service from a Rose Festival sponsor.
- **Develop Targeted Promotional Campaigns**—Work with the Rose Festival's dynamic, experienced marketing department to develop sophisticated, fun and creative print and radio promotional campaigns aligned with specific Rose Festival events.
- **Create Brand Awareness**—Increase your product's visibility both on-site and through ads on highly rated event broadcasts.
- **One-to-One Marketing**—Interact directly with thousands of customers and prospects.
- **Activate Consumers**—Distribute coupons, create sweepstakes or contests, etc. to maximize your return.
- **Sample Your Product**—Provide direct product interaction and education to a targeted group of consumers.
- **Build a Consumer Database**—Create integrated promotional elements for your campaign that provide demographic and buying behavior information about consumers.
- **Enjoy Rose Festival Hospitality**—Relax and have fun at top Rose Festival private events, network with Rose Festival constituents, receive premium tickets to the Rose Festival's largest events, and more.
- **Create Goodwill**—Enhance the community's perception of your company by partnering with the longest-running civic celebration in Portland.
- **Enhance Corporate Culture**—Involve employees in event activities to build enthusiasm, teamwork, and loyalty through volunteer opportunities and hospitality.

Sponsorship Opportunities
- **CityFair & RoZone Opportunities**
- **Parades Opportunities**
- **Advertising Kit**

(资料来源:波特兰玫瑰节官网)

讨论问题:

1.美国波特兰玫瑰节能为赞助商带来哪些好处?

2.请运用所学知识分析哪些类型的赞助商适合波特兰玫瑰节?

3.请结合上述案例尝试为波特兰玫瑰节编制一般赞助建议书。

【开阔视野】

第23届沃思堡主街赞助建议书

一、概况

(1)沃思堡主街艺术节是西南部最大的4天艺术和娱乐节。

(2)日期:2008年4月17—20日

（3）时间：

◆4 月 17 日星期四 上午 10 点至晚上 10 点；

◆4 月 18 日星期五和 4 月 19 日星期六 上午 10 点至晚上 11 点 30 分；

◆4 月 20 日星期日 上午 10 点至晚上 7 点。

（4）地点：沃思堡主街艺术节横跨沃思堡历史主街 9 个街区，从 Tarrant 县议会厅到沃思堡会议中心。

（5）特色：4 天从早到晚共有 200 个艺术家参加的 100 场演出，地点分布横跨 9 个街区的视觉艺术和文化娱乐。

（6）荣誉：第 56 届 IFEA 最高荣誉奖获得者；在全世界 3 000 多家 IFEA 会员中被评为最佳市场促销和宣传资料制作；获节事活动行业的最著名节事活动奖；第 10 届沃思堡主街艺术节被全球出版物"艺术节大全（ArtFair Source Book）"评为全国最佳艺术节；被哈里排名（The Harris List）艺术界标准排名目录，评为得克萨斯最佳艺术展和全美第 9；被美国公共汽车协会（American Bus Association）从 6 万个节事活动中评为前 100 最佳活动。

（7）参加者：每年平均参加人数达 40 万。几乎都是已婚者，大学学历，年龄为 36～50 岁，年收入为 5 万～7.5 万美元。基本上是专业人士，完整的资料可以另外提供。

（8）组织者：Downtown Fort Worth Initiatives, Inc. 非营利组织。

（9）费用：免费对公众开放。

（10）主要内容：从参选的 200 个艺术家的艺术作品中精心挑选，包括：制陶、油画、摄影、木雕、玻璃器皿、首饰和多媒体作品。3 个大型演出舞台，共有 300 个本城的、本地区的和全国的演出团体 4 天的演出。还有超过 25 种食品菜单，以及沙拉、特制啤酒、红酒和玛格丽塔酒（由墨西哥龙舌兰酒、酸橙或柠檬酒混合调制而成）。

（11）赞助商：Coors 电灯公司全程赞助。

◆官方指定赞助商：全美航空、美国银行、太阳舞广场、Target、WaMu、Witherspoon 广告和公共关系公司、星电报、NBC5、D 杂志。

◆广播赞助商：清晰频道。

◆支持赞助商：AT&T、Chase 银行、Chesapeake 能源公司、沃思堡可口可乐瓶装公司、星群新能源公司、Dallas-沃思堡专业音乐家协会、M&M 节庆、XTO 能源公司。

◆酒店赞助商：黑石酒店、Courtyard 酒店（万豪集团）、沃思堡希尔顿酒店、花园中心酒店、万丽 Worthington 酒店。

二、为什么要赞助主街艺术节

1.一个出色的节庆

每年 4 月，成千上万的人聚集到沃思堡镇市中心从县议会到会议中心的 9 个街区，参加沃思堡主街艺术节。200 多个艺术家、音乐家、舞蹈家、戏剧表演者、展商和餐厅参加的 4 天的活动使市中心街道充满了迷人的风光和音响。

2.有生命力的历史发展

在 20 世纪 80 年代早期，沃思堡市开始了市中心商务中央区的建设。每年一度的沃思堡主街艺术节成为沃思堡人们最喜欢的年度节庆活动。

3.沃思堡——牛仔和文化相遇

沃思堡拥有从牛仔到文化的一切。沃思堡市中心是全国公认的城市更新典范——将一个牛仔镇"Cowtown"改造成"WOWTOWN"——它正获得日益增加的消费者的认知及广泛的企业和居民认可。

4.沃思堡主街艺术节

主街艺术节是美国西南部最大的、免费的、持续4天的视觉艺术和娱乐演出的节事活动。主街艺术节已经成为美国一流的美术艺术节,并获得国际性的声誉和认可。主街艺术节被官方认为是在国内前13名的最好的美术节,得克萨斯州第1名的美术展览。美国汽车协会也将主街艺术节评为全国6万个节事活动中前100的节事活动。将其列为度假、团队旅游和会议计划者"必须看"的一个景点。它也被沃思堡居民和《/Dallas. D》杂志评为2003年Metroplex顶尖节事活动之一。

5.具有可靠的组织使命

主街艺术节的组织者Downtown Fort Worth Initiative,Inc.(DFWII)是一个非营利组织,它在很大程度上依靠个人和公司的贡献来保证主街艺术节活动的质量和多样性及对公众免费开放。

6.根据爱好选择作品

艺术爱好者能够选择各种创新和原创的艺术作品,包括雕刻、油画、摄影、木雕、玻璃作品、首饰、多媒体作品等。

7.热闹的娱乐节目

娱乐节目有超过100个不同的当地、区域和国家级的音乐节目,形式从摇滚到民间艺术到冷爵士和热辣的Tejano旋律。

8.社区和志愿者支持是出色的

在主街艺术节期间有1 500名志愿者参与4天的活动。因为主街艺术节对社区是一个免费的礼物,所以它将依赖于许多国家级大企业的慷慨贡献。

9.有受过良好教育和富裕的观众

研究表明,主街艺术节参与者中有42%年龄为36~50岁,61%的人年收入超过$50 000(其中,35%的人年收入超过$75 000)。

10.投资回报的证明

1999年由国际权威的赞助业组织IEG进行的一项调查显示:主街艺术节的观众忠诚度高于NASCAR和慈善营销活动。

三、关于主街艺术节的一些数据

参加人数:	431 000 人
收入:	$1 500 000
支出:	$1 200 000
净利润:	$300 000
总的印刷宣传资料量:	7 116 807 册
总的室外宣传量:	6 124 000 次
总的电视宣传量:	6 318 222 次

总的电台宣传量：	3 046 323 次

总的电台宣传量：　　　　　　　　　　　3 046 323 次

总的节事活动官网点击量：　　　　　　　1 074 994 次

总的主要网络电视宣传时间：　　　　　　94 min

公共关系宣传量：　　　　　　　　　　　4 282 165 次

赞助商的情况：

◆在太阳舞蹈广场舞台超过 200 名演员参加超过 33 h 的演出。

◆来自超过 35 个州的艺术家。

◆超过 67 h 的节事活动的搭建准备工作。

◆不到 6 h 的拆卸时间。

◆超过 4 914 h 的志愿者工作时间。

主要的成果：

◆对市区餐馆来说,是全年最好生意的周末。

◆对市区零售店来说,将增加人流量和收入。

◆改善与市长的关系(市长及夫人将出席募捐式)。

◆扩大与市政厅及官员的关系。

◆通过与社区企业领导人的良好沟通以提高赞助企业的形象。

四、赞助要点

1.营销要点

在节日期间和之间的一个月内,我们将给您展示您的企业和产品形象的机会,直接将这些宣传送到成千上万您的潜在消费者手中。我们发现创造一个围绕着您的产品的体验确实能对他们的家庭有影响力。取决您的赞助力度,您的公司可以从下列许多与节事活动相关的促销活动中得益。

◆在一个较大的区域里得到具有高人流量的位置。

◆派发小样和优惠券。

◆高可视度的标志。

◆招待的区域。

◆公司观看包厢。

◆在产品促销时用节事的 Logo。

◆零售/贸易的促销。

◆专有的停车位。

◆零售店的交叉促销。

2.人口统计

◆通过定位于沃思堡主街艺术节和观众目标市场,您将接触到各类观众。

◆这些艺术和音乐粉丝中 49% 为男性,51% 为女性。

◆42% 的观众年龄为 36~50 岁。

◆72% 的人说,他们将有意识地去购买那些参与社区节事活动的企业的产品。

◆超过 35% 的人年收入超过 $75 000。

◆54%的人是大学毕业教育程度。

◆49%的人是专业人士或在技术部门工作。

◆41%的人会重复来参加。

◆如果不是MainSt Fort Worth艺术节,34%的人会离开Fort Worth做别的事。

3.曝光

根据您投入的水平,您的广告信息在主街艺术节促销期间将会被曝光。我们将定位于那些喜欢艺术和音乐的家庭和年轻人。这个目标观众将会在动感的、独特的和投入的环境中看到您的信息,这将帮助销售您的产品。

◆印刷品促销。

◆电视现场直播。

◆有线电视直播。

◆广播直播。

◆网络。

◆宣传小册子。

◆在服装上印制相关宣传的东西。

◆海报。

◆活动指南。

◆在线广播。

五、赞助选项

1.冠名赞助($ 200 000,多年赞助)

DFWII提供了一个主街艺术节冠名赞助机会。通过赞助得克萨斯州最令人瞩目的主街艺术节,您可以享有最高水准的曝光。冠名赞助商每年都将得到面向数以千计的参加主街艺术节的资助人最高水平的曝光。此外,还可以通过广告和公关活动接触到150万户家庭。

"(赞助企业名称)沃思堡主街艺术节"

2.合作赞助商($ 125 000)

协办赞助商(Presenting Sponsor)每年都将获得面向数以千计的参加主街艺术节的资助人仅次于冠名赞助商的第二高曝光度的曝光。此外,还可以通过广告和公关活动接触到150万户家庭。

"沃思堡主街艺术节由赞助企业赞助(与Coors Light联合赞助)"

3.官方指定赞助商($ 37 500~$ 50 000)

作为沃思堡主街艺术节的官方指定产品或服务,您的产品名称将与我们的营销和促销活动紧密相连。在这个现金赞助方案中,指定赞助商品能够做到排他性,并且您的产品或服务将被冠以沃思堡主街艺术节"官方指定产品"或"官方指定服务"。赞助商也可以将其用于公司自己的营销和广告中。对投资于官方指定赞助方案的企业来说,官方指定是一种荣誉。

4.舞台赞助(已售)

著名的顶级演出现在越来越出色,沃思堡主街艺术节有3个主舞台能提供非常棒的曝光度。

5.MAIN ST. CREATES! Presenting赞助(已售)

MAIN ST. Creates! 是艺术节的一个亮点。赞助可以帮助您的公司与家庭成员及他们的朋友进行积极的社会互动,并且通过邀请他们参与可以发挥他们的艺术想象力。

6.旅游教育项目中的艺术(已售)

在这个项目中,观众将与沃思堡 ISD 的学徒一起做艺术品,这个项目将使年轻艺术家设计、学到并且展出他们的艺术作品。

7.成长中的年轻艺术家教育项目(已售)

当 2007 年成功举行了这个项目后,第二年,有超过 140 名年轻艺术家卖掉了价值将近 5 000 美元的艺术品。

8.OFF MAIN! 演出项目($ 27 500)

分布在市中心区域的各演出场所将会越来越好,包括环形剧院、Jubilee 剧院、4 天周末剧院、McDavid 演艺场、Bass 厅和 Van Cliburn 演艺厅。

9.SKYBOX 赞助商 (presenting)($ 27 500)

Skybox 的赞助商将与我们的重要客人和政府官员一同被安排在前中部就座观看。

10.环保赞助($ 27 500)

在主街艺术节活动中使用可降解的盘子、器具和杯子。完全再循环项目也开始帮助解决其他的浪费问题。去年,作为这个令人振奋的举措的成果,少产生了 5 t 垃圾!

11.大屏幕项目系统(2)($ 37 500)

两块大型 10′× 15′的视频项目系统将被置于两个舞台,这两个舞台将上演富有想象力的节目,并与观众互动。我们将在舞台上命名"'赞助商'视频"来宣传企业品牌,它可以被 50%的观众看到。

12.勇敢的电影节(2)($ 12 500)

"勇敢的电影节"是我们的"OFF MAIN!"娱乐节目的一部分。超过 50 部电影将在美丽图书馆礼堂上映,包括从传统的叙述性到试验性的所有类型的电影。这是一个躲开炎热夏日太阳的很好的休息之外。

13.休息站($ 10 000)

有 3 处亮丽色彩的休息帐篷供游客休息,那儿有很好的植物遮阴、舒适的家具等。

14.生活方式大帐篷(可以有多个)$ 6 000~$ 20 000

主街艺术节根据租用的面积大小提供消费者生活方式大帐篷给公司来展示产品或服务。为您的服务提供一个优良的公共宣传的机会或者为您的产品提供一个派发产品小样的机会。这种帐篷分布在节事活动的热闹区域。

15.志愿者项目($ 7 500)

确保您的公司名称与非常棒的拥有 1 200 名志愿者的项目结合在一起。您公司的 Logo 将会印在志愿者穿的 T 恤和其他材料上,在整个活动期间将会非常醒目。

16.问讯处(已售)

对许多参加主街艺术节的游客来说,这是信息中心。那里可以解答所有的问题,到信息问讯处来的人数以万计。

六、赞助回馈一览表

下列是各项主街艺术节赞助商回馈方式明细表,可以看到您将获得怎样的回馈,可参考表 8.2。

表 8.2 回馈一览表

回馈	冠名赞助 $200 000	PRESENT赞助 $125 000	舞台赞助 $37 500~$50 000	官方指定服务或产品 $37 500~$50 000	MAIN ST.CREATES赞助 $35 000	勇敢电影节赞助 $12 500	SKYBOX, OFF MAIN, 环境保护 $27 500	志愿者, 同讯处, 样本摊位 $7 500	生活方式大帐篷 $6 000-$20 000	艺术节之友金奖 $2 500	艺术节之友银奖 $1 500
冠名赞助	Logo										
Presented 赞助		名字									
舞台背景板	Logo(所有的地方)	Logo(所有的地方)	Logo(一个)								
电视现场直播	Logo	Logo	当舞台被拍到时,看到名字								
排他性	是	是	是	是							
要素的命名权	整个艺术节	presenting	Logo	Logo	Logo						
电台现场直播	名称	名称	名称	名称	名称						
所有入口处的可视性	Logo	Logo	Logo	Logo	Logo	Logo	Logo	Logo			
仪式主持人口播	舞台	舞台	舞台	舞台	舞台	舞台	有限	舞台			
媒体发表新闻	是	是	是	是	是	是	是	是			

项目											
设摊派发样品	20×20	10×20	10×20	10×20	10×20	10×10	10×10	10×10	By SS level		
印刷品宣传促销	Logo	Logo	Logo	Logo	Logo	名字	名字	名字	By SS level		
促销宣传小册子	Logo	Logo	Logo	Logo	Logo	名字	名字	名字	By SS level		
广告海报	Logo	Logo	Logo	Logo	Logo	名字	名字	名字	By SS level		
官方节事活动指南	全部	全部	1/2	1/2	1/2	1/4	1/8	1/8	列名单	列名单	列名单
现场横幅	是	是	是	是	是	是	是	问讯处	摊位		
网站宣传	Logo	Logo	Logo	Logo	Logo	Logo	Logo	Logo	名字	名字	名字
SKYBOX 招待（人数）	100	60	26~36	20	20	10	8	8	2	8	4

七、各项回馈的具体事项

1.广告

(1)广播

◆同 Clear Channel 广播 5 个频道的跨板块的付费及推广广播节目。

◆$250 300 的推广支持费用。

(2)电视/有线电视

◆CBS 11/TXA 21 赞助费$60 000。

(3)印刷品

◆在"星"电报主街艺术节的促销中刊登 12 又 1/4 页广告。

◆在达拉斯早报中以印刷的形式于沃思堡大区出现。

◆在 D 杂志上整 4 页的广告。

◆$25 000+印刷媒体采购价格,加$25 000 促销费用。

(4)网站

◆将名称列表于沃思堡主街艺术节的官网网页上,并以一定水平链接赞助商网站。

(5)媒体报道

◆在新闻报道中提及赞助商对主街艺术节的支持。

2.印刷材料

(1)促销海报

◆在沃思堡地区张贴 1 000 张海报。

(2)官方活动

◆在彩色印刷的列有所有艺术家和演出者的官方节目单中加广告。

◆志愿者 T 恤。

◆300 个志愿者在节事活动期间穿着有赞助商名字或 Logo 的衣服。

3.现场标志

(1)横幅(根据赞助方案)

◆在节事活动的入口处。

◆在赞助项目的地点。

◆在赞助商标志亭子上。

◆在演出舞台。

◆在公司摊位上。

(2)销售摊位

◆在活动现场摊位出售赞助商的产品或服务。

◆在节事活动时销售经过特许权批准的产品。

(3)主持人鸣谢

◆在节目之间和介绍时鸣谢赞助。

4.其他回馈

（1）排他性

根据您的赞助标准，我们将保证您公司的排他性，将您的竞争者排除在外。

（2）Skybox 的 VIP 招待

◇在现在著名的"Skybox"中，有一流的观景位置、食品和饮料，可以提供一个 B2B 建立联络沟通的好机会。

◇艺术家沙龙宣传套盒。

◇公司 Logo 和名字出现在艺术家指南、艺术家沙龙志愿者手册、艺术家电子邮件、艺术家 Exit 调查。

◇在艺术家招待的特别区域、艺术家签到处和艺术家颁奖早餐处张贴特别的标志。

◇Logo 和企业名字将出现在艺术家沙龙的剪贴板和 T 恤上。

◇在艺术家的接待仪式和颁奖早餐会上有口头的推广。

◇有机会出席艺术家颁奖活动。

◇公司名称以招牌的形式，与主街艺术节橱窗一同在 9 个街区内展示。

◇公司名字出现在主街艺术节艺术家橱窗里，公司的特别标志出现在主街艺术节艺术家出现的地方。

八、媒体明细

750 000 美元营销项目成功的关键因素是我们的媒体赞助商和我们的官方指定赞助商。这保证了媒体采用联合促销的方法来对主街艺术节进行高度曝光。从公共关系的立场看，这个促销的价值是有效的。下列媒体（包括赞助媒体）在 2008 年提供了有关沃思堡主街艺术节的各种曝光的电视广播时段和报纸杂志版面等：

电视（CBS 11，TXA 21）	$ 60 000
电台（10 个台，包括清晰频道所有频段）	$ 350 200
报纸（星电报、达拉斯早新闻、沃思堡周报）	$ 50 600
杂志（D 杂志）	$ 44 000
广告板	$ 10 000
赞助促销	$ 42 000
网络	$ 25 000

九、更多信息

如果需要更多的信息，填好以下表传真给我们（817）335-3113，或者直接发电子邮件，我们将尽快回复给您。

Name 姓名：_____

Title 职务：_____

Company Name 公司名称：_____

E-mail：_____

Address 地址：_____

City 城市：_____ State 州：_____ Zip 邮编：_____

□是，我对_____等级的赞助有兴趣，请发一个合同给我！

□是，我想知道关于得克萨斯项级节事活动的赞助机会的进一步信息！

□不，我这次不参加，但是请于明年_____（日期）之前与我联系。

□不，我不参加，但我会把这个信息发给其他对这个机会感兴趣的人。

□谢谢您，但我理解你们有一个"主街艺术节之友"的活动，请发给我有关这个独特的活动的信息。

赞助商联系人

Jay Downie，CFEE，Producer

817 336 ARTS + 513 615 1474（cell）+ jay@ dfwi.org（email）

（资料来源：沃斯堡主街艺术节官网）

第9章
节庆风险管理

【学习目标】

通过学习本章,学生应该能够:

理解:节庆风险及风险管理的概念

节庆风险识别的内容

节庆风险评估的内容

熟悉:节庆风险类型

掌握:节庆风险管理的过程

节庆风险识别的过程及方法

节庆风险评估的过程及方法

节庆风险应对策略的制订及实施

【关键术语】

节庆风险　节庆风险管理　节庆风险特征　风险识别　风险概率　风险核查表
头脑风暴法　德尔菲法　SWOT分析法　风险评估　风险紧迫性评估　敏感性分析
风险应对　风险预防　风险规避　风险储备　风险转移　风险接受　风险遏制　风险化解

【开篇案例】

里约奥运筹备的潜在风险

下周,里约奥运会筹备进展又将备受世界关注,因为国际奥委会执委会会议将于26—28日在里约召开,届时主席巴赫会亲自前来视察这一2016年奥运会的举办城市。自从去年4月被国际奥委会副主席约翰·科茨一番"史上最糟筹备"的言论"鞭策"之后,里约的筹备进度明显加快,尽管如此,依然存在潜在风险。

去年,巴西世界杯的筹备工作饱受诟病,但不慌不忙的巴西人用自己独有的方式举办了一届成功的世界杯,而这似乎也成了他们的挡箭牌。里约市长帕埃斯曾说,成功举办世界杯将成为里约的"借口",言下之意是即便奥运筹备工作问题重重,最终的结果也会不错。但在巴西世界杯的耀眼光环下,里约奥运会仍然需要脚踏实地,认真面对和解决潜在风险。

第一，巴西经济面临挑战。巴西货币雷亚尔对美元汇率近来直线下跌，与7个月前德国队在巴西世界杯捧杯时相比，跌幅高达近30%。因经济状况不佳，巴西也大幅缩减公共开支。与此同时，巴西近来水资源和能源还出现短缺情况。这些都给里约奥运筹备蒙上阴影。体育不可能是一个真空的存在，多少会受到社会、政治、经济等方面的影响。在这种大背景下，巴西政府投入巨额资金接连举办联合会杯、世界杯和奥运会三大赛事，有可能再次引发巴西人的不满情绪，从而导致抗议示威的再次爆发。

第二，社会治安事件频发。仅仅在1月，里约就有约30人在枪战中受伤，至少5人丧生，其中包括一名4岁女孩和一名9岁男孩。巴西贫民窟的安全隐患由来已久，巴西政府在6年前设立了一个整治贫民窟的庞大计划，但其安全问题依然没有彻底解决。在奥运期间，里约很有可能再现世界杯时士兵、军警、特警等安保人员齐上阵的景象。

第三，交通压力巨大。里约目前正在修建一条连接西南部奥林匹克公园和东南部市中心的地铁，但这条奥运专线在奥运会时有可能无法全部投入运行，因为施工过程中在穿越一座山时遇到了阻碍。里约的道路并非四通八达，连接奥林匹克公园和市中心的路只有二三条主干道，如果地铁建设拖沓，里约交通届时很有可能出现"奥运堵"。

第四，水质污染严重。奥运会帆船比赛地瓜纳巴拉湾的水质污染问题也一直饱受诟病，由于附近工厂、市区废水废物不断向该海域排放，海湾内水资源受到严重污染。8月在瓜纳巴拉湾举行的里约奥运会首项测试赛——2014里约国际帆船赛中，该海域的水质问题就引发全球关注，有媒体还曾报道，前来参加测试赛的一条帆船竟被水中垃圾撞坏。不久前，在该海域中又发现了一种耐药的"超级细菌"，一旦感染很难被治愈，这无疑又给里约出了一道难题。

第五，官司风波下的高尔夫球场。里约奥运会高尔夫球场位于里约城西南部郊区，毗邻奥林匹克公园，球场区域被称为里约西南部湖区的"最后一片绿地"。此前，该球场被指破坏环境、需要暂停建设，球场开发商和里约市政府均成为被告。虽然里约法官去年年底驳回了这一诉讼请求，但这并不意味着奥运高尔夫球场可以高枕无忧，因为如果公诉人提出新的证据来指控球场破坏环境，那么法院依然可以暂停球场建设。

（资料来源：新华网，2015-02-21）

9.1　风险管理概述

在节庆的实现过程中必然存在很多不确定性，因此，任何节庆都是有风险的。每个节庆由于其独特的创意和一次性的实现过程，并在过程中充斥大量不确定因素，在节庆中存在各种各样的风险，如技术风险、市场风险、人为风险等。如果不能很好地管理这些风险，就会让节庆和其利益相关者丧失机会或造成损失，因此，在节庆管理中必须积极、有效地开展节庆风险管理。为了降低节庆风险发生的可能性，减少节庆风险造成的不利后果，需要做好节庆风险规划、识别、应对和监控等工作。

9.1.1　风险与风险管理

1) 风险

"风险"一词的基本定义是危险,遭受损失、伤害、不利或毁灭的可能性。而节庆属于项目范畴,因此,节庆风险也属于一类项目风险。项目风险是指由于项目及其所处环境和条件的不确定性和项目相关利益主体主观上不能准确预见或控制影响因素,从而使项目最终结果与项目相关利益主体的期望产生背离,并由此给项目相关利益主体带来损失或收益的可能性。根据这一定义,可以看到风险并不总是带来损失,也有可能带来收益。在现实中,人们通常强调"风险"带来的负面效应。在本章中所提及的"风险"一般都指节庆中不确定性因素带来的损失。

风险的主要特征是不确定性、普遍性、客观性和可预测性。风险的不确定性是指风险的性质会随时空等因素的变化而变化;普遍性是指风险无处不在,社会生产和生活的方方面面都存在各种各样的风险;客观性是指风险不以人的意志为转移,人们只能依靠科学知识和技术在一定的时空内改变风险存在和发生的条件,降低风险发生的可能性和其带来的损失,但无法彻底消除风险;风险虽然具有以上特征,但风险的发生有其自身规律,依靠科学技术,其发生的可能性在一定程度上是可以预测的。

一般来说,风险可分为自然风险、市场风险、社会风险、技术风险、政治和法律风险。

2) 风险管理

风险管理是指如何在一个肯定有风险的环境里把项目风险可能造成的不良影响减至最低的管理过程。它是以全体利益相关者,通过采取有效措施确保项目风险处于受控状态,从而努力保证目标的实现的过程。风险管理的目标是以最小的成本获取最大的安全保障。它是一个组织或个人用以降低风险的负面影响的决策过程。具体而言,就是组织或个人通过风险识别、风险评定、风险决策,并在此基础上优化组合各种风险的管理技术,对风险实施有效的控制和妥善处理风险所致的后果。

风险管理具有以下特点:

①风险管理的对象是风险。

②风险管理的主体可以是任何组织和个人,包括个人、家庭、营利性组织和非营利性组织。

③风险管理的作用在于预测。

④风险管理的目标是以最小的成本收获最大的安全保障。

⑤风险管理要付出代价,只有当用于风险管理的资源投入小于风险带来的损失,风险管理才是有意义的。

9.1.2　风险管理的意义

通过风险管理,可以有计划、有步骤地开展风险管理工作,更有条理地开展后续工作;通过风险管理,可以加深对风险的认识与理解,了解风险对项目的影响,更好地主动应对风险;通过风险管理,可以制订有针对性的应对措施,更有效地应对风险。因此,做好风险管理,不管是对个人、项目、组织还是对社会都具有极其重要的意义。对个人来说,做好风险管理可以帮助其减少或避免风险为其带来的损失,在意外事件过后能继续保持原有的生活状态;对项目和组织来说,有效的风险管理,可使项目和组织充分了解所面临的风险及其性质和严重程度,并及时采取措施避免或减少风险损失,有利于维持项目和组织运营的稳定,降低费用,增加效益;对社会来说,风险管理必然使整个社会的经济效益得到保证或增加,使社会资源得到有效利用,降低风险处理的社会成本。

9.1.3 风险管理的主要内容

风险管理的主要内容包括风险管理规划、风险识别、风险估计、风险评价、风险应对和风险监控等工作(见图9.1)。

(1)风险管理规划

风险管理规划是指在项目过程中开展项目风险管理活动,并作出风险管理计划。其主要包括确定风险管理专职机构及其成员、制订风险管理的行动方案及方式、选择合适的风险管理方法、确定风险判断的依据等。

(2)风险识别

风险识别的任务是确定项目风险的来源、风险产生的条件、描述风险特征和确定哪些风险有可能影响本项目。风险识别首先要识别风险种类,如技术风险、费用风险、进度风险、组织风险、社会风险等,然后对风险进行详细分析。进行风险识别的方法有头脑风暴法、风险核查表等。但风险识别不是一次性的工作,因为在项目的整个过程中都存在风险,风险识别应在项目全过程中不断地进行。

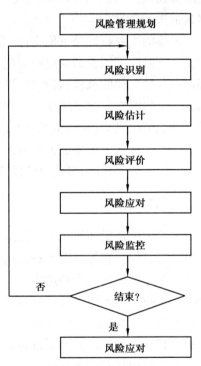

图9.1 风险管理的过程

(3)风险估计

风险估计是对识别出的风险发生的可能性和后果作出估计。风险估计的主要内容包括:

①风险事件发生的可能性的大小。
②风险事件可能导致的后果、所涉及的范围和危害程度。

(4)风险评价

风险评价是在风险识别和风险估计的基础上,对风险发生的概率、损失程度,结合其他因素进行全面考虑,评估发生风险的可能性及危害程度,并与公认的安全指标相比较,以衡量风险的优先级,并决定是否需要采取相应的措施。

（5）风险应对

风险应对是指针对风险评价的结果，为消除或减少风险事件造成的不良后果而制订的风险应对措施。风险应对要考虑风险的严重程度、项目目标和实施风险应对措施所投入的资源，综合决策、选择应对措施。常用的风险应对措施有减少风险、回避风险、转移风险、忽略或接受风险。

（6）风险监控

风险监控是根据项目风险规划、风险识别、衡量和应对措施对整个项目全过程中各种风险实施的监督和控制。在风险监控过程中，对风险进行追踪，及时反馈，以便发现随时间推移而发生变化的风险和新生风险，并根据对项目的影响程度，重新进行风险规划、识别、估计、评价和应对。

9.2　节庆风险识别与评估

根据风险的定义，节庆风险是指在节庆中存在的危险以及在节庆策划和组织过程中，内部条件和外部环境的不确定性所带来的损失。这些损失包括偏离节庆的目标或目标无法达成，甚至失败。

为了能更好地实现节庆的目标，组织一次成功的节庆活动，有必要在强调节庆风险的同时，让节庆活动组织者做好节庆风险管理工作。节庆风险管理就是针对可能造成人员、财产安全等方面的突发的、非预期的风险事件进行识别，对其发生的可能性进行预测、评估，并达到有效应对和控制风险的目的。节庆活动往往因为参与人数众多、活动空间有限、社会关注度高、外界环境和内部管理因素影响大，所以容易产生较大的风险。

9.2.1　节庆风险的特征

由于节庆活动也是项目，因此，节庆风险也具有一般风险的特征，如不确定性、客观性和普遍性。此外，节庆活动因其自身特点，又具有与一般风险不同的特征。了解节庆风险特征有助于增加对节庆风险的认识和理解。

（1）阶段性

节庆风险具有阶段性。在节庆活动的不同阶段，风险管理的侧重点不同。比如，在节庆活动申办筹备期，延期或停办对节庆活动的影响最大；在节庆活动实施阶段，现场的主要风险是食物中毒、人群拥挤等。

（2）紧迫性

节庆活动举行时间有限，回旋余地小。在风险事件发生后，时间紧迫，风险管理人员必须尽快控制局面。对有限时间的利用在很大程度上决定了节庆风险管理的有效性。

（3）影响广泛

节庆风险事件一旦发生，现场就极有可能出现无序、混乱的局面，甚至有可能失控。如果不加以有效控制，不但会给参与节庆活动的各方带来人员和财产损失，也会给举办地的声誉和整个社会效益造成巨大损失。

（4）连锁效应

节庆活动产业联动性强，如果发生节庆风险，不仅会给节庆产业带来损失，还会给与之相关的其他行业，如旅游、休闲、购物、保险、酒店等带来损失。

9.2.2　节庆风险类型

从申办筹备到活动结束，节庆活动会受到各种风险因素的影响，既有人为因素，也有非人为因素；既有外部环境因素，也有管理团队内部因素；既有社会因素，也受到作为项目本身约束条件的影响。

1）自然灾害

自然灾害，如台风等灾害性天气或地震等突发性地质灾害。这类灾害的发生常具有突发性，一旦发生会带来一些不良甚至是严重后果，如巨大的财产损失或人员伤亡。比如，2016 年 8 月 15 日，夏季奥运会举办地巴西里约遭遇恶劣天气，狂风大作、大雨倾盆，致使多项赛事受到影响，甚至推迟。在 8 月 15 日举行的奥运会女子铁饼比赛中，17 名选手中有 10人在资格赛中首掷失败，初步分析是由于暴雨导致铁饼湿滑所致。而来自古巴的世锦赛冠军卡巴勒罗掷铁饼连续失败，也没有发挥出应有的水平。在第十三届世界杯比赛期间，飓风袭击了举办国墨西哥。在阿根廷对乌拉圭的 1/8 决赛中，暴雨如注，使得比赛双方的技术和速度都大打折扣。有人认为这些天灾虽然难以控制并带来严重后果，但它们是可以预测的。如果对这类节庆风险进行科学预测，会在一定程度上减轻自然灾害带来的不利后果。2008年 8 月 8 日晚，展现在世人面前的 2008 北京奥运会开幕式堪称"完美"。为保障奥运会开幕式不受天气影响，气象部门用卫星和天气雷达密切跟踪降雨云团的变化，在北京郊区和河北省进行了大规模地面火箭人工消雨作业，将极有可能影响鸟巢的降水云系拦截在了北京城区外围。现在天气预报、预警系统比较发达，人们可以提前作出防范，不过，自然灾害对节庆活动的影响依然是巨大的。

2）安全事故

在节庆活动中引发安全事故的因素有偶然因素、环境因素和人为因素，具体表现为火灾、设施设备安全、表演安全、烟花燃放、交通安全、行人安全等。

①火灾事故在节庆活动中频频发生，原因可能是人为因素或活动场所的设施设备存在火灾隐患。由于节庆活动现场人员密集，一旦发生火灾，便会因逃生组织不善或救火不力而造成重大损失，甚至人员伤亡。2015 年 6 月发生在中国台湾新北市八仙乐园彩色派对玉米淀粉粉尘爆炸事件，是台湾"9·21 大地震"以来受伤人数最多的灾难。事故的发生疑似因

以玉米淀粉及食用色素所制作的色粉发生粉尘爆炸及快速燃烧而导致。此次事故造成两人死亡,超过 500 人受伤。节庆活动场所应有明显的火灾警示标志,如禁止吸烟或禁止携带易燃易爆危险品等。

②设施设备的使用也会给节庆活动带来风险。一是要考虑设施设备或建筑物本身在使用中是否会危及人身及财产安全;二是非使用期间,是否存在安全隐患,比如,一些设备如照明灯具的悬挂和指示牌的摆放是否稳固安全。2012 年 2 月在重庆奥体中心举办的王菲巡回演唱会重庆站发生观众座位垮塌事故,造成至少 64 名观众受伤,其中多人骨折,演唱会被临时取消。曾经在广州长隆水上乐园露天举行的"百事盖世群音超级星光音乐会"就因台风而遭遇不幸,高达 10 多米的舞台背景板和 LED 幕墙被大风刮倒,直接砸向舞台,致人受伤。因此,在节庆活动开始前要做好现场设施设备检查,活动中也要做好巡场工作,对一些存在安全隐患的设施设备及时进行加固、维修或更换。

③表演安全不可忽视。在节庆活动中,有时候为了追求新奇刺激,给观众带来更具冲击力的表演,可能会导致演出人员伤亡。知名的美国魔术师大卫·布莱恩在 2006 年表演憋气秀,这次活动由美国广播公司进行现场直播,节目组觉得仅仅直播一个人憋气不够精彩,于是将大卫·布莱恩用 150 磅的铁链和手铐捆绑住,让他一边憋气一边设法逃脱。结果这场"憋气秀"最后以失败告终,大卫·布莱恩也险些被淹死。

④烟火在节庆活动中被广泛使用,为营造节日或活动气氛起到重要作用,在节庆活动中使用烟火一定要注意安全。比如,现在在奥运会开幕仪式上使用烟火首先要求安全,其次要求环保。在中国,逢年过节燃放烟花爆竹成为中华民族的独特文化,更要注意烟火安全。

除以上安全风险,节庆活动现场会有大量人流和车流交织在一起,给节庆活动举办地的交通带来极大压力。如果疏导不及时、指挥不力,必然会引发交通事故,影响行人安全。

3)公共卫生

节庆活动场所人群密集,人员在短时间内大量聚集,给公共卫生问题的预测和监控带来极大难度。如果在活动人群中有人患有传染性疾病或携带传染性病菌,就可能在密集的人群中迅速传播,影响面广,后果严重。

如果在节庆活动中提供食物,那么食物安全也不容忽视。某公司举行年会,却集体食物中毒,后经调查,初步诊断为细菌性食物中毒。日本福冈市的福冈放送公司(FBS)在福冈市中央区的舞鹤公园举办"2016 年福冈春季肉庆典",108 人吃过鸡肉后出现腹痛和发烧的症状。节庆活动期间一旦发生食物中毒,就有可能带来现场恐慌,甚至会为后续活动的举办带来负面影响。

节庆活动中会消耗大量饮用水,而有些地区通常不被作为节庆活动举办地,主要原因之一就是活动组织者担心当地的饮用水安全。如果在夏季举办户外活动还要注意虫叮蛇咬的问题,提前作好防范和相关物品和药品的准备。

4)社会安全

在节庆活动中还有可能发生一些影响社会安全的问题,如犯罪活动、恐怖主义活动、群体性骚乱、人群拥挤、网络安全。比如,在节庆活动中时有发生但影响较小的犯罪事件,如盗窃、扒窃等;也可能会发生一些犯罪事件,如绑架、谋杀等,虽然发生的可能性比较小,但是一旦发生就会带来严重后果。

目前,恐怖主义活动成为世界各国最难以防范的潜在风险。澳大利亚警方在 2017 年元旦前夕于悉尼国际机场逮捕一名男子,这名男子涉嫌在网络上威胁袭击跨年烟火庆典。警方指控这名男子在网络博客上发表袭击新年庆典的威胁言论,并持有包含威胁信息的文件。新年前夕,悉尼将举行盛大的跨年烟火表演,预计 100 多万人参加。2016 年的新年夜在德国科隆市发生了一场有组织、有预谋的协同犯罪,根据该市警察部门的统计,有 500 ~ 1 000 名男子对女性实施了抢劫或者性侵。

有限的空间,密集的人群,使得节庆活动现场存在发生拥挤踩踏事故的风险。2014 年12 月 31 日 23 时 35 分,正值跨年夜活动,因很多游客市民聚集在上海外滩迎接新年,上海市黄浦区外滩陈毅广场东南角通往黄浦江观景平台的人行通道阶梯处有人失衡跌倒,继而引发多人摔倒、叠压,致使拥挤踩踏事件发生,造成 36 人死亡,49 人受伤。

网络信息技术的广泛应用为节庆活动的举办带来便利,但通过网络进行的犯罪活动又为节庆活动带来风险。有些不法分子在节庆活动期间利用网络传播和散布一些恐怖消息,制造恐慌,或者攻击节庆活动网站,给节庆网络信息系统安全造成极大威胁。

5) 管理风险

节庆风险也可能来自项目管理团队。管理人员不具备必要的管理能力或知识,管理人员不能很好履行工作职责,员工不服从指挥,部门职责不清,缺乏规章制度等都会给节庆活动带来风险。

6) 约束条件风险

因为节庆活动也是项目,所以也面临时间管理和财务管理的风险。节庆活动中必须要注意重要的时间节点,比如活动开幕或重要比赛的安排。如果因为一些不确定性因素的影响而导致节事活动无法按计划时间顺利进行,节庆活动就可能失败。导致节庆产生进度风险的因素包括原有计划不合理、市场环境变化、重要资源不能及时到位、管理人员决策失误等。

节庆活动的财务管理风险,一方面在于如何做好费用管理;另一方面就是如何进行融资。通过做好成本估算和预算,建立相关财务管理制度做好费用管理,节约使用资金;通过开发融资渠道、获得赞助去增加节庆活动收入。使用各种办法增收节支,降低节庆活动财务风险。

【案例启迪】

46 年前那场伍德斯托克音乐节到底有多疯狂?

1969 年 8 月 15 日,超过 40 万年轻人从不同城市聚集到纽约州东南部的贝塞尔小镇(Bethel),只为赶赴那场伍德斯托克音乐节(The Woodstock Music & Art Fair)。

"和平与音乐的 3 天"是这次音乐节的宣传口号,这种态度吸引了当时美国的年轻一代。他们热爱自由,对现世不满,渴望世界和平,是最想借流浪找到乌托邦的一群人。但这些冲着"理想国度"而来的嬉皮士没有想到,自己参与的将是摇滚音乐史上最重要的一次音乐节。32 位表演歌手,全是美国音乐史上举足轻重的。不论规模还是阵容,这都是史无前例的。

狂欢还没开始,突然涌来的成千上万的人,就先把通往音乐节现场的道路堵成了露天停车场。面对这场纽约州史无前例的交通堵塞,有人淡定地爬上车顶晒太阳,有人干脆弃车步行。有一个可怜的年轻人,因为头痛欲裂,在货车后边没坐稳,摔倒在路上。由于塞车太严重,救护车也无法驶近现场。

伍德斯托克音乐节的门票是每天 6.5 美元。向政府报备的时候,音乐节的主办方预计会来 5 万观众。到后来才发现,他们完全低估了这场活动的影响力。

超过 40 万人的到来,把这座宁静安逸的乡村小镇吓得措手不及。小镇所在的沙利文县(Sullivan)立马宣布全县进入警备状态,而当时的纽约州长 Nelson Rockefeller 差点就要往那里派国民警卫队了。因为人数远超出预算,音乐节现场的食物和医疗用品需要军用直升机投放补给。但音乐节结束后,参加活动的人却没有带走垃圾,导致小镇一片狼藉。

（资料来源:搜狐网,2015-08-18）

9.2.3　节庆风险识别与评估

为尽早、尽快、全面地认识节庆活动究竟存在何种风险、这些风险具有怎样的特性、这些风险可能造成的后果和对达成节庆目标具有何种影响,必须做好节庆风险识别和评估工作。节庆风险识别是贯穿整个节庆策划和组织全过程的风险管理工作,而节庆风险评估是在风险识别的基础上对节庆风险进行进一步的分析和评价,以针对节庆风险作出有效应对。

1) 节庆风险识别的程序

节庆风险识别是指通过调查研究、收集资料,运用各种方法对现实或潜在的各种风险及其特性进行识别,并将其记录整理成文档。节庆风险识别需要确定 4 个相互关联的因素:
①风险事件。
②风险事件发生的概率。
③风险事件的后果。
④风险事件的原因。

正确且全面识别每一种节庆风险,特别是重大风险,是后续风险评估和风险应对的前提条件。节庆风险识别的主要工作内容有:确定风险识别目标和关键参与者,收集资料,识别并确定节庆潜在风险,识别并确定引起风险的原因,估计风险发生后果。风险识别过程如图 9.2 所示。

（1）确定风险识别目标和风险管理者

节庆风险识别的目标是明确的。节庆活动的目标、性质和内容各有差异,节庆风险管理的目标也会因此有所差异。在节庆活动管理的各个过程中,节庆经理及关键利益相关者都要明确各自风险管理的目标、范围和重点。根据节庆风险管理的重点和范围,确定参与节庆风险识别的人员。节庆风险识别需要节庆管理团队共同参与,因此,节庆经理不仅要了解节庆管理信息,还要了解节庆涉及的关键利益相关者信息,明确最重要的节庆风险管理者。节庆风险管理者应具有节庆和活动相关领域知识,了解节庆目标及面临的风险,具备沟通技巧和团队精神。

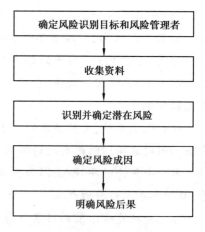

图9.2 节庆风险识别过程

（2）收集资料

节庆风险识别需要收集节庆活动本身的信息,如节庆活动的性质、内容、技术需求、市场环境、利益相关者信息等,通过这些信息可以得知节庆活动可能遇到的风险;举行节庆活动的前提、假设和制约因素,如节庆成本和时间进度要求、人事管理计划、采购合同等,通过这些信息可以得知节庆在成本和时间方面的风险、团队成员对节庆的影响和合同管理方面的风险。除此以外,还要收集类似节庆风险管理案例,以从中吸取经验教训。

（3）识别并确定潜在风险

只有通过所收集的资料识别并确定节庆潜在风险,分析节庆发展变化,才能进一步分析这些风险的性质和后果,并将已识别出的各种风险及其性质和后果汇总成节庆风险清单。

（4）确定风险成因

为能对节庆风险进行有效应对,需确定各节庆风险的成因以便把握节庆风险变化规律。因此,要全面分析各个节庆风险的成因及其对节庆的影响方式、影响方向和影响力等。

（5）明确风险可能引起的后果

为全面认识节庆风险,除识别节庆潜在的风险、性质及成因,还需明确节庆风险可能带来的后果及严重程度,最后找到减轻或消除不利后果的方法。

2）节庆风险识别的方法

（1）头脑风暴法

通过头脑风暴法,集中有关专家召开专题会议,由主持人以明确的方式向所有参与者阐明问题,说明会议的规则,尽力创造融洽轻松的会议气氛。由专家们自由提出尽可能多的风险识别方案。在讨论中展开联想,发挥每位小组成员的创造性思维来集思广益,在提出想法的过程中,只倾听不评论,但可以对某些观点进行集中讨论。会议主持者要善于调动小组成员的积极性,让每个人都能发表意见。头脑风暴法是一种用于广泛收集决策意见和讨论备选方案的集体决策方法,也是最常用的风险识别方法,通过集体讨论最终获得一份节庆风险清单。

（2）德尔菲法

德尔菲法也称专家意见法,是采用专家"背靠背"的方式调查专家意见的一种预测方法。首先将所要调查的问题制成问卷,将问卷单独寄送到各个专家手中征询意见,然后回收汇总全部专家的意见进行整理、归纳和统计。随后将该综合意见再次寄送给专家,征询意见,各专家依据综合意见修改自己原有的意见,然后再汇总。多轮预测之后,得到趋于一致的结果。通过该方法可避免因个人原因对节庆风险识别产生的不良影响。

（3）风险核查表

风险核查表是风险管理中用来记录和整理信息的常用工具。依据以往类似节庆信息及其他相关信息编制风险核查表,可供风险管理者检查核对,判断某节庆活动是否存在表中所列风险或类似风险。利用核查表进行风险识别的主要优点是快速简单,缺点是受到节庆可比性的限制,不易识别出该表未列出的风险。一般在节庆活动初期使用核查表,便于尽早识别可减少的风险因素。

（4）SWOT 分析法

SWOT 分析法是一种广为应用的战略选择方法,也可以用于识别项目风险。SWOT 分析法用于节庆风险识别时,就是对节庆本身的优劣势和外部环境的机会与威胁进行综合分析,对节庆风险作出系统的评价,最终达到识别节庆风险的目的。

（5）流程图法

流程图可给出一个节庆活动的总体工作流程,显示节庆系统中各组成部分之间的内部逻辑联系;也可以给出节庆活动每个阶段的工作流程,显示完成一个过程所需各步骤之间的联系。借用这些流程图可以全面分析和识别节庆风险所处的具体环节及各环节之间存在的风险。运用这种方法完成的节庆风险识别结果,可以为节庆活动中发生的风险控制提供依据。

3）节庆风险评估的内容

节庆风险评估是在节庆风险识别后对风险进行定性和定量分析,估计和评价风险事件发生可能性的大小、结果和影响程度、预期发生的时间及风险事件发生频率,并在此基础上判断每个风险对节庆目标的影响以及该节庆活动的整体风险水平。节庆风险评估的主要内容有:

（1）估计风险发生的可能性

节庆风险评估的首要任务是分析和估计节庆风险发生的可能性大小,即概率。一个节庆风险发生的概率越大,风险管理者就越应该注意监控该风险。

（2）衡量风险发生的后果

仅凭风险发生的概率就作出风险应对决策是不够的,必须要对风险发生后果的严重性程度作出判断,即衡量风险可能为节庆带来的损益。因此,节庆风险评估的第二个重要内容就是衡量风险发生的后果。如果风险发生的概率大,并且后果严重,风险管理者必须对其作出有效应对和严格监控。

(3)衡量风险带来的影响

除了要估计风险发生的可能性、衡量风险带来的后果,还需分析和估计风险影响的大小。假如风险发生的概率和后果的严重性程度都较小,但影响程度深,很可能影响整个节庆活动,就有必要对其进行严格的管理和控制,及时减轻甚至消除风险对整个节庆活动的不利影响。

(4)估计风险发生的时间

根据风险发生的时间必须尽早、及时安排风险的应对和监控工作。因此,必须根据风险发生的时间顺序配置资源。一般来说,先发生的风险应先采取措施。

(5)确定风险的优先级并评价节庆整体风险水平

进一步对节庆中的各类风险发生的概率和影响程度进行评价,根据它们对节庆目标的影响程度,确定风险的优先级排序,为节庆风险应对提供依据。评价节庆整体风险水平要确定各风险事件间的内在联系。不同的节庆风险,其风险源可能有所联系甚至由同一风险源引起,因此有必要对风险进行评价。如节庆活动现场搭建所需物料出现质量问题,可能会延误活动现场布置,带来进度风险,同时,重新采购或补充物料带来成本风险,表面上看出现了进度风险和成本风险,实际上风险源都是物料的质量问题,因此,控制好物料质量就可以避免因此而出现的进度风险和成本风险。

4)节庆风险评估的程序

(1)分析与估计风险概率

这是节庆风险评估过程的第一步也是最为重要的一步。分析与估计已识别风险的概率,以便日后进一步确定风险的优先级排序。估计风险概率可以借助现有节庆信息、以往类似或相同活动案例和专家的经验等。

(2)分析与确认风险发生的原因

运用现有的风险信息和历史数据,综合风险管理人员的经验,对已识别节庆风险的原因进行分析,并由此找出引发该风险的主要原因,进一步找到风险源之间的联系。

(3)分析与衡量风险的后果及影响

全面分析所有节庆风险可能造成的后果及其严重程度和影响范围,并估计由此带来的损益值大小。损益值是确定节庆风险优先级排序的依据之一。

(4)估计风险发生的时间

估计已识别风险可能发生的时间,并分析其发生征兆。也就是要确定风险何时发生,并在何种条件下发生,风险发生的诱因何时出现,以及出现后如何影响风险发展等。

（5）确定风险优先级并评价整体风险水平

在完成上述工作的基础上确定出节庆风险的优先级排序，以便为风险应对提供依据。一般来说，较早发生且发生可能性大，同时后果严重、影响程度深的风险应优先处理。

（6）生成风险评估报告

这是风险评估的最后一步。完成以上工作后，最终生成节庆风险评估报告。报告中应写明已识别风险、风险分类、风险概率、发生后果、影响程度及风险优先级排序等。

5）节庆风险评估的方法

节庆风险评估的方法按照评估内容分为：风险定性评估，主要侧重于对风险概率、影响等的评估；风险定量评估，主要侧重于对风险优先级排序和整体风险水平的评价。

（1）风险定性评估的方法

①风险概率与影响估计

风险概率评估指调查每项具体风险发生的可能性。风险影响评估指调查风险对节庆目标的潜在影响。可以利用访谈或会议方法确定已识别风险的概率和影响。节庆管理团队的历史数据库中关于风险方面的信息可能较少，此时，需要有关人员对风险作出判断，包括项目团队成员和外部的专业人士。由于参与者可能不具有风险评估方面的经验，因此，需要由经验丰富的主持人引导讨论过程。

在访谈或会议期间，对每项风险的概率级别及其对每项目标的影响进行评估。其中，需要记载相关的说明信息，包括确定概率和影响级别所依赖的假设条件等。根据风险管理计划中给定的定义，确定风险概率和影响的等级。有时，风险概率和影响明显很低，在这种情况下，不应对其进行等级排序，而应作为待观察项列入清单中，供将来进一步监测。

②风险紧迫性评估

风险紧迫性评估是指明风险的最重要特性，用以作为警告指示，确定需要近期采取应对措施的风险。实施风险应对措施所需要的时间、风险征兆、警告和风险等级等都可作为确定风险优先级或紧迫性的指标。与风险相关行动的时间紧迫性可能会夸大风险的严重性，因此，利用目前已掌握的信息对项目风险进行评估有助于缓解风险行为的压力，提高找到急需解决的风险的效率。

③风险分类

可以按照风险来源、受影响的节庆工作，或其他分类标准，对节庆风险进行分类，以确定受不确定性影响最大的节庆工作。根据共同的原因对风险进行分类，有助于集中制订有效的风险应对措施。

（2）风险定量评估的方法

①访谈和专家判断

访谈技术用于对风险概率及其对节庆目标产生的后果进行量化，所需的信息取决于采用的概率分布类型。例如，采用常用分布，要求收集乐观、悲观与最可能发生的情况的相关资料；采用正态分布，则需收集平均值与标准差的资料。

专家判断可邀请节庆管理组织内外部专家,对数据和技术进行验证。

②敏感性分析

敏感性分析有助于确定哪些风险对节庆具有较大的潜在影响。单个因素的敏感性分析是在所有其他不确定因素保持基准值的条件下,逐个考察节庆活动要素的不确定性对目标产生多大程度的影响。

③决策树分析法

决策树分析法是对所考虑的决策以及采用这种或者那种其他现有方案可能产生的后果进行描述的一种图解法。它综合了风险概率和费用、事件逻辑路径的成本或者收益及未来应采取的决策。决策树的分析结果表明,当所有的不确定后果、成本、收益与随后的决策全部量化后,哪一项决策能为决策者带来最大的期望收益。

9.3 节庆风险应对

根据节庆风险识别和评估的结果,可以制订节庆风险应对措施。经过节庆风险识别和评估,得到两种情况:一是节庆风险超出节庆管理者或顾客能够接受的水平;二是节庆风险未超出节庆管理者或顾客可接受的水平。对前者,可通过中止节庆活动或彻底取消节庆活动规避风险带来的损失;对后者,节庆风险管理者可采取各种措施去规避、降低或消除节庆风险带来的损失。

9.3.1 节庆风险应对措施

(1)预防

预防节事风险指节庆管理者对于某些已识别风险可以在发生前在制度、文化、组织行为等方面预先作出控制,以避免风险发生。如在节庆开始前对设施设备进行检查,加强现场巡逻;也可以对工作人员或观众进行安全管理方面的培训,提高员工和观众节庆风险防范的意识和能力。

(2)规避

这是从根本上放弃节庆或放弃使用有节庆风险的资源、技术和设计方案,从而避开风险的一类应对措施。它主要用于节庆风险会带来较大损失的情况,如对于不成熟的技术坚决不在节庆中采用就是一种风险规避的措施。

(3)遏制

这是从遏制节庆风险引发原因的角度出发应对风险的一种措施,其主要用于应对风险可能带来损失的情况。如准备应急资金就是对可能因财务状况恶化而带来的节庆风险的遏制措施。

（4）转移

这类应对措施主要是用来应对那些风险概率小，但带来的损失超出组织承受能力，或者节庆管理组织没有能力控制项目风险的不利后果。可以通过购买保险或分包合同将风险转移给保险商或分包商。比如，2015年上海世博会期间，来自我国各地的12家保险公司共同承担上海世博会财产保险、建筑和安装工程保险及展品和艺术品保险3项规定保险，采用共保体方式实施世博会规定保险是世界各国实施世博会保险的惯例。

（5）化解

从化解风险的发生去控制和消除风险的不利后果或扩大有利结果。例如，团队冲突带来的风险可以通过沟通消除。

（6）接受

该应对措施主要是针对无预警风险，当上述应对策略无效时，可以考虑接受风险。如自然灾害，人们无法完全预测，只能制订灾害应急预案，当自然灾害发生时接受风险，同时积极采取措施降低灾害带来的不利影响。

（7）储备

储备风险主要是为节庆准备应急计划，当出现风险时，在特定情况下可实施应急计划。例如，为力争2008年北京奥运会期间零失误运行，国家体育馆准备了200多项应急方案，对小到厕所不通如何疏通这样的问题都进行了细致部署。预案中的重中之重是发生紧急事件时场馆的疏散问题。据场馆负责人介绍，一旦发生这样的情况，国家体育馆有能力在8 min之内将场内2万多人全部疏散。

【案例启迪】

端午龙舟赛被劝停

端午节期间，在九江一些地方还保留着划龙船、赛龙舟的习俗，大家用这种传统的方式庆祝端午佳节。九江县城子镇地处赤湖湖畔，有着得天独厚的水域条件，村民一直有在端午节期间赛龙舟的习俗。从2014年举办首届龙舟赛以后，目前已经连续举办了两届，今年各村之间准备举办第三届。为了把赛事举办好，村民自筹资金，还准备了两艘像样的"龙舟"。除了训练、置办装备外，湖里还用竹竿"划"了赛道，一切准备就绪，只等端午节当天比赛了。今年由于正值防汛期间，水位高，存在较大的安全隐患，九江县公安局、城子镇政府等部门发出了《致父老乡亲的一封信》，劝告不能举办龙舟赛。村民们虽然准备在端午节当天赛龙舟热闹一番，但是出于安全考虑，此项民间赛事被"劝停"，大多数村民对此表示理解。

龙舟赛为何要"劝停"呢？镇领导解释说："自始至终政府都不赞成或支持村民搞大型的龙舟赛，包括第一届、第二届，政府都不支持。前两年虽然举办了，但存在着安全风险，今年赤湖水域更不适宜搞大型的龙舟比赛，不仅水面有大量竹排、拦网、漂浮物，水底下还有各种渔网等障碍物，一旦发生翻船事故，后果不堪设想。龙舟赛的组织者也不具备法定的条件，无承担法律责任的资格。此外，参赛人员的身体素质参差不齐，前不久一个村的村民在划龙舟训练时,就发生了一名中年男子猝死的事故。事后才知道,该男子有心脏病。再者就是举办如此大型的活动,必须要报请公安、交通、安监等相关部门审批,经许可并制订详细的安全措施方可进行。对个别家族或出嫁女回娘家,划一下龙船放个鞭炮喜庆一下,我们还是支持的,但是不支持搞三四十条船聚集在一起的比赛。"据城子镇政府相关负责人估算,今年的龙舟赛如举办的话,参赛人数加上观赛人数可达 6 000~10 000 人,如此大规模的赛事,没有安全保护措施,一旦发生事故,后果不敢想象。对此,九江县公安局一位分管副局长也表示:"村民们的心情我们理解,防汛期间,不能搞大型水上活动,1 000 人以上的大型活动,必须要经多部门审批,不能私自组织,政府发现了,应合理劝导。"在沿路张贴的通告及《致父老乡亲的一封信》中,也说明了经实地勘察,此次龙舟赛的场所及设施不符合国家安全标准及相关规定,存在较大的安全隐患,建议取消龙舟赛。当日下午,记者离开时,当地政府还在进行合理劝导。

(资料来源:九江新闻网,2016-06-09)

9.3.2　危机中的沟通策略

当节庆风险没有得到有效控制,就有可能演变为危机,阻碍节庆目标的实现,甚至会威胁到节庆组织的生存和发展。节庆危机是一种对威胁节庆活动及其组织基本目标的实现,并且要求组织必须在极短的时间内作出关键决策和紧急回应的突发性事件。沟通作为危机处理的基本手段和工具,具有无法替代的优势。利用科学的危机沟通策略可以有效遏制危机,并有利于重建节庆活动在公众心目中的形象。根据班尼特形象修复理论所提出的危机沟通管理模式中的 6 项策略,可以在危机发生时及时帮助修复和改善节庆活动形象。

(1)否认策略(Denial)

否认策略主要表示某事件对社会造成的危害并非节庆组织所为,组织不承担不该承担的责任。否认策略又可进一步分为两类:一种是简单否认;另一种是转移责难。然而,只有在责任确实不属节庆组织时方可使用,否则有逃避责任之嫌。

2016 年里约奥运会期间,美国游泳名将罗切特曾称自己和队友在去参加聚会的路上被抢劫,而且是被由劫匪扮演的假警察持枪抢劫。后经里约警察局调查,发现实为罗切特报假案,里约市警察局随即召开新闻发布会,里约市警察局局长费尔南多-维罗索在新闻发布会上说:"没有运动员报告的这一类型劫案。"

(2)逃避责任(Evasion of Responsibility)

逃避责任是指危机发生后,组织企图逃避应该承担的责任,其前提是符合道德原则。班尼特提出了逃避责任的 4 种修补形象策略:

①被攻击下的行为。组织所作所为是为反击外在挑衅行为,因此组织的行为是可被原谅的。该策略意图将一切责任归咎于他人的挑衅和攻击。

②不可能的任务。这是非组织能力所能够控制的,并非组织不愿处理,不应该把责任归咎于组织。

③事出意外。强调危机事件纯属意外,而非组织"意愿"或"有意"之举,即事件是在非

控制的、意外的状况下发生的,组织即使有责任,也只能承担极小的过失责任。

④纯属善意。危机发生绝非组织的意图,系出自组织的一片"善意",因此,企业所承担的责任应该降至最低,由此减轻企业形象的破损程度。

【案例启迪】

如果犯错,记得幽默

谁都无法想象,如果一个世界性的体育盛会开幕式上出现重大纰漏,组委会将要承受怎样的压力。这样的倒霉事,偏偏让 2010 年温哥华冬奥会赶上了。

2010 年 2 月 13 日,温哥华冬奥会隆重开幕,为了让本届冬运会给全世界一个惊喜,组委会试图打造出一个让世人惊艳的点火仪式。原计划是:火炬由残奥会冠军汉森坐着轮椅传入体育馆,再由 4 名加拿大著名运动员依次传递,然后 4 人站在广场的四周,等待 4 根欢迎柱缓缓升起,再用火炬点燃欢迎柱,火光上升的同时 4 根欢迎柱中间的巨大冰柱将被点燃,奥运圣火将就此熊熊燃烧。虽然准备工作万无一失,但在欢迎柱上升的环节,预设的 4 根欢迎柱只升起 3 根,全世界的目光都聚焦到余下的那根,遗憾的是,它终究"千呼万唤没出来"。

如此重大的失误令组委会颜面扫地,成为全世界的笑柄。一位老者的话颇具代表性:"我们都祈祷闭幕式上千万别再发生什么差错,再也丢不起人了。"

3 月 1 日,温哥华冬奥会闭幕式如期举行。大幕拉开后,大家简直不敢相信自己的眼睛,火炬台竟然以"残缺的"状态搭建着,开幕式上失误的一幕被复制到了全世界观众的面前。更令人意想不到的事在随后发生:一个电工模样的小丑蹦跳着来到没有竖起的欢迎柱前,左拍拍,右看看,表情诙谐地检查着,最后将电源插好,并试着将那根硕大的柱子从地上拉起来。在小丑的拉动下,欢迎柱渐渐上升,缓缓地和其他几根搭建在一起。这时,小丑欢快地请出主火炬手勒梅多恩,由他点燃了奥运火炬,奥运圣火熊熊燃烧。

看到这儿,全场都沸腾了。加拿大人用一种自嘲的方式轻松化解了此前的尴尬,不仅无损他们的形象,反而成就了一个史无前例的"两次点火"的经典画面。

[资料来源:朱晖.如果犯错,记得幽默[J].风流一代·经典文摘,2011(2)]

(3)减少敌意(Reduce offensiveness)

组织因错误的行动而造成本身的危机,可以通过以下 6 种不同的组织形象修补战略,降低外界对其负面的评价:

①支援与强化。对受害者表示愿意承担责任,或者用过去的绩效和曾经对社会的贡献等良好形象来消减公众对节庆及其组织的不良评价。

②趋小化。以事件不严重来降低社会对节庆组织错误行为所产生的批判性情绪及负面感觉,淡化危机。

③差异化。区分和强调自己与竞争对手对危机事件处理的差异,目的是彰显组织的处理方式较竞争对手更周全,更有利于弱势群体和社会大众。

④超越。展示或巧妙表述节庆及其组织对社会的贡献远远超过对社会或消费者无意的

伤害。

⑤攻击原告。进攻是最佳的防御,以攻代守,再辅助配合以拖待变的战略。

⑥补偿。此战略最符合诚实和道德原则。尽管组织可能要对受害者进行一些赔偿,但节庆组织勇于承担责任的良好表现,对活动及其组织长久形象的塑造不无裨益。

（4）修正（Corrective Action）

组织表示,要采取行动来恢复到危机发生前的状态,并承诺预防该错误再度发生。对所发生的错误,除表示负责与道歉外,还需要在语言或者行为上进行更正。

（5）致歉（Mortification）

致歉意指主动认错、承担责任,并期待和寻求原谅。但此种战略可能会产生另一项不利的结果,即节庆组织可能会面临法律诉讼。不过一个勇于承担责任、诚实、负责的节庆组织形象却可以在承认与道歉中得以展现。

（6）更改组织名字

此战略意在放弃过往有污点的历史,可同时搭配促销、广告、销售渠道转移等措施来重建形象。

复习思考题

1.节庆风险管理的主要内容有哪些?

2.节庆风险管理的过程有哪几步?

3.如何进行节庆风险识别?

4.节庆风险识别常用的方法有哪些?

5.如何对节庆风险进行评估? 需要评估哪些内容?

6.如何应对节庆风险?

7.当出现节庆危机时,如何通过沟通解决问题?

【案例研究】

北京奥运会气象保障服务实现"四个满意"

2008年9月,在中国气象局召开的新闻发布会上,新闻发言人告诉记者:北京奥运会气象保障服务实现"四个满意":党中央国务院满意、国际社会满意、各国运动员满意、人民群众满意。

奥运会开闭幕式前两天,北京奥运气象服务中心对国家体育场鸟巢给出每3 h的预报,包括气象预警、风险预警都提供给指挥部,当天给出每小时的天气情况,在成功预报的基础上,成功进行了两次消减雨作业。开幕式的消减雨作业是奥运会历史上第一次拦截了影响开幕式主场地的云系。同样,闭幕式也做了一次非常成功的消减雨的作业,可以称之为"鸟巢晴空保卫战"。这些都是在遵守作业规定的情况下,根据天气预报抓住时机进行的作业,并没有改变人与自然和谐相处的原则。奥运会期间主协办城市不同程度经历了高温、暴雨、雷电、台风等天气。北京降雨偏多,局地性特征明显;青岛赛区13天里面有7天降雨,其中5天为暴雨,不适合比赛的小风天气有3天,给赛事带来了很大的挑战;上海9个比赛日有8个比赛日出现雷阵雨天气。

中国气象局根据赛事的高要求和单项体育赛事对气象的需求,提供天气预报服务,包括长短期天气预报、场馆天气预报、现场天气预报等。提供方式包括气象部门在奥运赛场指挥中心设立大屏幕,对每个赛场的信息进行发布,还有向北京奥运会赛事系统2008提供信息,以及开通北京奥运会气象服务网站及热线电话等。奥运气象服务新闻发言人、中国气象局预测减灾司副司长陈振林说:"通过奥运气象服务我们有以下的经验和启示:高度重视、靠前指挥是做好奥运会气象服务的保证;精心组织、周密筹备是做好奥运会气象服务的前提;立体监测、高速通信是做好奥运会气象服务的基础;准确预报、优质服务是做好奥运会气象服务的关键;广泛合作、上下联动是做好奥运会气象服务的保障。"

(资料来源:新华网)

讨论问题:
1.北京奥运会期间的天气情况会对比赛产生怎样的影响?
2.北京奥运会期间的气象服务带来的风险管理启示是什么?

【开阔视野】

2015年梅西百货感恩节大游行

11月26日,纽约举行第89届梅西百货感恩节盛装大游行,估计有300多万人在曼哈顿沿途现场观看。纽约警方高度戒备,出动2 500名警察沿途警戒,这也是梅西百货感恩节大游行活动历史上出动警察最多的一次。

巴黎遭到恐怖袭击后两周,美国大城纽约的年度感恩节大游行在严密警戒下登场,吸引数百万民众涌入曼哈顿,夹道观赏参与游行的乐队、花车和大型气球,活动顺利落幕。

报道称,梅西百货公司(Macy's)主办的这项活动已进入第89个年头,成为纽约的招牌游行。官员估计游行路线沿线有超过300万观众夹道观赏。

纽约市长白思豪(Bill de Blasio)表示,今年参观大游行人数可能创下纪录,这表明,大家都觉得安全无虞,因此"用脚投票",踊跃参与这次活动,不受恐怖分子恫吓。

尽管巴黎恐袭事件造成惨重伤亡,令各国对大型活动更为谨慎,但纽约官员呼吁居民和游客,照常进行各项假日计划,表示这个全美人口最多的城市并未受到可信的攻击威胁。

游行队伍抵达曼哈顿的梅西百货旗舰店后,活动宣告顺利结束。警方表示,未获报发生任何事故,只逮捕了一位41岁俄罗斯游客,因为他和14岁的儿子在中央公园玩无人机,地点接近游行路线。

　　警方派出创纪录警力巡逻街道,许多参与游行团体行进时,旁边有警员同行,上空还有直升机盘旋监视,维安工作异常严密。这是因为巴黎 13 日的恐怖攻击造成 130 人惨死,而极端团体"伊斯兰国(IS)"除宣告犯案,还扬言要对美国等其他国家发动攻击,目标包括纽约。

　　游行全程约 4 km,通过电视实况转播,据估计全世界约有 5 000 万人观赏。这项活动也为美国年底假期季节揭开序幕,美国将进入全年最忙碌的旅游时段,美国总统奥巴马 25 日向全民保证,他们在假日可以安全出游。

　　路透社与易普索集团(Ipsos)所作民调结果显示,在巴黎恐袭事件后,美国人对这类威胁变得比较担心,并将恐怖主义列为美国面临的最大问题。

(资料来源:中国新闻网,2015-11-27)

第10章
节庆现场管理

【学习目标】

通过学习本章,学生应该能够:

理解:现场管理的概念

　　　舞台监督的概念

　　　媒体服务的概念

熟悉:现场管理的"5S"原则

　　　现场管理的工具

掌握:节庆演出的相关政策与法规

　　　媒体服务的硬件服务和软件服务

　　　环境容量计算方法

【关键术语】

现场管理　"5S"原则　标准化　目视管理　管理看板　演职人员　舞台监督　舞台监督系统　环境容量　面积法　线路法　卡口法　大客流管理　文明旅游　媒体　媒体服务　硬件服务　软件服务

【开篇案例】

节庆活动管理不必因噎废食

南京人有个习惯,春节不到夫子庙不算过年,若不买盏花灯回家,过年也不算圆满。因此,南京每年元宵节都举办秦淮灯会,尽管有数十万人前来观灯,由于组织得力,观灯现场都能做到秩序井然,未出现过踩踏、挤压等事件。为确保灯会安全,今年元宵节当晚,南京警方启动一级加强勤务模式,灯会现场执勤警力达5 000名,南京城管执法队伍共出动人员1 703人次,部署了85个单兵小组,分片巡逻、定点值守。灯会安保还首次启用人群热力图检测分析,使灯会安保指挥部更加客观、准确地把握治安动态,掌握重点地区防拥挤、踩踏及区域人员流入流出等情况。

去年元旦"上海外滩踩踏事件"发生后,今年很多地方宣布不再举办元宵灯会。南京却没有因噎废食停办夫子庙秦淮灯会,当时,很多人都为南京捏了一把汗,几十万市民参加活动,一旦出现一丝纰漏,后果不堪设想。然而,南京有关方面敢于担当,通过精心策划,严密组织,确保灯会万无一失。

今年,由于天气原因,参观夫子庙秦淮灯会人数比去年略有下降,但还是达到了35万人次的规模。举办如此规模的灯会肯定要冒一定的风险。试想,一旦出现问题,相关负责人可能会被更加严厉地追责。因此,办好如此规模的灯会,考验着政府管理者的智慧,考验着管理者的责任感和管理能力。

实践证明,只要预防措施到位、现场管理得力、应对处置适当,就会使节庆活动进行得有条不紊。举办大规模的节庆活动,不仅满足了民众假日的需求,还可以提振民众对政府的信心,表明了政府的担当,是一举多得的好事。

[资料来源:胡建兵.节庆活动管理不必因噎废食[N].中国旅游报,2016-02-26(003)]

10.1 现场管理

10.1.1 现场管理的概念

所谓现场,是指事件或行动发生的地点,任何事件或行动的发生都需要有空间的载体,节庆也不例外。作为企业管理中的常见概念之一,现场管理在现代管理学中被定义为:用科学的标准和方法对生产现场各生产要素,包括人(工人和管理人员)、机(设备、工具、工位器具)、料(原材料)、法(加工、检测方法)、环(环境)、信(信息)等进行合理有效的计划、组织、协调、控制和检测,使其处于良好的结合状态,以达到优质、高效、均衡、安全、文明生产的目的。

节庆作为社会活动的一种表现形式,也符合现场管理定义中的要素特征。节庆中的"人"包括组织者和参与者;"机"包括现场的各种机器设备;"料"指的是节庆的各项活动内容;"法"可以是日程安排和时间进度;"环"是外部的宏观环境和现场的具体环境;"信"是随时发生且变化的数据和资讯。

10.1.2 现场管理"5S"原则

现场管理"5S"原则起源于日本,其思想雏形产生于1955年,截止到1986年内容体系已较为完整,现在在日本企业中有着广泛的运用。"5S"分别对应日语中的 Seiri(整理)、Seiton(整顿)、Seiso(清扫)、Seiketsu(清洁)和 Shitsuke(修养),由于这 5 个日语单词的发音都是"S"开头,故被称为"5S"。仅从字面上看,人们会把"5S"误认为环境卫生治理,实际上其意义和内涵已远远超出字面所包含的意思,对创造有序的现场环境有着重要的作用。在这 5个原则中,核心原则是修养,因为日本管理者认为如果没有员工队伍修养的相应提升,"5S"原则也无法展开。

1) 整理

整理,是将需要与不需要的人、物、事加以区分并分开,岗位上不放置任何必需品以外的物品,也不让任何无关人员参与进来。在日常工作中,面对杂乱无章的现场,人们常会用"乱而不杂、杂中有序"进行自我安慰,或者发出诸如"谁知道以后会不会用到呢?""好不容易弄出来""先放着吧"之类的心理暗示。整理是改善现场管理的第一步,日本有些企业其至提出"效率和安全始于整理"的口号,这就催促着管理者思考到底什么是现场需要的、什么是现场不需要的,什么可以留,什么必须弃,这也是在另一方面帮助管理者找准重点,因为要思考清楚丢弃、整理掉什么一样很重要。欲做加法,先做减法,以减法带来加法乃至乘法,整理需要有坚定的决心以使现场没有无用之物。整理可以改善和增加现场的作业面积,使现场更加通畅、减少相互摩擦碰撞的可能,而且可以消除现场混乱的状况,改善工作作风,保障安全,减少库存,节约资金,从而提高员工工作热情和工作效率。

2) 整顿

整顿,就是将需要的人、物、事加以定量和定位,对现场的必需品按照一定数量加以科学合理的布置和摆放,使必用之物放于固定的、立刻能取的区域。简单来说,整顿就是以标准化的视角,将人和物品放到应该放置的位置,以及深入研究如何快速拿取、快速放回。即便现场全是必需品,但物品任意摆放,也会增加工作人员寻找物品的时间,并降低工作速度和工作效率,而且凌乱的现场环境会影响人的心情。对于整顿而言,其重点就是能够在空间上进行定位,而且是科学合理的定位,例如,将常用物品放在作业区域,将偶尔使用的物品放在储存区域,对于不同的区域可以用颜色和标记等加以区别。经过整顿后的现场一清二楚、一望而知,方便工作人员寻找、拿取和放回,从而为工作人员创造整齐有序的工作环境,提高工作人员注意力,使其全神贯注执行任务,有利于提高工作效率、保障现场安全。日本现在有一门专项的现场管理方法——定置管理,就是在整顿的基础上发展起来的。

3) 清扫

清扫,是指将工作现场打扫干净,做到无垃圾、无灰尘,将不需要的物品彻底清扫干净,对出现异常的设施设备即刻进行修理以使其恢复正常。正所谓最难的是维系,最累的是保持,任何现场在整理整顿之后,经过一段时间的运转都会出现脏乱差的状况,如果坐视不管将会导致设施设备故障多发,既降低生产效率,也影响工作人员的情绪,还有可能带来安全隐患。对于工作人员自己经常使用的工作设备,考虑到其重要性和私密性,应当由其亲自清扫,不要随便交给他人代劳,也无须额外增加清洁人员。此外,清扫应当随时都能进行,而不是等到出现脏乱差之后,要注重平时的维护保养,以清扫代保养、以保养促清扫,可以将点检、维护、保养、清扫等联系在一起。现场管理中的清扫应使每个人都能参与进来,无论是高级管理人员,还是一线操作人员,最为重要的是要能够把每一块确定区域都落实到每一个具体的人员,不能留下无人负责的死角。通过清扫改善工作环境,将现场环境时刻保持在一个较高水准。

4) 清洁

清洁,是在整理、整顿、清扫的基础之上,继续深化与坚持,使现场保持最完美和最佳的状态,并通过习惯和制度的方式加以固化。半途而废,很容易功亏一篑,因此,清洁的关键在于标准化、规范化和制度化,否则再完美的现场也很容易变得脏乱差。在全面制度化的进程中,高级管理人员的示范作用尤为紧要,所谓"火车跑得快,全靠车头带",榜样的力量是无穷的。只要高级管理人员以身作则、率先垂范,不当甩手掌柜、不做跷脚老板,自然能够将一线工作人员保持清洁的热情和积极性充分调度起来,也不会出现类似"上有政策,下有对策"的窘境。当然,一线工作人员也要主动养成清洁的习惯,从细微处着手,不光是形体上的清洁,还要做到精神上的"清洁",与人和善、待人客气,互相理解、互相尊重。清洁不仅可以使现场整齐干净,创造一个良好、健康和安全的工作环境,保证工作人员身体健康,消除发生职业病的可能,更能提高工作人员的劳动热情和工作效率。

5) 修养

修养,是指工作人员拥有良好的工作习惯,遵守纪律、遵守规章制度,富有团队精神、富有素养。制度上的束缚使人不得不遵章守纪,而只有思想上的进取才能使人主动积极向上,因此,要经常组织工作人员学习规章制度,铭记于心,否则稍一放松就可能违规违纪。在"5S"中,前4个"S"涉及场地和物品,最后1个"S"涉及人。"5S"原则之间是互相递进的,人是现场管理最重要的因素,无论是整理、整顿,还是清扫、清洁,最终的执行者都落实到人,最终的执行对象也都落实到人。"5S"最核心的原则在于修养,在于工作人员的素质,鼓励工作人员实现自我管理,在思想上和行动上成为自己的首席执行官。没有工作人员修养的提高,现场管理也无从开展,开展了也难以持续。因此,必须始终坚持着眼于人、以人为本,通过提高工作人员的修养,创造一个风气良好的工作场所,使员工养成并保持良好的工作习惯和作风,提高自身境界,与企业共同成长和进步。

10.1.3 现场管理的工具

1) 标准化

所谓标准化,是指在各类社会实践中,对重复性的概念和事务,通过编制、发布和设施标准以达到统一。现场管理有各种各样的规范,比如规程、规定、规则、规矩、要领、流程等,把这些规范形成书面的文字即是标准。

标准化可以把现场管理人员所积累的技术和经验,通过文字和文件的形式加以保存,把个人的经验化为组织的经验,这样就不会因为人的流失而导致技术和经验的流失。新员工在入职时,可以参阅各项标准快速掌握技能,进而将组织的经验转化为个人的经验。而且有了标准,工作效率会大为提高,每一项工作即使换了不同的操作人员,在结果上也不会有太大的差异。

标准化的制订同样需要明确的目标、清晰的过程,要尽可能是准确、具体的描述而不是抽象、模糊的形容,最后制订出来的标准是可以操作、可以实现的。标准不是一成不变、百世不易的,当外部和现场的因素发生变化时,标准也要及时修正,否则参照标准只会刻舟求剑、缘木求鱼。当然,标准化是一个过程,不能指望一蹴而就,对于现场管理人员而言,需要一定的时间去理解和领悟,需要必要的耐心和引导。

2) 目视管理

在日常生活中,人们通过视觉、嗅觉、听觉、触觉和味觉来感知外界事物。其中,至少有80%的外界信息是经过视觉获得,小到交通红绿灯,大到蓝天白云,视觉也成为人最重要的感觉。因此,在现场管理中,工作人员要想快速了解情况,目视管理是一种非常重要的工具。其实是非对错,无须全部翻阅文件和对照标准,有的一眼就能看出是对还是错。

作为一种以视觉显示为特征的管理方式,视觉信号需要每个人都能看清,而且可以尽可能让工作人员知道视觉信号背后的含义和意图,工作人员也可以以此为基础进行互相之间的交流。最终,工作人员通过视觉观察正确把握现场的运行状况,判断现场的正常与异常,并作出下一步决策和控制,省去了诸多请示、报告、询问、命令的环节,也达到了自我管理的目的。

目视管理的重要内容就是在作业现场布置各种可视化的标志、图形,辅以文字,把现场的关键点、隐患点直接醒目地展现出来,但这还仅仅是目视管理的初级水平;更高级、更有效果的呈现能让工作人员加以判断,甚至直接把处理对策列明,实现"能看、好看"到"能用、好用"的飞跃。

3) 管理看板

管理看板是管理可视化的一种表现形式,是通过标语、数字、图表、图像等形式把隐匿的数据和情报及其动态变化进行清晰的展示,以便观看者可以及时掌握管理现状,从而快速制订应对措施。这里的看板,可以是小卡片、小黑板或者小白板,随着计算机和网络的普及,管理信息系统逐渐引入传统的看板体系,显示终端越来越多地呈现为计算机屏幕、平板电视和LED 显示屏等,看板的可移动性也越来越强。

管理看板可以直观且有效地发现问题、解决问题,提高管理透明度,是一种高质量的现场管理工具,使用范围非常广泛。通过管理看板,工作人员可以看到自己的工作成效,能够产生工作动力,带来工作成就感和自豪感,在现场管理人员内部也可以形成一定的竞争和活力,推动工作进一步开展。通过看板对外展示现场管理的状况,也可以让受众快速了解情况,从而塑造精湛的现场管理水平,树立优异的现场管理形象。

从内容上来看,管理看板可分为计划看板、过程看板、质量看板、制度看板和现场布局看板等;从责任者来看,管理看板可分为管理者看板和运营者看板等类型。

【案例启迪】

试图关掉会场音响　一男子大闹石榴文化节被拘

9月24日,淮北市第六届石榴文化节在烈山区榴园村盛大召开,一名故意扰乱公共场所秩序的违法人员被警方依法拘留。

当天上午8时,现场执勤民警对会场主要道路实行限行,无会场通行证的车辆禁止通行。9时30分许,榴园村村民刘某某在无通行证的情况下想进入会场,现场执勤交警将其劝回。刘某某找小路进入村部后,又被交警拦下,刘某某很生气,就到村委会要找村干部说理,因当天村干部均在活动现场,刘某某在办公室内未见到村干部,便到村委会广场石榴文化节演出分会场,要求会场工作人员停掉音响,并在会场大叫大闹,后又爬上会台,现场执勤民警立即将其带下会台,在台下刘某某不听民警劝说,又在会场前大闹,造成现场众多人员围观,会场秩序混乱,影响了石榴文化节演出,扰乱了公共场所秩序。

烈山派出所经过快速查证,在当事人陈述和辩解、证人证言、现场民警执勤经过、现场视频等证据证实下,根据《中华人民共和国治安管理处罚法》第二十三条第一款第二项之规定,认定刘某某的行为已构成扰乱公共场所秩序,依法对其行政拘留五日。

(资料来源:杨健祥.试图关掉会场音响　一男子大闹石榴文化节被拘[EB/OL])

10.2　现场管理的主要内容

10.2.1　演职人员管理

演职人员,即演员和职员的简称,泛指所有参加演出活动的演员、演奏员、主持人、编导、剧务、摄影、化妆师、后期制作和相关管理人员等。其中,演员是舞台上进行专职表演的人员,通过面对面的形式将美好的艺术传递给现场观众,也是最受观众欢迎和追捧的演职人员;主持人在现场演出中负责播音和衔接,和观众也有较多的互动;编导是既能编又能导的复合型人才;剧务是为剧组服务的日常事务负责人。

近年来,我国演出市场规模稳步扩大,演出产品日益丰富。2015年,全国艺术表演团体数量共计10 787个,演出场次达210.8万次,观众人数达9.58亿万人次,演出市场总体规模达到475.43亿元。

1)节庆演出的相关政策与法规

作为文化产业的组成部分,节庆演出活动在繁荣社会主义文艺事业、满足人民群众文化生活需要、促进社会主义精神文明建设方面有着一定的贡献,各级部门也加强了相关的管理。早在 2007 年,国务院纠风办在全国纠风工作会议中就明确指出,要加强对节庆活动的监管,减少和控制节庆活动的数量和规模,要求各地政府及其所属事业单位对在举办的节庆活动中重金邀请演艺明星捧场的现象进行全面清理。2011 年,文化部又下发《关于加强演出市场有关问题管理的通知》,明确规定政府或者政府部门不得主办或者承办节庆演出,不得直接参与投资节庆演出,节庆演出也不得冠以中国、中华、全国、国家、国际等字样。2013 年,中宣部等五部门联合发出通知,要求不得使用财政资金高价邀请演艺人员,不得使用国有企业资金高价捧"明星""大腕",坚决刹住滥办节会演出、滥请高价"明星""大腕"的歪风。

对于大部分市场化的、营业性的节庆演出活动,必须严格遵守《营业性演出管理条例》(国务院令第 528 号,2016 年第三次修订),在演出经营主体的设立、演出规范等方面参照国务院条例认真落实,演职人员也应对该条例进行认真学习。该条例对演员和演出场所的安全也作出了规定,包括:

①加强预防,如建筑、设施应符合国家安全标准和消防安全规范,临时搭台演出要核验场所验收合格证明、安全保卫工作方案、灭火和应急疏散预案以及安全、消防批准文件;

②完善演出过程中的安全措施,如公安部门可以组织警力维持演出现场秩序。

此外,演出经纪人还要遵守文化部 2013 年施行的《演出经纪人员管理办法》,切实做到"三不得":在演出经纪机构中从业人员不得以个人名义从事演出经纪活动;不得在两家以上(含两家)演出经纪机构从业;不得隐瞒与经纪业务有关的重要事项,或者对经纪业务做虚假宣传。

2) 舞台监督

舞台监督是演职人员中的一种职务,在演出过程中负责掌握舞台艺术各部门的总体组织和管理工作,是演出现场管理的顶梁柱。

在演出的排演初期,主要由导演制订相关计划,负责场内排演,舞台监督主要协助拟订计划,支配各个部门完成场外事宜。正式演出时,舞台监督从导演手中接过全部演出重担,按照事先拟订的计划发布开幕和闭幕的信号,指挥工作人员现场管理,处理舞台和后台的一切艺术事务,以保证演出能够高质量地完成。倘若舞台表演过程中出现意外事件,舞台监督有及时采取紧急措施的权力。舞台监督对演出质量起着至关重要的作用,因此,要求舞台监督具备布景、道具、灯光、音响、服装、化妆、舞台搭建等方面的专业知识,而且要具备团队管理、项目管理和收益管理的能力。毫不夸张地说,舞台监督是台前幕后的总调度、大管家,身兼多职、忙里忙外,拥有绝对的权威,演职人员要服从其指挥,因此,舞台监督也被认为是演出活动的幕后英雄。如果说导演赋予剧本生命,舞台监督则是助产士,由于两者在职能上有着一定的重叠,因此,部分国家通常由导演兼任舞台监督,但这样会加重导演的工作负担。从保证演出质量出发,一些大的演出机构会独立设置舞台监督一职,由专人负责。

随着技术和管理信息系统的发展,现代化的舞台监督系统也逐渐发展起来,它是采用先进的数字化及计算机网络技术、音频视频技术和多媒体技术等,集监督、监控、指挥、调度等多功能于一体,实现演出活动排演、彩排、演出的技术集成系统。

以国家大剧院为例,舞台监督系统主要包括内部通信、灯光提示、催场广播和视频监视4个子系统(见图10.1)。其中,内部通信子系统便于演职人员之间内部沟通,还能和舞台扩声系统相接以达到部分演出的特殊要求;灯光提示子系统是内部通信子系统的补充和提升,适用于需要静音、无法使用耳麦等场合,最典型的灯光提示器应用有 Standby(待命)、Go(开始)和 Acknowledge(准备就绪);催场广播子系统主要运用于技术用房、化妆区和候场区,有主动呼叫和被动呼叫两种形式;视频监视子系统主要具备现场演出监控、辅助演出、录制演出、存档、监视等功能,摄像机信号经视频分配器传送至本地监视器和有线电视机房。舞台监督台是舞台监督的管理核心,有坐式和站式两种台型,为方便舞台监督操作,其设计要求符合人机工程学原理。

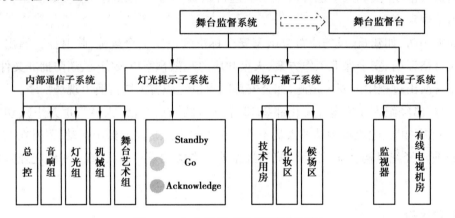

图 10.1　舞台监督系统(国家大剧院)

【案例启迪】

文化部关于加强演出市场有关问题管理的通知

文市发〔2011〕56

一、规范音乐节等节庆类营业性演出活动的申报与运作

(一)音乐节等节庆类营业性演出活动(以下简称"节庆演出"),是指冠以"节、周、月、季"等字样,演出场次3场以上、持续时间1天以上的主题性演出活动。

节庆演出应当由符合《营业性演出管理条例》(以下简称《条例》)及《营业性演出管理条例实施细则》(以下简称《实施细则》)规定的演出经营主体举办,政府或者政府部门不得主办或者承办节庆演出,不得直接参与投资节庆演出;节庆演出不得冠以中国、中华、全国、国家、国际等字样;举办节庆演出应当将整体方案报县级以上文化行政部门审核,未经审核的,不得以"节、周、月、季"等名义进行宣传。

(二)节庆演出过程中通过网络直播、转播等方式与观众互动的,应当由具有《网络文化经营许可证》的互联网文化经营单位负责提供网络服务;演出举办单位应当于演出活动举办

3个工作日前,将演出现场播放的视频资料和网络互动方案报送演出地县级文化行政部门备案。

(三)演出举办单位应当严格按照文化行政部门核准的演出人员和演出内容组织演出;指定专人负责现场巡查,落实安全应急措施;积极配合文化行政部门、文化市场综合执法机构及其他相关部门的现场监管。

(四)演出举办单位要创新思路,丰富节庆演出内容与形式,完善演出活动市场运作方式。各级文化行政部门要促进节庆演出与当地文化、旅游资源的深度融合,加强区域内节庆演出的统筹协调,引导节庆演出特色化、品牌化发展。

二、严格演出票务经营单位的市场准入与监管

(一)演出票务经营是演出营销的重要环节,从事营业性演出活动票务代理、预订、销售业务的经营单位,应当按照《条例》及其实施细则关于设立演出经纪机构的规定,取得《营业性演出许可证》。未取得《营业性演出许可证》的,应当于2012年3月30日前到所在地省级文化行政部门办理相关手续。擅自从事营业性演出活动票务代理、预订、销售业务的,由文化行政部门、文化市场综合执法机构依照《条例》第四十三条规定予以处罚。

(二)演出票务经营单位应当核验演出活动的批准文件,不得擅自预订、销售未经审批的演出活动门票;应当与演出举办单位签订票务销售合同,公开不同票价的座位区域及可售数量;不得对演出活动进行虚假、夸大宣传。演出票务经营单位预订、销售未经审批的演出活动门票的,由文化行政部门、文化市场综合执法机构依照《实施细则》第五十五条规定予以处罚。

三、明确演出场所经营单位的义务与责任

(一)为营业性演出活动提供场所的,应当核验演出活动的批准文件,并建立现场演出日志。为未经批准的营业性演出活动提供场地的,由文化行政部门、文化市场综合执法机构依照《条例》第四十四条规定予以处罚。

(二)演出场所经营单位应当指定专人负责现场巡查,对演出活动中有《条例》第二十六条禁止情形的,主动采取措施予以制止,并及时报告所在地县级文化行政部门。未及时采取措施制止、未及时报告的,由文化行政部门、文化市场综合执法机构根据《条例》第四十六条规定,依照职权予以处罚。

(三)非演出场所经营单位擅自举办营业性演出的,由文化行政部门、文化市场综合执法机构依照《条例》第四十三条规定予以处罚;非演出场所经营单位为未经批准的营业性演出活动提供场地的,移送有关部门处理。

四、研究制定服务演出市场发展的政策与措施

(一)各级文化行政部门要积极支持各类演出区域联盟、演出企业联合体、演出院线等行业合作机制建设,充分发挥合作机制在资源共享、风险共担、降低演出成本、防范恶性竞争等方面的积极作用,推动形成高效的演出市场运作机制与合理的演出市场定价机制,扩大演出文化消费。统筹协调演出交易会、博览会等会展活动的布局和时段,研究制定具体措施,以

培育满足区域市场需求为核心,强化地方性会展活动的交易功能,以示范引导交流为核心,提升全国性会展活动的影响力。大力推进演出与网络、旅游等领域的深度融合,拓宽演出市场新空间。

(二)加强演出行业协会建设,指导行业协会推进演出市场规范化、标准化、专业化建设,制定行业自律规范,健全以演出经纪人为主体的演出从业人员资格认定和培训机制。

(三)文化行政部门要进一步转变职能,提升服务水平和效率,规范和简化行政审批程序。要通过举办演出法规培训、经营管理培训、演出市场案例研讨等活动,培养适应演出市场发展需求的复合型人才。营业性演出经营主体的法定代表人和主要负责人,应当参加所在地文化行政部门和行业协会组织的培训,提高法制意识和经营管理能力。

特此通知。

二〇一一年十二月七日

(资料来源:文化部网站,2011-12-14)

10.2.2 游客和观众管理

1) 节庆环境容量

节庆是人们以群聚的形式进行休闲娱乐、放松心情和传承文化的重要方式,随着有特色、有内涵的节庆活动越来越多,人们参与节庆活动的热情也越来越高,通过参加节庆来达到人际交往、拓宽视野的目的也较为普遍。

节庆的举办需要空间的承载,其中所能容纳的游客和观众数量是有限的。如果现场人数太少,则缺乏氛围、浪费前期投入、无法形成节庆品牌;如果现场人数太多,会出现节庆"人看人"的情况。当然,人气爆棚的场景可以营造出火热的气氛,但现场太拥挤也会影响到游客和观众的舒适程度,如没有足够的休息区域、厕所排长龙、路况拥堵、停车位不够用、卫生状况差、买不到想要的东西、服务人员欠缺等。舒适度的降低影响节庆体验质量,极有可能导致满意度和忠诚度下降。更严重的,大规模的人群暗藏风险和隐患,由于踩踏、极端天气、食物中毒、组织管理不当等导致的悲剧屡见不鲜,因此,对于节庆现场的游客和观众管理,应以参与者的安全为导向,对环境容量进行测算。

环境容量的测算有3种较为经典的方法,分别为面积法、线路法和卡口法(见表10.1)。不过,计算的结果只能代表现场最高能容纳多少人,和游客、观众的心理容量可能会存在一定的落差。此外,节庆环境容量还要考虑量化的安全容量,例如,广东省规定:在无固定座位场所举办活动,按场所有效使用面积人均不少于 $1\ m^2$ 核准人员安全容量。目前,旅游部门按照《旅游法》《景区最大承载量核定导则》陆续对外公布景区最大承载量,这也给依托景区举办的节庆环境容量设定了峰值,例如,上海顾村公园景区(顾村樱花节)日承载量17.76万人次,瞬时承载量4.93万人次。

表 10.1　环境容量计算方法

| | 面积法 | 线路法 | | 卡口法 |
		完全游道法	不完全游道法	
计算公式	$C=A\times D/a$	$C=M\times D/m$	$C=M\times D/(m+m\times E/F)$	$C=B\times Q, B=t_1/t_3,$ $t_1=H-t_2$
字母含义	C 为日环境容量 a 为每人应占的合理面积 A 为可游览面积 D 为周转率	C 为日环境容量 M 为游道全长 m 为每人应占的合理游道长度 D 为周转率	C 为日环境容量 M 为游道全长 m 为每人应占的合理游道长度 D 为周转率 F 为游完游道所需时间 E 为沿游道返回所需时间	C 为日环境容量 B 为日游客批数 Q 为每批游客人数 t_1 为每天游览时间 t_2 为游完全程所需时间 t_3 为两批游客相距时间 H 为每天开放时间 （时间单位为分钟）
适用范围	现场相对封闭,吸引物相对综合,各区域游客可自由流动	现场以游道为主		现场有卡口

2) 大客流管理

2015 年 9 月 24 日是伊斯兰教的宰牲节,约 200 万穆斯林朝觐者来到麦加参加朝觐活动。大批朝觐者从麦加城东的米纳帐篷城步行向"投石驱魔"仪式地杰马拉特进发,由于过度拥挤、人流对冲,最终导致 700 多人遇难、800 多人受伤的惨剧发生,这是近 25 年以来朝觐期间发生的最严重的灾难事件。在我国,类似的悲剧也偶有发生,可见,对游客和观众的现场管理依然存在一定的弊端,例如,市政、公安、交通、医疗等部门间缺乏协同,缺乏完善的法律依据和规章制度等,宣传教育不到位等。

大客流是节庆现场的常态和难题,但对其不要畏惧,要加大服务的力度。人多不可怕,就怕没秩序,面对节庆大客流应通过多种方式进行应对。通过权威的渠道,密集地对外进行教育和宣传,加大自救知识普及的力度,从而提高游客和观众的安全意识和自我保护能力。尤其需要在一些细微处对游客和观众的行为提前进行劝导,例如,走路不玩手机、路口不逗留、发生拥挤时行走保持平衡等,从而减少现场管理的压力。

拥挤的人流是导致现场秩序混乱甚至引发踩踏的重要原因,因此,要降低节庆现场事故风险,必须对节庆现场一定范围内的人流密度进行严格的控制,根据人流的变化启动相应的预案,并对人流进行有效的疏通、截流、分流、导流多管齐下。对斜坡、出入口、道路交叉口等特殊地段加强管理部署,通过"开关式过马路"、单向通行禁止回流防止人流对冲。参照《景区最大承载量核定则》,当游客数量达到最大承载量的 80% 时,需控制游客流量;当游客数量达到最大承载量时,应立即停止售票并发布告示,做好解释和疏导等相关工作,最大限度保障游客的出游安全和旅游舒适度。通过合理划分区域,配备相应数量的警务人员维持秩序,以路线标志牌的形式规避异质群集现象。建立并完善节庆安全管理体系,形成跨区域、多部门的协作联动机制,实现现场数据共享和交换。

此外,在大客流来临时,高科技手段将发挥巨大作用。通过运用手机入网信号、WiFi嗅探、视频监控自动识别等技术手段,结合大数据和云平台的计算方式,实时对节庆现场人流进行统计,通过微博、微信、LED大屏幕等方式对游客和观众进行公布。例如,"上海发布"微信页面中的"市政大厅",通过点击"景区实时客流"可查看上海各大A级景区实时信息和舒适度指数,为市民游客提供参考。

3)文明旅游

在游客和观众尽享节庆的愉悦时,在节庆现场的不文明旅游行为也随之产生,这是业界尽人皆知的一种普遍存在的现象。据新闻媒体报道,"节庆垃圾"已成为社会各界挥之不去的痛,例如,2012年北京香山红叶文化节高峰日每天产生6~7 t垃圾,废报纸、塑料袋、方便面餐盒随处可见,在遍山红叶中显得格外大煞风景。垃圾仅仅是不文明现象的一种表现形式,还有随地吐痰、在非吸烟区吸烟、哄抢、践踏草坪、不听劝阻喂食动物、大声喧哗、衣冠不整、违反规定拍照录像等。这些虽然可能只是少数人的不文明行为,但会给多数人留下不好的印象。最美的风景叫文明,作为软实力的表现,文明旅游可以增强节庆的吸引力和感染力,这也是提升节庆竞争力和可持续发展能力的重要力量。不文明行为已经成为影响节庆形象的重要因素之一,这也不禁让人发问,节庆何时才能和垃圾说再见、何时才能和不文明说再见?

不文明行为很大程度和保护意识不强、道德水平不高有关,也存在人们在节庆期间占有欲过强和道德感弱化的可能,对这种不文明行为进行引导和管理是一个系统的工程。应对节庆期间游客和观众不文明行为的时空特征、驱动机制、演变规律进行摸底调研,为节庆现场管理提供可靠的、科学的决策依据。国家旅游局办公室印发的《国家旅游局关于游客不文明行为记录管理暂行办法》,建立不文明档案,值得节庆主办方学习借鉴和贯彻落实。但"黑名单"制度本身执行起来也存在很多难处,不能解决所有问题,教育引导比惩罚更重要,根本在于国民素质的整体提高。

志愿者是助推文明旅游的重要力量,高素质和高质量的志愿者更是重大节庆活动的主力军。节庆志愿者宜精不宜多,佩戴志愿者标志,进行文明旅游教育,引导游客和观众文明礼貌。上海市首批20名中国旅游志愿者2015年在上海旅游节亮相,成为一道靓丽的风景线;2015年9月成立的武汉市旅游志愿者服务总队,执行的第一个任务是第14届武汉国际旅游节。畅通志愿者参与节庆服务的渠道,夯实志愿者参与节庆服务的基础,建立多专业、多行业的节庆志愿者队伍,探索节庆志愿者参与节庆公共服务的长效机制。通过志愿者为游客和观众提供一系列便民服务,从而使节庆更文明、更美好。

值得注意的是,节庆现场安心、开心和舒心的环境与服务是文明旅游的基础,节庆主办方应切实提高办节水平,拓展公共服务,丰富产品供给。

10.2.3 媒体服务

1)媒体服务的内涵与意义

媒体服务,Media Service,也称为媒体运行,即为满足媒体记者的需求而提供的各种硬件服务和软件服务等,以便媒体记者能够充分报道节庆盛况并传播给尽可能广泛的受众。媒体的发展随着时代的发展不断变迁,第一媒体是指以纸质为媒介的报刊,第二媒体指的是以电波为媒介的广播,第三媒体指的是以图像为媒介的电视,第四媒体指的是以字节为媒介的互联网,第五媒体指的是移动互联网。从信息的流向来看,前三代媒体是单向的,而第四、五媒体是双向的。第四、五媒体传播速度快,传播范围广,方便即时,形式丰富,尤其在青年一代有着广泛的运用。根据中国互联网络信息中心(CNNIC)发布的第 38 次《中国互联网络发展状况统计报告》,截至 2016 年 6 月,中国网民规模达 7.1 亿,互联网普及率为 51.7%,手机网民规模达 6.56 亿。

媒体又被称为无冕皇帝,其能量和力量是巨大的,从某种角度来看,媒体的新闻报道和评价是衡量节庆是否成功举办的重要因素之一。美国福特汽车公司、克莱斯勒汽车公司前总裁李·艾柯卡曾说过:"我们可以怀疑媒体的动机,但如果有人低估它的力量,那他就太天真,不,简直是太愚蠢了。"2006 年,时任国际节庆协会(IFAE)总裁兼首席执行官史蒂文在接受中国记者采访时说:"节庆活动离不开媒体,要非常好地对待媒体,加强与媒体的交流,像你们目前接待我们这样接待好媒体,我们在世界各地举办的节庆活动,有近一半的房间用来安排记者住宿,只有这样,节会活动才有广泛的影响力和持久的生命力。"

2)硬件服务和软件服务

媒体服务中的硬件服务是指支持媒体运行的工作场所、场所设施及其支撑服务等,其中,工作场所包括媒体看台、媒体工作间、媒体采访区、媒体休息室、新闻发布厅等,场所设施包括电力、网络、通信技术、影印、寄存等,支撑服务包括报到、注册、交通、餐饮、住宿、考察等。

节庆主办方要尊重媒体、重视媒体,为媒体创造良好的工作环境和工作条件,确保硬件服务能为媒体优先使用,才能为媒体记者开展各项采访报道提供便利。例如,在工作场所方面,媒体看台应能让记者获得最佳的观看和拍摄角度,媒体工作间应能让记者静心写稿,媒体采访区应提供沙发、茶几、背景板和灯光等设施,媒体休息室应与其工作区域相连接,新闻发布厅要宽敞明亮、位置充足。在场所设施方面,确保全天供电并安装足够的电源插座,尤其要配备足够多的网络端口或者提升 WiFi 信号强度,为权威媒体提供专线传输。在支撑服务方面,尽可能把报到和注册程序电子化,为媒体预留专用车位和专用通道,随时为作息时间不规律的记者预留饮食,协助安排入住节庆举办地附近的宾馆酒店,专门组织考察路线以便记者采风。

媒体服务中的软件服务是指支持媒体运行而提供的各种信息素材和资源。巧妇难为无米之炊,软件服务相对隐性,但却是媒体服务的重中之重,是决定媒体工作顺利、高效、优质的重要保障。软件服务包括节前信息(如日程安排)、节中信息(如活动实况)和节后信息(如统计数据)。

节庆主办方提供软件服务,要本着开放共享的原则,对于注册媒体和非注册媒体都能平等共享,通过移动互联网及时快速共享,此外,还应持续共享。节庆主办方所提供的信息,应确保其内容的可靠性和准确性,以免新闻报道失实。

当然,为媒体提供服务,并不意味媒体需要什么就提供什么,也不意味着无原则的迁就。在具体的服务过程中,节庆主办方也可能要承受个别媒体记者挑剔的眼光,有的记者善于编故事、做文章,一旦服务不到位他们可能会借"新闻报道"来表达内心的情绪,对于境外一些带有偏见甚至敌视的媒体更要倍加小心。

复习思考题

1.现场管理的概念是什么?
2.现场管理"5S"原则分别对应哪几个词语?彼此间是一种什么样的联系?
3.现场管理主要有哪几种工具?请列举生活中的一个案例。
4.国家有哪些政策法规对节庆演出进行约束?
5.舞台监督系统包括哪几个子系统?
6.节庆现场如何应对大客流?
7.节庆现场为什么会出现游客和观众的不文明行为?
8.媒体服务中的硬件服务和软件服务分别是什么?

【案例研究】

文明赏樱花倡议书

广大市民和游客朋友:

阳春三月,春暖花开,在这美好的时节里,我们即将迎来2015年"欢乐中原·欢乐鹤壁"首届樱花文化节。本次樱花文化节以"浪漫樱花·幸福鹤壁"为主题,届时将举办百名诗人咏樱花、百名画家绘樱花、百名记者采风、百名摄影名家摄樱花等系列活动。为更好地欣赏美丽的樱花,感受鹤壁的魅力,为文明河南建设增光添彩,我们在此向广大市民和游客朋友发出以下倡议:

做一个有序的赏花人。当我们畅游花海时,要自觉遵守游览秩序,按照指定位置有序停放车辆。爱护公共设施,不随意踩踏座椅、果皮箱等。进行摄影等活动时要遵守公共秩序,做到文明礼让。

做一个文明的赏花人。当我们踏青赏花时,要做到不嬉戏打闹,不践踏草坪,不采摘花朵,不摇晃树枝,不攀爬树木,不随地吐痰,不乱扔废弃物,维护文明和谐的赏花环境。

做一个友爱的赏花人。当身边出现不文明行为时,要主动上前劝阻,及时制止。遇到老人、孩子或外地游客需要帮助时,要热情提供力所能及的帮助,让友爱互助的举止成为赏花中更美的风景。

广大市民和游客朋友们,赏花的趣味在于满园的繁茂,把最好的风景留给每个赏花人是我们共同的意愿。愿我们携起手来,以更加优美的赏花环境,更加优良的游览秩序,更加文明、开放、自信的精神面貌,迎接 2015 年"欢乐中原·欢乐鹤壁"首届樱花文化节的到来!

淇滨区文明办

2015 年 3 月 31 日

(资料来源:大河网,2015-04-01)

讨论问题:

1.为什么淇滨区文明办要发出这样一份倡议书?

2.你觉得这份倡议书能否取得成效?是否取得成效?

3.你生活中有没有接触过其他类似的倡议书?

【开拓视野】

有多少手机信号　就知客流有多少

"数据显示,此时这个区域内人流量已达警戒线",在上交会的上海电信展台上,工作人员指着人流量实时变化显示屏说,基本上监测范围内有多少手机信号,就能知道园区内有多少客流。而且能够通过手机信号分布,准确获知人流密集区,有针对性地及时疏散。这就是大数据人流监控预警系统,这项新技术今年首次在顾村公园樱花节期间应用,有效保障了市民安全赏花。

记者留意到,搭载在电信级强大稳定的网络之上,电信展台展示了结合大数据、物联网、云计算、移动支付等新技术的应用产品,渗透到市民家庭娱乐、交通出行、政务管理、中小企业创业等诸多领域。展台工作人员朱臻告诉记者,这次展示的大人流监控预警系统,利用大数据分析手段,对城市主要场所人流密集程度进行动态监控,对可能的人流聚集风险采取事前预警、事中处置和事后分析,并对特定区域人流情况提供分析报告。据了解,该服务主要用于提高智慧城市管理水平,促进与经济发展有关的建设、交通、旅游、商业等领域。

目前,上海电信已与闵行区合作,通过上海电信分布在闵行区的各个宏基站,可以有效监控闵行区每个区域人流聚集的实时动态。记者在实时动态显示屏上看到,在莘庄文化中心、仲盛、虹桥交通枢纽西交通等区域,均显示为红色,并标注了具体人数。朱臻告诉记者,在具体区域的人口管理上,大人流监控也可以发挥重要作用。比如,在某个小区,后台数据显示突然增加了大量人口,相关社区街道就可以据此判断近段时间是否涌入了大量外来人口。当然,现在这套数据显示的仅仅是电信号段用户的数据。如果要精准测算出某地区的人流量,必须由政府部门牵头,联合移动、联通的基站测算数据。

[资料来源:刘锟.有多少手机信号 就知客流有多少[N].解放日报,2015-04-27(05)]

第 11 章
节庆的评估与影响研究

【学习目标】

通过学习本章,学生应该能够:

理解:节庆评估的概念与特点

节庆评估的意义

节庆影响的研究方法

熟悉:节庆评估的类型

节庆评估的主体

掌握:节庆的社会影响研究

节庆的经济影响研究

节庆的旅游影响研究

【关键术语】

节庆评估　节庆影响　评估指标体系　会议评估　展览评估　节庆管理者　问卷调查法　谈话调查法　会展评估报告

【开篇案例】

南宁国际民歌艺术节的影响

广西各级政府充分利用区内丰富的少数民族文化资源,将南宁国际民歌艺术节、河池铜鼓山歌艺术节、桂林山水旅游文化节等节庆活动进行精心开发和成功运作,打造成了享誉区内外的节庆品牌,并以此为平台对外进行宣传和招商引资,带动了产业投资和巨大的商业消费,推动了少数民族地区的经济发展。

以南宁国际民歌艺术节为例,由南宁市人民政府与国家文化部社会文化图书馆司、国家民委文化宣传司联合主办的南宁国际民歌艺术节,通过多年的运作,已成为广西的知名文化品牌,创造了多个全国第一:第一个夺得 IFEA 全球节庆行业最高奖项的节庆组织;第一个与国家权威主流媒体中央电视台携手前往国外进行重大演出推广的节庆组织;第一个成立专业化公司对节庆活动进行市场化运作的节庆组织;第一个开创了文化搭台、经贸唱戏,而且将民歌、民族、文化大戏唱得精彩的先例;第一个被邀请进国家著名高等学府进行节庆传播推广的节庆组织。南宁国际民歌艺术节巨大的品牌效应吸引了五湖四海的游客和投资者,他们通过参加民歌节认识南宁、了解南宁,并最终投资南宁。

据统计,南宁市每年的 GDP 均以两位数的速度高速增长。1999 年南宁市的 GDP 只有 40 亿元,2008 年达到了 1 316 亿元。在旅游经济方面,通过举办各种民族节庆活动,吸引数以万计的游客,对节庆活动举办地的餐饮、住宿、购物、旅游、交通、通信等第三产业的发展起着拉动效应,有效地刺激本民族地区各种消费需求的增长。同时,有实力、有志向的投资者常常借参与节庆活动的机会考察当地的自然资源、人文资源和当地政府的政策环境等,以此作为其投资决策的基础,从而为当地经济提供潜在的巨大发展机遇。

(资料来源:百度百科)

11.1　节庆评估的类型与方法

节庆评估是活动后续管理的核心,也是活动管理的一个重要过程。任何一项大型的节庆活动都是一个十分复杂的系统工程,需要多方面的协同配合。通过评估,能够建立起对资金使用效率、节庆的效果进行评价,这样就会建立起一个长效的退出机制。如果一个节庆办得没有效果、投入又比较大,那么这个节庆是不是要停办? 应该有一个市场的评价机制和淘汰机制,这样才能把一些低效率、低水平的节庆撤掉,把一些高水平的节庆活动办得更好。

节庆评估是对一个节庆活动的目的、执行过程、质量、服务、社会影响力、直接与间接的经济效益等方面进行系统、客观的分析与评价。通过评估判断节庆活动的成功与否,分析其原因,总结经验,对活动的未来进行新的预测。

11.1.1　节庆评估的类型

1) 按评估的层次分类

按评估的层次,节庆评估可以分为宏观评估和微观评估。

宏观评估是指从宏观管理的角度,对一个国家、一个城市在一段时期内节庆活动发展的环境、规模、速度、社会经济效果等方面进行全面评估,为制订完善的法规和规章以及适当的会展产业政策,为促进节庆的良性发展提供依据。微观评估是从微观管理的角度,对某个节庆活动的组织工作和社会经济效果进行分析和评价,发现问题,分析原因,掌握项目成长规律,为办好下一届节庆活动提供借鉴。

2) 按评估的时间分类

按评估的时间,节庆评估可以分为节前评估、节中评估和节后评估。

（1）节前评估

节庆活动的节前评估，通常发生在活动的研究和策划阶段。节前评估的目的是确定举办该活动可能需要的资源多少和继续这项活动的可能性，以及对活动策划阶段的各项准备工作进行评估。通过节前评估，明确节庆活动的定位，按照定位制订策划方案，并制订相应节点的评估要求，包括工作计划的制订、评估方法的确定、评估主体的明确等。

节前评估一般是节庆举办方主持的评估，可邀请一些专家参与。节庆活动的举办方，可以组织有关专家和自身组织成员，对策划机构提出的策划方案进行评估。

招标也是对策划方案的一种评估方式。在招标评估中，要客观评估策划方案的可行性、可执行性和可考核性。有些方案表面看起来吸引人、亮点多，但其实现所需的费用高，超出了举办方的经济承受能力，不符合具体举办方举办节庆活动的现实性，不具备可行性。有些方案可能没有提出具体的功能目标，包括定性目标和定量目标，使节庆活动的组织效果无法评估和考核。有些方案没有制订相应的过程评估内容，容易使举办工作随着感觉走，经常大幅度修改工作方案，产生无效工作，浪费时间和资金，使组织工作常走弯路。

（2）节中评估

节中评估指的是节庆活动实施过程中展开的评估，在节庆活动的不同执行阶段，包括理念定位阶段、方案策划阶段、组织实施阶段等，对工作效果、工作目标达成程度进行的跟踪和控制。

节中评估的主体除了组织举办方外，还包括策划方和执行机构。评估工作应对照策划方案和实施方案，在所设置的关键工作节点，对节庆活动的各项组织实施工作进行小结、检查和分析。

节中评估的方法或形式可以是专题工作会、阶段性工作总结报告、工作小结等。节中评估的主要内容包括：

①宣传推广工作效果分析评估。

②来宾邀请情况分析评估。

③主要重点工作的前期准备工作情况分析评估。

④节庆活动组织工作情况分析评估。

⑤商业赞助情况分析评估。

（3）节后评估

节后评估是节庆活动最常见的评估形式。节后评估是在举办完成了节庆活动后，举办方组织策划方、实施方，可能还包括专业的第三方媒体机构等参加的对节庆活动的评估。节后评估包括节庆活动效果评估、组织工作评估和策划方案的评估。通过评估，总结经验，为改进后续工作明确方向。

节庆活动效果的评估，主要是针对预先制订的活动的定性目标和定量目标进行分析。如来宾人数、规模、宣传报道情况、受众人数、活动目标达成度等。对节庆活动效果的评估，可以采用问卷调查、工作自评等方法。节庆活动组织工作过程的评估，主要方法是对参加节庆活动的来宾进行满意度调查，举办方自身评估是否出现工作失误及漏洞等。策划方案的评估,主要是针对以上方面的评估、对整体活动的效果进行评估,对策划方案的创新性、系统性、可操作性、可评估性等给出评估。

节后评估包括项目实施效果和项目影响评估两种。前者就是平常所说的活动后评估,一般指在项目结束后 2~5 年内所进行的评价,检查确定活动达到理想效果的程度,为新活动项目的宏观导向、政策和管理反馈信息。后者是以评价报告为基础,通过调查活动状况,分析发展趋势及对社会、经济和环境的影响,为决策提供切实可行的对策和措施。关于活动的影响评估将在本章后面章节中详尽阐述。

通过节后评估,找出各方面的成败原因,总结经验教训,通过及时有效的反馈,提高管理和服务水平,同时兼顾回顾总结和前景预测,为今后改进项目的策划、管理和监督等工作创造条件。

11.1.2　节庆评估的特点与意义

1) 节庆评估的特点

节庆活动评估的结果通常被组织者作为调整今后管理和决策的依据,节庆评估具备以下特点:

(1) 真实性

真实性是节庆评估的第一特点。如评估是由组织者自身开展的,在评估时必须做到客观、公正,不能避重就轻,只讲成绩,忽视不足之处。为了做到真实性,建议整个评估过程由第三方来完成。同时评估的过程和结果应基于资料信息的可靠性和评估方法与标准的客观性,活动的实施者和管理者有义务提供翔实可信的信息,评估的过程应程序化,这样评估的结果才能如实地反映活动的真实情况。

(2) 公开性

节庆活动是一个公众参与度较高的活动,评估过程越公开透明,其报告的可信度越高,从而越容易获得公众的信赖。公开性会直接影响受众对节庆活动的参与度,进而反映为活动的影响力,并且会在节庆活动的经济效益和社会效应中体现出来。因此,提高评估的公开性,增加受众对节庆活动的感性体验和理性认知,已经越来越受到节庆活动举办者的重视,从而使评估的结果更全面,也树立了良好的节庆形象。

(3) 实用性

节庆评估的结果一定要有实用性。评估报告不仅要反映实际情况,还要找出问题,甚至细节问题。提出的建议不能止于观点,对活动的决策部门/组织者要有可操作性。通过评估,能对节庆活动未来产生积极的影响。

(4) 科学性

节庆评估不同于一般的回顾总结,需要运用一系列科学的方法对各项指标进行分析和评价。比如,评估一个节庆活动,不仅要看本届节庆所产生的当前数据,还要看该节庆活动的历史情况,用历史的眼光来评价一个活动是前进还是倒退,也就是运用历史的方法。又如,进行节庆评估时,先要收集数据,然后对收集到的数据进行整理、归类,再按统一的标准对各项数据进行比较分析和因素分析,也就是采用统计分析的方法。此外,节庆评估还需要收集大量的经济技术数据进行定量分析,并在定量分析的基础上对节庆活动的各项指标作出性质判断和描述,也就是采用定量分析和定性分析相结合的方法。实践证明,只有采用科学的方法,才能保证节庆评估结果的科学性。

2)节庆评估的意义

节庆活动离不开评估,节庆评估是节庆活动整体运作管理中重要的环节之一。通过评估能较为系统、深入地考核和评价活动环境、举办效果等。节庆评估的意义主要表现在以下3个方面:

(1)节庆评估是节庆活动整体运作管理中重要的环节

节庆评估是对节庆活动作用于社会、经济、环境产生的结果进行测量和评价,包括社会效益、经济效益、服务过程等方面。对节庆活动进行系统、深入的考核和评价,是节庆活动管理中的一个重要环节,是不可缺少的组成部分。

在节庆活动期间进行系统的调查、统计、评估、总结的意义在于有利于节庆活动的利益相关者,包括政府、机构、企业和个人了解市场开发和运营管理,及时调整方向和运作方式,扬长避短,不断完善产品和提高服务能力。

(2)节庆评估为节庆管理机构提供有力的管理依据,规范节庆活动发展

对节庆活动的管理机构而言,管理部门可以根据相关节庆评估的标准、结论来制订节庆活动发展的行业规章和制度,并可对一些评估良好的节庆活动进行重点扶持,帮助它们做强做大,以形成品牌优势;相反,对一些评估差、缺乏市场前景甚至重复举办的活动,可予以严格控制,以达到规范市场秩序和行业竞争的目的。

从国外较为成熟的活动业发展历程来看,通过评估规范市场行为,有利于优化组合资源,促进节庆活动的长久发展。遵守国际活动举办的惯例和市场规则,结合当地实际情况,对节庆活动的质量和举办主体的资质进行市场化、动态化的评估和认证,对活动管理逐步从审批制过渡到标准的登记制,加强政府职能,制订并完善有关法律法规。通过对节庆活动质量的市场化评估,可以建立起相应准则,使得节庆活动有章可循,完善节庆活动业的各个环节。

(3)节庆评估促进节庆活动的市场化运作

在市场经济下,通过评估来预测节庆活动的效益,用市场的眼光来进行活动的策划和管理。通过引进市场化的竞争机制和公平合理的评估机制能避免以往产生的问题。通过市场化的评估机制能减少以下问题的产生:

一是可以避免节庆活动市场无序,避免资源浪费。在很多地方,重复办节、节事雷同、多头管理现象严重。对于活动主办者的资质没有专门机构负责考核和审查,重复办节造成资源浪费,使得很多活动的投入与产出不平衡。二是可避免节庆活动可行性论证的不到位。我国的节事多是政府为主导型的,缺乏前期的可行性论证。组织者的服务意识较为淡薄,只

有极少数活动设立了相关的服务机构、法律咨询机构等,在大多数情况下,观众在参加活动中遇到一些问题难以解决。三是通过评估可以加强节庆活动的品牌意识。目前,很多的节庆活动规模小,质量低,能打入国际节庆市场的较少,通过评估可以发现并打造几个品牌节庆机构。

11.1.3　节庆评估的主体

节庆评估的主要参与主体有以下 5 类:

1) 观众

观众是活动评价的重要调查对象,包括现实观众和潜在观众。衡量节庆活动的成败除了看经济指标外,还要把观众的满意度作为一个重要指标。观众的评价是指对节庆活动参与的观众的心理与行为进行双重评估的过程。

任何一个节庆活动对举办方而言,争取广泛的观众是不变的目标,观众评估主要是通过问卷对现实的观众进行参与感受的调查,对潜在观众进行信息获取渠道的调查,从而为市场细分和制订营销方案提供依据。

2) 节庆管理者

节庆活动管理者参与了整个活动的全过程,他们亲身经历了策划、管理、运营等各项工作。管理者的评估分为自我评估和集体评估。自我评估是管理层中的每个人结合节庆的目标和个人承担的职务对自己的目标、能力、业绩、资格等进行合理的评价。集体评估是一个全员参与、全员考核的过程,是对整个集体进行评价,较为注重整体效果。

3) 第三方评估机构

为了保证评估的客观性和科学性,由专门的评估机构对活动进行评估。这个评估机构是独立于节庆供需双方之外的第三方,对节庆活动的实施、效果和影响进行评估。第三方评估机构往往选择由资深的专家组成的非营利性质的社会调查机构。第三方评估在欧美国家早已形成制度,有大量的成功经验可以借鉴。

4) 赞助商

赞助商评估较为侧重对实际获得的经济效益和预期效益的比较。从赞助商实施赞助的出发点来看,他们的主要目的是增加产品的销量、提升企业知名度、塑造企业形象。因此,赞助商会在活动开展中进行实时监控,确定回报的落实,衡量企业产品的销售是否达到预期目标。

5) 大众媒体

大众媒体的评估主要是针对节庆活动的推广成本和产生的社会效益之间的比较评估。节庆活动通过电视、网络、平面媒体、广播、移动媒体等多种传播方式进行推广。对大众媒体的评估主要包括:对大众媒体报道的效果进行评估,对观众接触媒体的信息数量和渠道进行评估。通过此评估分析能够反映节庆活动的有效推广方式和社会影响。

11.1.4 节庆评估的方法

节庆活动的举办是一项非常复杂的系统工程,成本比较高,社会影响面非常大。同时,节庆活动的直接经济效益一般不太明显,更多体现在社会影响力提升、发展环境优化、产品销售预期形势向好等不能直接评价的间接效益上。因此,及时对节庆工作进行系统的评估、总结,有利于主办方及时总结经验和吸取教训,找出缺陷与不足,提升自身实力。

为了节庆活动评估结果的客观、准确和系统,科学的评估方法和严谨的评估过程是必不可少的。在评估方法上往往采用定性和定量相结合的形式,评估中也要遵循科学发展观和实事求是的态度,从制订评估计划到实施都围绕着节庆活动的目标而展开。

调查法是节庆活动评估最常用的有效方法,它既可用来获得定量的数据,也可用来获得定性的描述。调查法是通过收集各种有关资料进行分析、比较以了解观众心理活动的方法。调查法的形式是多种多样的,访谈、调查有关材料及问卷等都属于调查法。调查法的目的可以是全面把握当前的状况,也可以是为了揭示存在的问题,弄清前因后果,为进一步的研究或决策提供观点和论据。

1) 问卷调查法

问卷调查法是最常用的节庆评估的有效方法。范围大一些的调查,常采用问卷调查法。问卷即是书面提问的方式。问卷调查法通过收集资料,然后作定量和定性的研究分析,归纳出调查结论。采用问卷调查方法时,主要根据需要确定调查的主题,然后围绕它,设立各种明确的问题,作全面摸底了解。

问卷调查,按照问卷填答者的不同,可分为自填式问卷调查和代填式问卷调查。其中,自填式问卷调查按照问卷传递方式的不同,可分为报刊问卷调查、邮政问卷调查和送发问卷调查;代填式问卷调查按照与被调查者交谈方式的不同,可分为访问问卷调查和电话问卷调查。问卷一般由卷首语、问题与回答方式、编码和其他资料4个部分组成。

问卷一般采用封闭题型与开放题型相结合,基本题型如下:

①选择题,包括单选题和多选题,受调查者可以自由选择认为合理的答案。

如:请问您上一年参加节事活动的次数为几次?

A.1~2次　　　　B.3~4次　　　　C.5~6次　　　　D.7次以上　　　　E.没有

你通过哪些途径知道节庆活动的?（多项）

A.广告媒体宣传　　　　B.他人推荐　　　　C.活动组织者　　　　D.其他

②是非题,即要求被调查者选择"是"或"否"。

如:如果我们在策划节庆活动时提供一些景点优美、价格优惠的旅游路线,你是否会考虑报名参加?

是□　　　　　　　　　　否□

③排序题,受调查者按照自身喜好对项目排序。

请问您喜欢的节事活动的顺序依次是:

A.体育节事活动　　　　B.娱乐、艺术和文化节事活动　　　C.商业市场营销和促销活动

D.会议和展览　　　　E.节日庆祝活动

④程度选择题,受调查者从"很好""好""一般""差"等程度等级中进行选择。

如:您对辽宁节庆活动的整体满意程度:

A.非常满意　　　B.比较满意　　　C.一般　　　D.不太满意　　　E.很不满意

⑤主观回答题,即提出开放的问题,目的在于获取多样化的信息,但这种问题回答者不愿意投入太多时间或表达有困难,故不宜太多。

如:您对心目中辽宁标志性节事活动的建议:

答:

【案例启迪】

关于重庆节事活动的调查问卷

尊敬的女士/先生:

您好!

我们是重庆某高校的学生,为了更好地了解重庆节事活动对人们的影响,以及人们对重庆节事活动的看法,我们正在进行一项有关重庆节事活动的调查。我们的调查不以商业利益为目的,并且只分析总体数据,不研究个体数据。下面有几个问题,请您在百忙之中协助填写。调查要耽搁您一些时间,请您谅解。谢谢您的支持与合作!

1.您的性别是:

A.男

B.女

2.您的年龄阶段是:

A.20 岁以下

B.20~40 岁

C.40~60 岁

D.60 岁以上

3.您的每月薪资水平是:

A.2 000 元以下

B.2 000~4 000 元

C.4 000~6 000 元

D.6 000 元以上

4.您的职业是:

A.企业单位

B.事业单位

C.个体户

D.学生

E.其他

5.请问您的最高教育程度是：

A.高中及以下

B.大专、本科

C.研究生

D.博士

6.您的居住地是：

A.主城九区

B.其他区县

C.重庆以外

7.您了解过以下哪些节事活动：（多项）

A.重庆美食火锅节

B.重庆山水都市旅游节

C.重庆三峡国际旅游节

D.重庆文化艺术节

E.重庆国际啤酒音乐节

F.其他

G.都没有了解过

8.您参加过以下哪些节事活动：（多项）

A.重庆美食火锅节

B.重庆山水都市旅游节

C.重庆三峡国际旅游节

D.重庆文化艺术节

E.重庆国际啤酒音乐节

F.其他

G.都没有参与过

9.请问您上一年参加节事活动的次数为几次？

A.1~2次

B.3~4次

C.5~6次

D.7次以上

E.没有

10.您是通过什么方式了解节事活动的：（多项）

A.广告媒体宣传

B.他人推荐

C.活动组织者

D.其他

11.您认为哪类的广告宣传效果最好?

A.电视广告

B.广播广告

C.杂志、报纸广告

D.网络广告

E.路牌广告

12.您参与其中的原因是:(多项)

A.娱乐放松

B.增加对节事活动的了解

C.陪同他人

D.其他

13.影响您选择节事活动的主观因素是:(按重要性排列)

A.价格

B.时间

C.距离

D.节事活动吸引力

E.其他

14.影响您选择节事活动的客观因素是:(按重要性排列)

A.服务质量

B.活动规模

C.主办单位

D.节事类型

E.其他

15.您认为何种节事活动比较有意义:

A.体育节事活动

B.娱乐、艺术和文化节事活动

C.商业市场营销和促销活动

D.会议和展览

E.节日庆祝活动

F.其他

16.您对重庆节事活动的整体满意程度:

A.非常满意

B.比较满意

C.一般

D.不太满意

E.很不满意

17.您是否愿意多次参与:

A.是

B.否

C.不一定

18.您会推荐身边的亲友参与吗:

A.是

B.否

C.不一定

19.您认为以下哪项活动可以作为重庆标志性节事活动:

A.重庆美食火锅节

B.重庆山水都市旅游节

C.重庆三峡国际旅游节

D.重庆文化艺术节

E.重庆国际啤酒音乐节

F.其他

20.您会多次参与的原因:

_____

（资料来源:百度百科）

2) 谈话调查法

谈话调查法,也称为访谈法。收集信息资料是通过研究者与被调查对象面对面直接交谈方式或电话调查实现的,具有较好的灵活性和适应性。访谈广泛适用于教育调查、求职、咨询等,既有事实的调查,也有意见的征询,更多用于个性、个别化研究。

（1）面谈

面谈是指任何有计划的和受控制的、在两个人（或更多人）之间进行的、参与者中至少有一人是有目的的,并且在进行过程中互有听和说的谈话。访问者可以提出较多的问题,以用来补充个人观察的不足,交谈时可以相互启发,获取的资料往往较为真实。面谈的形式可以是有组织的座谈、专访,也可以是随机采访,征求他们对会议的意见和评价。这种方法只能对活动进行定性评估。

（2）电话调查

电话调查是指节庆活动结束后,打电话给调查对象,征求他们对活动的意见,并请他们对节庆活动作出评估。这种方法只能对活动进行定性评估。

（3）现场观察与采访

现场观察在节庆活动现场,或在各个活动场所派人观察各个节庆活动的进行情况,并观察与会者和活动参加者的反应,从而作出对节庆活动的评估。

11.2　节庆的影响研究

举办节庆活动的目的不仅仅在于吸引旅游者、消费者、赞助商、承包商等参与者,还在于成功举办后所能带来的多种牵动效应。通过节庆活动可以扩大举办国的影响,提高举办城市的知名度,促进举办城市的市政建设,吸引成千上万的旅游者,给举办城市的旅游业、餐饮业、商业服务业带来无限商机。节庆活动一方面推动了当地经济的发展,带来了经济效益;另一方面为当地文化的定位奠定了基础,并带来社会效益。经济发展和社会发展是良性互动的关系,两者在相互促进、相得益彰、协调发展的基础上,达到与自然、人文等环境效益的高度统一,共同构建和谐社会。尤其是大型节事活动,对国家、地区或城市的发展产生难以估量的推动作用。

11.2.1　节庆的社会影响研究

1) 促进民族文化保护和发展

民族文化是一个国家或地区重要的旅游资源。由于在节庆活动的开展过程中,产品与商业挂钩,考虑到经济效益,当地一些几乎被人们遗忘的传统习俗和文化活动重新得到开发和恢复;传统的手工艺品因市场需求的扩大也重新得到发展;传统的音乐、舞蹈、戏剧等重新受到重视和发掘;长期面临灭绝的历史建筑又重新得到维护和管理等。所有这些原先几乎被抛弃的文化遗产不仅随着节庆活动的开展而获得新生,而且这些文化成为了独一无二的城市特征。

人们通过参加节事活动了解相关知识,感受多样文化,融入欢乐氛围,无形中形成了节事活动特有的教化功能。节庆活动对于弘扬传统文化,彰显传统文化的丰富内涵和个性,对进一步密切国内外文化交流与合作,促进文化的传承、发展和经济社会全面进步,具有积极而深远的影响。

如山东曲阜利用几千年的文化积淀,创办了国际孔子文化节,将当地沉睡了几千年的历史遗迹再现出来,使传统文化焕发了活力。南宁国际民歌节的作用,不仅把潜藏在民间的艺术活力借助现代传媒展现在人们面前,而且使人们从民歌的优美旋律中,感受到团结、祥和、繁荣、发展的时代脉搏和健康向上的美好气息。同时,通过充分挖掘民歌文化中的审美精神,从中提炼出有益于现代社会和现代人类的文化思想和生活理念,营造现代生活的艺术氛围。

2) 塑造形象,提高举办地知名度

城市形象的塑造是一个综合的系统工程,需要花费大量精力和进行很长时间的宣传才能塑造成功,而大型节庆活动对目的地的形象塑造和改善作用是其他营销手段不能比拟的。

例如,1964年东京奥运会和1972年慕尼黑奥运会,主办城市所在国日本和联邦德国均利用奥运会扭转其第二次世界大战中遗留的不良形象,收到了积极的效果。悉尼的"绿色奥运会"为悉尼乃至澳大利亚塑造了可持续发展的积极形象,澳旅委认为悉尼奥运会使澳大利亚的形象塑造向前推进了10年。

成功节庆活动的主题能够成为举办地的代名词,使得节庆活动与举办地之间形成一种很强的对应关系,能够迅速提升城市知名度。海南省的博鳌原本是一块穷乡僻壤,在建成国际会议中心后,以其良好的生态和人文、治安环境、良好的基础设施和服务设施,吸引着众多海内外会议组织者,博鳌亚洲论坛使博鳌乃至整个海南的知名度大大提高,其会展业也成为海南省经济发展新的增长点。

3) 提高居民素质,提高生活质量

在古今中外各个领域的杰出人士中,几乎没有哪一位不曾有过外出旅行的经历。对于青年人来说,外出游历更是学习和接受新事物启发的有效途径。各地在举办旅游节庆活动的时候,充分利用自有资源,挖掘当地文化,设计知识性和娱乐性并重的旅游产品。这样人们可以更多、更直接地了解当地文化民俗,从而增长知识和才干。"行千里路,读万卷书"这一经验总结是有其道理的。

节庆活动的参与对广大消费者来说,是日常紧张而忙碌工作后的一种休闲,一种享受,适当的、有节制的放松不仅有益于身心健康,而且也为欢乐之后带来工作效率。首先,节庆活动基本上是一种富裕的表征,当然,这种富裕与金钱有一定的关系,但节庆活动最主要的还是精神上的富裕。节庆活动的根源就是爱,来源于人们对生活的热爱。其次,节庆活动可以采用一切可能的形式让感情得到自由的宣泄,真正的节庆活动可以使参与者精神愉快,从而更加爱生活,大大提高工作的主动性和创造力,提高人们的生活质量。

11.2.2 节庆的经济影响研究

1) 带动与节庆活动相关行业的发展

通过举办节庆活动,可以吸引外部投资与需求,刺激相关产业的发展,从而使投资的影响扩展到多个行业和生产领域,各行业的利润增多,人们的收入和消费也随之增多,这样就带动了一系列的投资和消费,以致国民收入成倍增长,形成经济增长的乘数效应。

任何一次节庆活动都具有一定的主题,配合这一主题的生产厂家或者整个产业都可以在节庆活动中获得经济收益。例如,每一届的大连国际服装节,都迎来了大量的海内外服装厂家、商家、设计师和模特的光临,各类表演活动、发布会、展览馆、洽谈会,激发了本地服装业及相关产业、生产厂商的创新意识,为他们提供了商务交流的平台,蕴涵了巨大商机。由于服装节的举办,大连的服装交易和投资与日俱增,带来了巨大的直接和间接的经济效益,推动了本地的服装业、展览业和商贸服务业、旅游业的发展。

又如,节庆活动商品的开发使得地方工艺品和土特产品等重新得到重视,带动了传统艺术和相关产业的挖掘、保护、培植和开发。再如,自1984年以来,潍坊已经成功举办了32届

国际风筝节,形成了庞大的风筝产业,并促进了与风筝相关的产业发展,国际风筝节成为拉动潍坊经济新的增长点,世界风筝联合会总部也在潍坊落户。

围绕节庆活动的投资与需求无疑能创造大量的就业岗位。这不仅包括那些与节庆本身组织有关的就业岗位,还包括因大量游客的增加而在旅游业、零售业等部门创造出来的就业岗位。

2) 增加举办地经济收入

节庆活动期间外来旅游者在该区域的消费,对于接待地区来说直接构成了一种外来经济的注入,使得活动举办地的经济收入增加。通过节庆活动的举办,对外招商引资,这些所带来的经济收入也十分可观,这将给举办地的经济发展带来长远的利益。

爱丁堡艺术节的发展,不仅使节事当期的联动产业收入剧增,而且还为当地招商引资。全国各地通过爱丁堡艺术节,看到了爱丁堡的艺术文化,也看到了艺术文化背后巨大的文化经济。爱丁堡的特色文化产品得到了世界消费者的青睐,引进大量外资,可见,艺术节对招商引资的巨大促进效益。

3) 平衡地区经济发展,缩小地区差异

节庆的发展有助于平衡国内一些地区的经济发展,缩小地区差异。对于一个地区来说,当地居民外出旅游导致的是该地区旅游支出,其他地区居民来访旅游所带来的是该地区的旅游收入。就一般情况而言,当一些经济落后地区的某些节庆活动吸引经济发达地区的居民前往,这些外地居民在举办地访问期间的消费,为直接举办地构成了外来经济的注入。同时,在节庆活动举办过程中的招商引资所带来的经济收入也是很可观的。

4) 引起物价上涨,影响当地经济的稳定

一些地区在外来访问者增加的情况下,难免会引起节庆活动举办地的物价上涨。这必然会损害当地居民的经济利益,特别是引起衣食住行等生活用品价格的上涨。

节庆活动持续时间短,季节性强,在活动的开展过程中,有很多不确定的因素和风险不可控制。此外,来访者将影响活动举办地的政治、经济、社会乃至某些自然因素,一旦有不利变化,将造成严重的经济和社会问题。因此,过分依赖节庆活动带来的经济效益,而不注重宏观调控和总体规划,会给一个地区经济的稳定带来负面影响。

5) 具有很强的后效性

节庆活动给举办地带来的效应不仅仅局限于当时。举办地的人们通过节庆活动获得了大量的信息,挖掘出了大量的商机,相当于参加了一次免费的交流会;举办地改善了当地的基础设施,优化了社会公共环境,创造了良好的投资环境,给参加节庆活动的人们留下了好印象,培育了一批潜在的投资者。这些效果不一定能在当时表现出来,也许会经过很长时间才能显现。比如,作为 1999 年昆明世界园艺博览会分会场的中国丽江国际东巴文化艺术节,吸引了众多的国内外旅游者,使丽江更加声誉卓著。在之后的 3 年里,丽江的旅游业突

飞猛进,迅速赶超了开发旅游较早的西双版纳傣族自治州。

【案例启迪】

潍坊国际风筝会

潍坊市从 1984 年开始先后组织了国际风筝会、鲁台经贸洽谈会、蔬菜博览会等一系列节庆活动,对该市的经济、劳动力就业、社会文化和自然环境等带来不同程度的影响。潍坊已经成功举办了 32 届国际风筝会,在为当地旅游业带来强大发展动力的同时,风筝会带动了风筝、住宿、餐饮、旅游、商业、交通、文化等产业的发展,形成了庞大的潍坊风筝产业。潍坊风筝从材料供给、生产制作、贩运流通到市场销售,形成了一个完整产业链。

据不完全统计,目前该市成规模的风筝厂有二三百家,产业从业人员有万人之众,年销风筝 3 000 多万只,收入 4 亿多元。每届风筝会都有大量项目签约,数目难以准确统计。2005 年潍坊风筝会期间已签订和拟签订合同项目 227 个,预计招商引资 165.1 亿元人民币,其中,境外资金约占 1/3。在 227 个合同项目中,投资过 5 000 万元的项目 109 个,过亿元的项目 45 个,投资过 1 000 万美元的境外合同项目 15 个。投资方主要集中在我国香港、台湾地区,以及韩国、日本、美国、加拿大和东南亚等国家。2006 年 4 月 20 日同时开幕的第 23 届山东潍坊国际风筝会和第七届中国(寿光)国际蔬菜科技博览会,风筝牵线,蔬菜为媒,文体搭台,经贸唱戏,招商引资取得累累硕果,至今共签订合同项目 159 个,合同金额 257.3 亿元。

(资料来源:百度百科)

11.2.3 节庆的旅游影响研究

1) 促进旅游业的发展,削弱淡旺季的差别

由于季节、地理位置、气候条件、假期等因素的影响,旅游目的地的旅游活动具有明显的季节性。从实践来看,通过本地旅游资源、民俗风情、特殊事件等因素的优化融合,举办别出心裁、丰富多彩的节庆活动,一方面可以吸引游客;另一方面可以调整旅游资源结构,为当地旅游业的发展提供新的机会,延长旅游旺季,并能较好地解决旅游淡季市场需求不足的问题,甚至形成一个新亮点。在北方地区,通过冬季举办滑雪、溜冰等冬季竞技性体育活动及其他文化活动,既可以充分利用当地的旅游资源,又可以调节旅游市场的淡旺季。例如,在哈尔滨国际冰雪节期间,有逾百万游客到访,市内各大宾馆饭店的入住率比平时普遍提高了 30%~50%。

节庆活动针对的是休闲和商务两大旅游市场,节庆活动产生的经济效益更大。例如,奥运会不仅是国际体育界的一次聚会,同样也是大规模的世界盛事,它吸引的不仅是运动员、教练员、各国政府体育部门的官员、各类体育用品和消费品的供应商,也同样吸引了世界各国的人们。事实证明,奥运会的成功举办不仅能推动旅游业的发展,而且更能对一个主办城市和地区的经济发展产生难以估量的整体推动作用,其经济效益远远大于一般的会议和展览。从 1984 年洛杉矶奥运会起,世界各国众多城市争办奥运会已成为一大风景。1988 年的汉城奥运会,使韩国旅游业在随后的两年里以 13% 的速度递增。

2) 丰富节庆活动举办地旅游产品结构

节庆活动使当地的历史文化以动态的方式得到再现,丰富了举办地旅游产品的类型,形成了一定的旅游吸引力,成为举办地旅游发展的推动力基础。目前,大多数旅游资源是静态的,在消费者越来越偏好动态性旅游活动的今天它们正逐渐丧失其原有的吸引力。动态性的节庆活动正是在这一形势下产生的,并迅速受到广大游客的喜爱。它的出现,使节庆活动举办地旅游产品结构更加完善和丰富;使节庆活动举办地旅游资源实现动、静的完美组合,增强了旅游地的吸引力。

例如,莆田市的旅游资源十分丰富,湄洲岛、南日岛、九鲤湖等是当地有名的旅游景点,吸引了大量游客。湄洲妈祖文化节的举行,将静态的妈祖岛与动态的文化节恰到好处地结合在一起,不仅使湄洲岛成为节庆旅游的热点,而且和九鲤湖、南少林等其他旅游景点组合起来,使莆田市旅游产品更加多样,旅游吸引力得到进一步加强。节庆活动期间各大旅游景点的游客都在万人以上,实现了各个景点的良性互动发展。

3) 增加旅游客源,拓宽市场

动态的节庆活动由于能在短时间内形成较大的轰动效应,有利于扩大旅游者对信息的感知,从而促使旅游者作出到该地出游的决策,对拓宽城市客源市场,改善客源结构有积极的作用。以北京石景山重阳登高节为例,首届重阳登高节接待 34.5 万人,旅游纯收入 812.5 万元;2002 年第二届接待 46.3 万人,旅游纯收入 1 426 万元, 同比增长 34.2% 和 75%;2003 年第三届(扣除新增企业数)接待 50.98 万人, 旅游纯收入 1 632.4 万元,同比增长 10.2% 和 14.47%。

4) 完善旅游基础设施

良好的基础设施和旅游服务设施是旅游业发展强有力的依托和必不可少的条件,旅游地快速发展尤其需要高标准的设施条件,满足当地居民的生活需求和外来游客的旅行需要。在节庆活动举办前期,举办地往往会进行较大规模的配套设施改造和建设,使旅游地进入异于正常速度的特殊发展时期,为旅游地旅游基础设施的完善提供了良好的机遇。

以厦门国际旅游节为例,为保证前来参加厦门国际旅游节的众多游客的旅行质量,厦门市除了各个景区的整治和宾馆的翻修外,还投资几亿元进行了多项重点配套设施建设工程,包括道路拓宽、绿化、立交桥建造、城区水体治污等,完善公交车系统,加大旅游信息网络的建设。不但保证了旅游节期间的交通、通信、咨询服务能力,而且为厦门市居民的日常出行带来长期效益,城市的基础设施得到极大改观。

5) 扩大对旅游地形象宣传

旅游形象是一个整体概念,是由旅游地内各种单一的旅游资源、旅游基础设施、城市总体景观、居民好客度等多种因素共同组成、共同影响所产生的。简单地说,就是旅游地在人们心中的印象。旅游形象是一个旅游地吸引游客的内在动力,是旅游地旅游竞争力的重要组成部分。只有那些具备鲜明、独特的旅游形象的旅游地才有可能形成一定规模的城市旅游活动。

旅游形象的创立不是一朝一夕可以完成的,需要长期大力的宣传,才能使人们潜移默化地接受并形成对某一旅游地的良好印象。旅游地由于在节庆活动期间高强度、多方位、大规模的宣传以及所引起的广泛的关注,形成巨大的轰动效应,能够使更多、更广的人通过各种媒介或实地游览对旅游地留下深刻印象,从而在短期内强化旅游地的旅游形象。

【案例启迪】

湄洲妈祖文化旅游节

第十六届中国湄洲妈祖文化旅游节暨秋祭妈祖典礼在湄洲岛开幕,海峡两岸的上万信众共祭妈祖,缅怀妈祖美德,同祈天下和平。海内外妈祖宫庙的 3 000 多名代表参加秋祭妈祖典礼,信众数量创下历史之最。

旅游节以"同谒妈祖、共享平安"为主题,突出"到湄洲度假,带平安回家"的办节宗旨,共设置了旅游节开幕式、甲午年秋祭妈祖典礼、首届中国(莆田)妈祖文化用品博览会、"最湄洲·最妈祖"文化旅游伴手礼展示、两岸妈祖文化大型创作绘画、全国百名摄影家走进湄洲岛、妈祖文化旅游品牌推荐大会、两岸百团万人游湄洲等活动,举办一次高规格、高效率、高影响的两岸交流盛会。

旅游节时间跨度达一个多月,两岸文化交流规模和两岸游客互动规模都将创历史之最。特别是首届中国(莆田)妈祖文化产品博览会,共设展位 100 个,其中,邀请台湾妈祖文化创业界展商 30 个,展示与妈祖文化相关的创意产品。同时,首届"最湄洲·最妈祖"文化旅游伴手礼征集评选展示活动集中展示从全国各地广泛征集的优秀"伴手礼"作品,一些能体现两岸文创智慧的优秀创意旅游商品将被开发利用,带动妈祖文创产业发展。

湄洲妈祖文化节为莆田市带来了知名度,莆田市通过各种报纸、杂志在海内外广泛宣传妈祖文化节,树立莆田旅游城市的形象。中央电视台及各地方电视台对文化节的连续报道更是强化了这一宣传效应。对这一旅游节庆大范围、高密度、全方位的宣传,扩大了人们对莆田的感知环境,加强了人们对旅游城市形象的认识,为莆田市旅游的发展创造了大量的潜在客源。

(资料来源:东南网,陈淑霞,朱琼婷)

复习思考题

1.会展节庆评估的成果在会展节庆的哪些方面得到利用?

2.节庆评估与项目目标之间有什么联系?

3.常用的会展节庆的评估方法有哪些?

4.怎样避免会展节庆中的伪评估？

5.节庆对旅游活动有哪些主要的影响？

6.大型节庆活动对举办城市的影响有哪些？

【案例研究】

杭州乐园嬉水狂欢节——冲关我最棒

浙江卫视与杭州乐园联袂打造的一项极具娱乐性质的项目,还有杭州西湖之声和杭州电视台明珠频道等多家媒体实时跟进,对活动传播起到了很好的宣传推广效果,电视观众收视率和观众(游客)的参与热情可以与湖南卫视倾力打造的娱乐秀节目相媲美。案例说明一项节事活动通过媒体的传播和焦点放大,可以释放出巨大的能量,成为社会公众热烈追捧的电视黄金档节目。从本案例更可以看出节事活动项目的游戏、娱乐特征,"杭州乐园嬉水狂欢节"类似节事活动多是自愿参加而非专业组织,比赛的是潜能而非技能。只要把大家的兴趣调动起来,把参与者的潜能激发出来,哪怕参加比赛不一定夺到名次,节事活动同样可以吸引人们的眼球——因为这是参与者和观众都感到快乐的事情。

(资料来源:搜狗百科,杭州乐园)

讨论问题:

1.请根据"杭州乐园嬉水狂欢节——冲关我最棒"案例分析,此类活动具有哪些特点?

2.此类活动对当地的旅游业会产生哪些影响?

3.分析节庆活动如何通过媒体"焦点"放大来扩大其影响力?

【开拓视野】

城市旅游推广应搭上节庆"快车"

随着潮流变化,公历新年在中国人的节日中占据着越来越重要的位置,年轻人喜欢一些有"仪式感"的活动,在纪念过去一年的同时将美好的希望寄予在新年中。在这些"仪式感"的活动里,全球各大城市举办的跨年烟火就是一道靓丽的风景线。

从香港到台北,悉尼到伦敦,迪拜到洛杉矶……众多全球知名城市在这一夜火树银花,光华璀璨。用烟火来庆祝新年其实是很多城市的传统,不过近年来各大城市越来越看重这场烟火秀,每年耗资不菲。公开资料显示,伦敦 12 分钟烟火烧掉 180 万英镑,2015—2016 年的迪拜跨年烟火秀 6 分钟花费 600 万美元,"壕"不犹豫作出这一决定的背后,除了满足传统需要,更是对城市旅游形象的无形推广。

所有城市的烟火秀都选在知名地点燃放,并尽量与地标性建筑融合。伦敦今年的烟火秀广受好评,以摩天轮"伦敦眼"为中心展开一场精彩大秀;最先迎接新年的悉尼烟火在海港桥和歌剧院上空燃放;世界最高楼哈法利塔加入了迪拜烟火秀;台北 101 大厦的烟火早已闻名全球;香港则将烟火放在维多利亚港燃放。城市灯光与地标性建筑在烟火的映衬下更加美丽,在场所有观众拿起手机、相机,记录这一美妙时刻,再发送到各种社交平台、视频网站。许多官方电视台也会直接转播烟火秀,每年各大城市的烟火秀视频在网站上的点击量都非常可观。年复一年,烟火秀不仅吸引着本地居民参与,也吸引了大批外地游客前往"跨年",感受新年气氛。

事实证明,燃放一场绚烂的烟火秀,对城市旅游的推广效果比各种广告都好,当然其中所耗费的不仅仅是烟火本身,还有庞大的秩序维护、安全保障等成本。与此同时,每年规模越来越大的烟火秀和更多城市加入举行新年烟火秀的队伍,足以说明一场烟火秀为城市带来的社会和经济收益远远大于成本。

节庆营销的形式当然不只有新年烟火秀,西班牙是一个将节庆营销发挥到极致的国家。从奔牛节、西红柿大战节到红酒节,一个个传统节日引得全球游客趋之若鹜,节庆期间一房难求,一些不知名的小城镇也因此"走红"。

对于城市旅游推广来说,搭上节庆营销的快车毫无疑问将事半功倍。要做一次成功的营销,首先要挖掘本地文化基因,特色的节庆传统将充满自然生长力。比如,广州今年在全国各大报纸打出广告,邀请全国人民前来逛迎春花市。

(资料来源:南方时报,张婧)

第12章
节庆品牌管理

【学习目标】

通过学习本章,学生应该能够:

理解:品牌的概念与特点

   节庆品牌的意义

   节庆品牌的管理战略

熟悉:品牌管理的内涵

   节庆的品牌效益

掌握:节庆品牌的战略措施

【关键术语】

节庆品牌　品牌管理　品牌效益　品牌延伸　品牌个性　品牌忠诚度　品牌知名度
品牌资产

【开篇案例】

吴桥因杂技节而成品牌

吴桥因杂技而成品牌,杂技界一直有"世界杂技在中国,中国杂技在河北"的说法,但在中国吴桥国际杂技艺术节之前,中国并没有一个世界性的杂技赛场,这与中国杂技大国的地位严重不符。1987年,精明的河北文化人利用"吴桥杂技"这个具有河北文化特征的项目,开发出中国吴桥国际杂技艺术节(以下简称"吴桥杂技节"),填补了这一空白。

20余年来,吴桥杂技节成功举办了15届,融入了众多文化人的智慧和心血,已成为由文化部参与主办的4个国家级文化节庆活动之一(另3个是:上海艺术节、北京音乐节、"相约北京"艺术节)。在国际上近20个杂技节中,吴桥杂技节和摩纳哥的蒙特卡罗马戏节、法国巴黎的明日与未来马戏节并称为世界最著名的三大杂技赛场。吴桥杂技节被国际节庆协会评为"中国最具国际影响力十大节庆活动"之一,杂技节所设的"金狮奖"也成为中国自有的具备国际影响力的艺术奖项之一。

吴桥杂技节的成功举办对于宣传地方、吸引游客、拉动经济、改善环境起到了很大作用。

节庆期间举办了各种形式的经济技术合作洽谈会,除了高科技项目、旅游项目专题洽谈会和重点项目签约仪式外,还包括政府贷款与项目融资座谈会、世界著名跨国公司与河北合作论坛,以及"会中会"——冀台经济合作洽谈会。参会方包括美国摩托罗拉公司、日本丸红株式会社、法国东方汇理银行、香港怡和等世界 500 强企业的代表以及国外驻京办事机构代表、国内知名企业代表、省内外著名高校和科研机构代表等共计 600 余人。

(资料来源:百度百科,吴桥杂技艺术节)

12.1　品牌管理的概念

12.1.1　什么是品牌

1)品牌的含义

品牌(Brand)是一种识别标志、一种精神象征、一种价值理念,是品质优异的核心体现。品牌是一种名称、术语、标记、符号或图案,或是它们的相互组合,用以识别某个销售者或某群销售者的产品或服务,并使之与竞争对手的产品和服务相区别。与品牌紧密联系的有以下一些概念:

①品牌名:品牌中可以读出的部分——词语、字母、数字或词组等的组合。如海尔、TATA、51job 等。

②品牌标志:品牌中不可以发声的部分——符号、图案或明显的色彩或字体。如耐克的一勾造型,小天鹅的天鹅造型,IBM 的字体和深蓝色的标准色等。

③品牌角色:是用人或拟人化的标志来代表品牌的方式,如海尔兄弟、麦克唐纳、米老鼠、康师傅等。

④商标:受到法律保护的整个品牌、品牌标志、品牌角色或者各要素的组合。当商标使用时,要用"R"或"注"明示,意指注册商标。

2)品牌的六层内涵

品牌从本质上说,是向消费者传递一种信息,一个品牌内含 6 层意思。

①品牌的属性。是指产品的属性。例如,海尔质量可靠,服务上乘。

②品牌的利益。从消费者角度出发,针对品牌的属性而言。例如,海尔产品质量可靠可减少维修费用,上乘服务可方便消费者。

③品牌的价值。特指可以兼容多个产品的理念,是品牌向消费者承诺的功能性、情感性及自我表现型利益,体现了制造商的某种价值感。品牌价值是一种超越企业实体和产品以外的价值,是与品牌的知名度、认同度、美誉度、忠诚度等消费者对品牌印象紧密相关的、能给企业和消费者带来效用的价值,是产品属性的升华。例如,"高标准、精细化、零缺陷"是

"海尔"体现的服务价值。品牌价值需要通过企业的长期努力,使其在消费者心目中建立起一定的价值,再通过企业与客户之间保持稳固的联系加以体现。

④品牌的文化。品牌的内涵是文化,品牌属于文化价值的范畴,是社会物质形态和精神形态的统一体,是现代社会的消费心理和文化价值取向的结合。例如,"海尔"体现了一种文化,即高效率、高品质。

⑤品牌的个性。品牌的个性是品牌存在的灵魂,品牌个性是品牌与消费者沟通的心理基础。从深层次来看,消费者对品牌的喜爱源于对品牌个性的认同。例如,"海尔"最突出的品牌个性是真诚。

⑥品牌的使用者。品牌暗示了购买或使用产品的消费者类型。

品牌的内涵在于它除了向消费者传递品牌的属性和利益外,更重要的是它向消费者所传递的品牌的价值、品牌个性及在此基础上形成的品牌文化。

总的来说,品牌是一个复合的概念,由品牌名称、品牌认知、品牌联想、品牌标志、品牌色彩、品牌包装以及商标等要素组成。一个品牌不仅是产品的标志,更是产品质量、性能、服务等满足消费者使用产品可靠程度的综合体现。一个品牌还凝聚着科学管理、市场信誉、追求完美的企业精神等诸多文化内涵。品牌对使用者情感诉求的满足将随品牌进入消费领域占据越来越重要的作用,在经济竞争中也扮演着举足轻重的作用。

12.1.2　什么是品牌管理

1) 品牌管理的内涵

所谓品牌管理,是对品牌的全过程进行有机的管理,以使品牌运营在整个企业运营中起到良好驱动作用,不断提高企业的核心价值和品牌资产,为企业造就百年金字招牌打下基础。广义的品牌管理是一个复杂、完整的体系,它贯穿于品牌的创建、品牌的维护、品牌的发展延伸及品牌再造中的每一个环节。狭义的品牌管理则主要针对品牌建立后的管理,其内涵包含以下 5 个方面的内容:

①品牌的核心及其价值。包括品牌定位、品牌的核心理念、品牌期望等。

②品牌战略架构。包括品牌、副品牌,品牌和副品牌的角色、关系,品牌类别和品牌延伸等。

③品牌的识别。包括符号、文字、风格、主题等形象因素。

④品牌策略。包括品牌整合传播、保护与提升等。

⑤品牌组织架构与流程。主要指品牌管理流程,品牌管理组织架构制订等。

品牌管理虽然只是品牌创造过程中的一部分工作,但应该被视为最关键的工作。通过品牌管理有效监管控制品牌与消费者之间的关系,最终形成品牌的竞争优势,使企业行为更忠于品牌核心价值与精神,从而使品牌保持持续竞争力。

2) 品牌管理的步骤

品牌管理是一个复杂、科学的过程,不可以省略任何一个环节。成功的品牌管理应该遵守的以下 4 个步骤:

（1）勾画出品牌的"精髓"，即描绘出品牌的理性因素

首先把品牌现有的可以用事实和数字勾画出的看得见摸得着的人力、物力、财力找出来，然后根据目标描绘出需要增加哪些人力、物力和财力才可以使品牌的精髓部分变得充实。这里包括消费群体的信息、员工的构成、投资人和战略伙伴的关系、企业的结构、市场的状况、竞争格局等。

（2）掌握品牌的"核心"，即描绘出品牌的感性因素

由于品牌和人一样除了有躯体和四肢外还有思想和感觉，因此，在了解现有品牌的核心时需要了解它的文化渊源、社会责任、消费者的心理因素和情绪因素，并将感情因素考虑在内。根据要实现的目标，重新定位品牌的核心，并将需要增加的感性因素一一列出来。

（3）寻找品牌的灵魂，即找到品牌与众不同的求异战略

通过第一和第二步骤对品牌理性和感性因素的了解和评估，升华出品牌的灵魂及独一无二的定位和宣传信息。人们喜欢吃麦当劳，不是因为它是"垃圾食物"，而是它带给儿童和成年人的一份安宁和快乐的感受。人们喜欢去迪士尼乐园并不是因为它是简单的游乐场所，而是人们可以在那里找到童年的梦想和乐趣。因此，品牌不是产品和服务本身，而是它留给人们的想象和感觉。品牌的灵魂就代表了这样的感觉和感受。

（4）品牌的培育、保护及长期爱护

品牌形成容易，但维持是个很艰难的过程。没有很好的品牌关怀战略，品牌将无法成长。很多品牌只靠花掉大量的资金做广告来增加客户资源，但由于不知道品牌管理的科学过程，在有了知名度后，不再关注客户需求的变化，不能提供承诺的一流服务，失望的客户只有无奈地选择新的品牌，致使花掉大把的钱得到的品牌效应昙花一现。因此，品牌管理的重点是品牌的维持。

3）品牌管理的要素

（1）建立卓越的信誉

信誉是品牌的基础，没有信誉的品牌几乎没有办法去竞争。WTO后很多"洋"品牌同中国本土品牌竞争的热点就是信誉。由于"洋"品牌多年来在全球形成的规范的管理和经营体系使消费者对其品牌的信誉度的肯定远超过本土品牌，因此，本土企业在同跨国品牌竞争的起点是开始树立信誉，不是依靠炒作，而要依靠提升管理的水平，质量控制的能力，提高客户满意度的机制和提升团队的素质来建立信誉。中国的企业需要研究客户需求的变化，并不断创新出可以满足他们不同需求的有个性化功能的产品或服务。未来的品牌竞争是靠速度决定胜负。只有在第一时间了解到市场变化和客户消费习惯变化的品牌才可能以最快的速度调整战略来适应变化的环境，并最终占领市场。

（2）争取广泛的支持

没有企业价值链上所有层面的全力支持，品牌是不容易维持的。除了客户的支持外，来自政府、媒体、专家、权威人士及经销商等的支持也同样重要。有时候，还需要名人的支持，

并利用他们的效应增加品牌的信誉。

（3）建立亲密的关系

客户需求的动态变化和取得信息的机会不断增加,为客户提供个性化和多元化的服务已成为唯一的途径。只有那些同客户建立了紧密的长期关系的品牌才会是最后的胜利者。因此,国内外的品牌现在都不遗余力地想办法同客户建立直接的联系,并保持客户的忠诚度。

（4）增加亲身体验的机会

客户购买的习惯发生着巨大的变化。光靠广告上的信息就决定购买的机会已经越来越少。消费者需要在购买前首先尝试或体验后再决定自己是否购买。因此,品牌的维持和推广的挑战就变成了如何让客户在最方便的环境下,不需要花费太多时间、精力就可以充分了解产品或服务的质量和功能。这种让客户满意的体验可以增加客户对品牌的信任并产生购买的欲望。

对于任何品牌而言,衡量品牌四要素的指数均可量身裁定,成为专项指数。这些指数可成为品牌评估的基准线,提供"跟踪"衡量品牌形象变化的依据。品牌管理指数包括信誉指数、关系指数、支持指数和亲身体验指数。

【案例启迪】

从"品牌节庆"迈向"城市品牌"

对于许多人来说,提到奥斯卡,就会联想起美国的洛杉矶;提到奔牛节,就会联想到西班牙;提到慕尼黑,就会联想到盛大的啤酒节;提到夏纳,就会联想到电影节的盛典……可见,节庆文化已经与一个国家、一个城市的品牌紧密相连,已经成为一种现象,并且演化为节庆经济,演化为促进国家、城市经济发展的节庆产业。

哈尔滨是中国冰雪艺术的摇篮。哈尔滨冰灯游园会创办于 1963 年,每年冬天在兆麟公园举行,占地面积 6.5 公顷,用冰量约 2 000 立方米,冰景作品 1 500 件左右,哈尔滨冰灯游园会是目前世界上形成时间最早,规模最大,并已成为地方传统项目的大型室外露天冰灯艺术展。

在哈尔滨举办的一年一届的冰灯游园会,哈尔滨的艺术家们用松花江原生冰进行创作,雕塑出千姿百态的冰雕艺术作品,再辅以现代科技手段,构成了独具北国特色的冰灯艺术。在艺术家和能工巧匠手下,松花江上取来的天然冰变成了一件灵气活现的精美艺术品,变成了冰奇灯巧、玉砌银镶的冰的世界、灯的海洋。冰灯艺术年年有新变化,被人们称为"永不重复的童话"。游客不仅可以参加冰灯游园会,观赏各种冰雕艺术,还可以参加松花江冰上世界的体育活动,坐冰帆、打冰猴、溜冰、观看冬泳比赛和冰上婚礼,参加文艺晚会等活动。冰灯游园会让世人看到了魅力无比的哈尔滨。

（资料来源:百度百科）

12.2 节庆的品牌效益

12.2.1 品牌节庆的界定与标准

所谓品牌节庆,是有计划、有目的地设计、塑造,并由社会公众通过体验、认知而确定的标志,是公众对节庆的理性认识和感性认识的总和。品牌是节庆参与市场竞争的标签,是一笔巨大的无形资产。品牌节庆由品牌知名度、品牌知觉质量(可感知的质量)、品牌联想(关联性)和品牌忠诚度4个因素构成。

1) 品牌节庆的特征

(1) 无形性

品牌的价值并不能像物质资产那样用实物的形式表述,但品牌作为无形资产其价值可以有形量化,能使品牌主体的无形资产迅速增大。品牌必须有物质载体,需要通过一系列的物质载体来表现自己。品牌的直接载体主要是文字、图案和符号,间接载体主要有产品质量、产品服务、知名度、美誉度、市场占有率等。没有物质载体,品牌就无法表现出来,更不可能达到品牌的整体传播效果。

(2) 独特性

节庆活动品牌的独特性体现在其个性上,节庆活动的个性体现在一个活动与其他活动的差异性。个性化和独特性给节庆活动品牌一个脱颖而出的机会。把节庆活动与当地的历史文化、民俗风情、产业特征和自然风光结合起来,张扬个性、追求特色,并善于把特色与个性附着于一定的客观载体。

(3) 扩张性

品牌节庆具有识别功能,代表一种产品、一个城市,甚至是一个国家。品牌拥有者可以凭借品牌的这一优势不断获取利益,还可以利用品牌资本如品牌的市场开拓力、形象扩张力、资本内蓄力等不断进行扩张和发展。

(4) 不确定性

品牌创立后,在其成长的过程中,由于市场的不断变化,需求的不断增加,品牌资本可能壮大,也可能缩小,甚至在竞争中退出市场。因此,品牌的成长存在一定风险,对其评估也存在难度。品牌的风险,有时是由于产品质量出现意外,有时是由于服务质量不过关,有时是由于品牌资本盲目扩张,运作不佳,这些都会给品牌的维护带来难度,导致对品牌效益的评估出现不确定性。

2) 品牌节庆的塑造

一个成功的文化节庆活动品牌,其管理和持续经营应从以下 4 个方面考虑:

(1) 建立信誉

信誉的建立要注重以下因素:管理水平、控制质量的能力、提高客户满意度的机制和团队的素质。

(2) 增加情感因素

真正的品牌除了信誉还具有感情上的倾向性,因此,文化节庆活动既要赢得观众、游客等消费者的欢心,还要获得来自政府、媒体、专家、权威人士及经销商等方面的支持。

(3) 确定与众不同的求异战略

节庆活动品牌不仅仅在于产品和服务本身,还在于它给人们留下了与众不同的想象和感觉。

(4) 品牌的培育及长期维护

与品牌的形成相比,维护是个更艰难的过程。很多活动靠投入大量资金做广告获得了客户资源,但有了知名度后,却不再关注客户需求的变化,不能提供所承诺的一流服务,结果把客户推向了别的品牌。

【案例启迪】

百姓才是文化节主角

在 2014 年齐文化节上,几乎没有什么仪式,百姓得实惠、参与性强的活动项目多了,百姓真正地成为文化节的主角,齐文化节真正地成为大众的节日。

在齐文化节 5 天时间里,在临淄区齐文化博物院,"齐风古韵"戏曲展演每天演出 2~4 场,让广大戏迷过足了戏瘾。戏曲展演只是"节俭办节、文化惠民"的一个缩影。文化活动离不开相应的文化设施。在本届齐文化节上,齐文化博物院一城十七馆向市民免费开放,这座集文物收藏陈列、保护研究、参观游览、产品开发等多个功能于一体的综合性博物馆,每天接待游客都在万人以上。

齐文化节期间,临淄区各景点均执行"一元"票价,齐国历史博物馆、临淄中国古车博物馆、东周殉马坑等文化旅游景点人气急升,让各地游客都能享受到文化惠民的大餐。为实现服务优质最大化,各景点增设了休息区、免费饮水处,工作人员以热情的服务迎接各地游客,深受游客好评。与众不同的节庆活动吸引了更多的百姓,也赢得了百姓的赞许。

(资料来源:新浪网)

12.2.2　节庆的品牌形象

1)品牌形象

品牌形象是消费者头脑中与某个品牌相联系的属性集合和相关联想,是消费者对品牌的主观反映。消费者将接受的关于品牌的产品、服务、传播方式等信息进行分析,然后组织获得的就是品牌形象。也就是说,品牌形象是消费者对品牌认知的结果。

品牌形象主要由3个方面的因素构成,即认知因素、情感因素和定位因素(见图12.1)。认知因素是指通过人体感觉器官可以直接感知的各种因素,如造型、包装、名称、商标等;情感因素是指能够激发人们产生某种情绪或情感体验,具有肯定或否定性质的各种因素,如风格、风度等因素;定位因素是指能够造就独特的价值感,在认知对象的心理上形成独立概念和地位的因素,如产品利益、产品功能、身份象征、价格等因素造就的价值感。良好的品牌形象和这3个方面因素的综合作用密不可分。

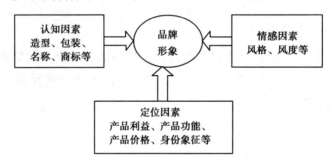

图 12.1　品牌形象的构成因素

对于许多人来说,提起洛杉矶,就不由地会想到奥斯卡;提到慕尼黑,就会自然地联想到盛大的啤酒节;提到戛纳,电影节的盛典也会令人向往……可见,节庆已经与一个地区的品牌紧密相连,给举办城市带来巨大的经济连动效益和社会效益,成为经济发展和社会发展的催化剂和助推器。打造节庆文化,要从品牌入手,树立独特品牌,塑品牌、创名牌,重视并强调其个性化与影响力,以名牌推动发展。

2)节庆品牌形象管理的必要性

节庆品牌形象是公众对一个节庆总体的、抽象的理性概括和评价,是节庆不可低估的无形资产。良好的品牌形象是节庆竞争的重要武器,它能够引起人们的兴趣,吸引游客前来参节,从而推动和促进城市经济的全面发展。同时,节庆品牌形象也是各个城市形象的重要组成部分。

(1)及时做好品牌形象的更新

社会在不断进步,消费者的观念也在不断更新,品牌形象所传达的品牌文化当然也要不断地用新的元素、符号和表达方式去演绎。有影响力的品牌形象不仅仅孤立地表现产品,它所表达的文化、价值和理念同社会文化和价值趋向联系在一起,因此,品牌形象的内涵还应不断延伸,有机融入社会整体发展和进步的潮流,从更高的境界赢得消费者的信任、支持和尊重。

节庆活动要常办常新,审视自己的品牌形象是否与整个社会的潮流相背离,如果品牌的定位已经与大众需求不符,或者不符合节庆的发展要求,则要对品牌进行重新定位,同时塑造新的品牌形象;如果仅仅是品牌形象的视觉元素出现老化的现象,则只需要在现有品牌定位的基础上,对品牌形象进行更新。当然,节庆活动不能一味地迎合大众的口味,失去自己的特色,要在保持自己固有特色的基础上,不断地给品牌形象注入鲜明的时代气息,让品牌始终充满活力,永远保持旺盛的生命力。

(2)做好品牌形象的传播

品牌形象管理的重要条件之一是品牌传播,没有良好的品牌传播是不可能造就独特的品牌体验的。根据传播学的原理,品牌形象传播一定要有连续性和阶段性,要巧妙地把握好传播节奏,在不同时段,如节前、节中、节后的不同阶段,传播的焦点、强度和频率要有所区别,使传播效果最佳。作好关于现代节庆的整体传播策划,请专业人士为节庆的品牌形象进行系统设计,并以此为依据展开传播,制订传播规划和计划,抓住重点,按部就班地实施,使节庆的品牌形象更加鲜明、定位更加准确,品牌内涵不断累积和增值。最好是在上届节庆结束后就对下一届的所有传播工作作好计划,之后立即付诸实施。

此外,要运用整合营销传播策略。整合传播策略可以突显节庆的品牌因素,其策略性的整合传播效果,将大于广告、报道、公关等个别规划及其执行的结果,同时还可避免个别规划传递相互冲突的信息,从而使传播效果达到最大化,也就是1+1>2的系统综效。

(3)提供优质的产品和服务,确保观众体验

产品本身是品牌资产的核心,因为它对消费者体验该品牌,从他人那里听说该品牌,以及公司在宣传中如何向消费者介绍该品牌具有重要的影响,同时,产品也是品牌形象的重要决定因素之一。

节庆的本质在于为观众提供节庆产品(包括服务),因此,节庆产品的质量也就成为节庆品牌形象的重要决定因素。先进独特的服务理念,是持久维护现代节庆品牌形象的有力手段,是形成服务品牌形象的关键所在。每个管理人员及工作人员都是品牌的传播者,要强化他们的品牌形象意识和服务意识,为观众提供人性化的服务,让每个观众都乘兴而来,满意而归。要将品牌形象维护作为全员的工作重心,强化每一个部门和每一名工作人员的品牌意识,让节庆组织内部各部门都重视和投入品牌形象管理工作。

12.3 节庆品牌管理战略

节庆可以提高城市的知名度、美誉度,拉动本地的经济发展,对于城市的社会、文化的发展有很好的推动作用,但是如果不对城市的节庆进行科学的规划,盲目地办节,过分地"造

节",只能加重当地的经济负担,造成极大的资源浪费,给当地人民造成严重的利益损失。

对节庆品牌的管理,应该从宏观和微观两个层面进行:一方面,节庆管理部门要对城市的节庆进行规划,形成品牌系列;另一方面,对于各个节庆,节庆组织者要做好品牌的日常管理,包括对品牌形象、品牌关系等的管理,同时,注意品牌的危机预警、保护和延伸,保证品牌的可持续发展。

12.3.1 战略管理

1) 节庆品牌关系管理

关于品牌关系的定义,较早的、比较规范的是 Blackston 根据人际关系交往的原理提出的品牌关系的定义,认为品牌关系就是消费者对品牌的态度和品牌对消费者的态度之间的互动。当然,这个定义只是将品牌关系局限到与品牌与顾客的关系,是狭义的品牌关系。广义的品牌关系是指以品牌为核心,围绕品牌运营所形成的各种关系,它包括:品牌与顾客的关系、品牌与经销商的关系、品牌与社会的关系、品牌与媒体的关系等。品牌受到这一系列关系的影响和制约,因此,要做好对这些品牌关系的管理。

品牌关系管理(Brand Relationship Management,BRM)是指一种活动或努力,通过这种活动或努力,建立、维持及增强品牌与各利益相关者之间的关系,通过互动的、个性化的、长期的、以增加价值为目的的接触、交流与沟通,来持续地增强这种关系。

现代节庆具有很强的综合性,涉及社会的方方面面,交织着社会各种主体的利益。节庆品牌受到诸多利益相关者的影响,包括品牌和客源市场、工作人员、参节企业与合作伙伴、社区、新闻媒体等。这些利益相关者处于节庆的价值链上,扮演着不同的角色,在相关领域紧密合作,形成一个复杂的系统,共同影响着品牌的产生和发展。

(1)客源市场

在所有的品牌关系中,品牌与顾客的关系是最重要也是最基本的关系,这不仅因为品牌依存于顾客而存在,而且因为顾客是品牌价值创造的真正的资源。在品牌的关系建构中,顾客是中心环节和关键节点。节庆的客源市场主要包括本地市场和外地市场。本地市场主要指市民,外地市场的范围则根据节庆的影响力的不同而不同。影响力较小的节庆的外地市场涉及周边城市,而影响力较大的则涉及全国,甚至世界各地。外地游客是不少节庆极其重要的参与主体之一。现代节庆的目标特征之一是吸引大量的外地游客,以促进节庆所在城市与客源市场之间物质流、信息流、人流、资本流的快速流动。

德国慕尼黑啤酒节从 1810 年至今已经有 200 多年的历史,是世界上规模最大、历史最久的啤酒节,也是世界啤酒节庆的第一品牌,品牌魅力无穷,品牌价值惊人。近几届慕尼黑啤酒节的参节人数一直稳定在 600 万~700 万人次,其中,国外游客约 100 万人次。

对节庆品牌——游客关系的管理,实质就是通过互动和交流,与游客建立一种非交易关系。其目的就是促使游客形成对节庆的良好印象和评价,提高节庆品牌在市场上的知名度和美誉度,保证品牌的成功。

为此,要分析可能的客源市场,积极搜集客源市场的信息,科学地进行节庆客源市场细分、目标市场选择与市场定位,根据其对节庆的需求特征采取相应的宣传促销措施和节庆活动组织,要不断地把节庆信息传递到客源市场,实现潜在参与者向现实参与者的转变,并要借助媒体把客源市场的需求状况调查清楚。这种双向沟通的方式可以增强游客参与的积极性,对节庆产品的改进也会起到参考作用。在节庆结束之后,要对各客源市场的游客数及贡献作统计,参考以往资料找出客源市场的变化情况,分析可能的原因和影响因素,并采取措施消除消极因素,保持重要客源市场的稳定。

（2）工作人员

工作人员处在节庆活动第一线,直接接触游客。工作人员的能力和积极性直接影响到节庆品牌的形象,游客更喜欢友善、热情、善解人意、形象良好、彬彬有礼的服务人员。全体工作人员团结一致、齐心协力,才会为游客提供良好的服务,传递节庆品牌的核心价值,树立节庆品牌的形象。品牌的员工关系管理就是在认识到节庆产品特色的基础上,为满足游客的需要,把员工视为内部顾客,所采取的一系列确保服务人员自觉自愿且有能力向游客提供高质量服务,确保服务人员在每一次、每一刻与游客接触时都能让游客感受到品牌的核心价值。品牌的员工关系管理实质上就是品牌的内部营销管理。

为了有效地实施员工关系管理,要做好对工作人员的技能培训,牢固树立游客导向的服务观念;充分尊重工作人员的服务性劳动,从物质和精神两个方面做好激励;及时做好部门之间的沟通,各部门相互理解、合作与支持,同心同德,共同把节庆办好;精心培育节庆的服务文化,从根本上激发工作人员对优质服务的追求。

（3）参节企业

在市场经济条件下,越来越多的节庆改变了传统办节方式,大胆尝试市场运作,将更多的职能分解给企业、市场和社会,通过招商引资的方式,赢得民间资源应有的投入和聚集,提高现代节庆的经济效益和社会效益。随着商贸活动在节庆中的地位不断提高,参节的企业和经营个体也成为节庆品牌的重要创建者。

总的来说,要从两个方面管理品牌与参节企业的关系:

一是品牌服务于企业。政府应发挥引导和带动作用,承担搞好城市环境整治、改善交通和旅游接待条件、给节庆活动搭好舞台等任务,同时,加强节庆内容的设计、组织协调和整体促销宣传,创造足够的"热点""卖点",打造节庆品牌,吸引游客,开拓商机。

二是企业支持品牌。参节企业为游客提供产品和服务,从一定程度上能体现品牌质量和形象。管理者在为参节企业做好服务的同时,要帮助厂商解决经营过程中的困难;严格按照国家法律法规和节庆的各项规定,做好监督检查;进一步完善对参节厂商的业绩考核和资格准入制度,建立参节企业资料库,出现坑害消费者和安全事故的厂商要严惩不贷,取消参节资格,增强参节厂商的诚信意识、竞争意识和自律意识。参节企业应明确自己的主角地位,树立主人翁意识,强化经营理念,全面了解节庆的内容、安排、影响力、辐射力,以及自己企业、产品可以获取的收益等,尽可能调动自己的资源,主动支持、参与节庆活动。

（4）社区居民

节庆活动实际上是一个参与性极强、体现人与人广泛交往的社交文化活动,通过节庆这个载体,为社区居民与居民、社区居民与游客、游客与游客之间的社会文化交往提供一个活动空间,并且能够促进当地的交通条件、卫生状况、城市形象的改善,促进通信设施的完善,无形中促进了社区开发。

总的来说,社区居民与节庆在各个方面都有着密切的相互作用。无论从职能作用来分析,还是从利益相关来考虑,社区居民群体对节庆活动的发展都起着重要、长远的作用。但目前在实际操作过程中,由于缺乏合理的机制和良性的管理,出现了明显的问题,社区由于承担过多的外部成本而对节庆活动产生抵触行为,相关群体由于不同的利益取向产生众多的矛盾冲突造成管理权威失灵等,极大地阻碍了节庆活动的顺利进行。

节庆的举办牵扯方方面面的利益,单独依靠管理和经营部门很难保证节庆活动顺利进行,社区居民始终是节庆活动策划开发的主体。无论从其起源、发展历程、发展动力来看,还是从节庆主体、节庆组织、节庆氛围营造、节庆目的地形象和节庆目标来看,都离不开当地居民的理解、支持和参与,甚至是社区居民占有主导角色。因此,应积极宣扬"主人翁"意识,最大限度地调动本地社区居民的参与积极性、对活动内容的创造性。

(5)新闻媒体

媒体是节庆口碑和形象的塑造者,节庆品牌传播离不开各种媒体的作用。要扩大宣传范围,既要充分发动地方媒体,更要选择辐射面广、影响大的国内外知名媒体。一个节庆活动可以通过媒体美誉全球,塑造良好的品牌形象并吸引众多的游客;也能因为媒体对负面问题的曝光而使节庆陷入危机,举步维艰。尤其是在完善的市场经济环境和信息多元化的今天,节庆市场产品极其丰富,竞争态势更趋多样化,节庆在发展中要处理好与媒体的公关关系。

管理媒体关系要从日常做起。节庆活动要有专人负责对当地媒体关系的建立、媒体信息监控、资料收集、公关类新闻稿的撰写及媒体关系日常拜访,不能等到发生危机,才有所作为。同时,可以利用媒体之间的竞争来平衡媒体关系,与不同媒体要保持不同的关系。

2) 节庆品牌延伸管理

所谓品牌延伸,是指一个品牌从原有的业务或产品延伸到新的业务或产品上,多项业务或产品共享同一品牌。品牌延伸是多元化经营者面临的最重要的战略问题,企业经营战略的核心和目的就是品牌战略,而品牌延伸是品牌战略的重要内容之一。

品牌延伸分为品牌水平延伸与品牌垂直延伸两种方式。品牌水平延伸是指在不同的品牌范围内进行品牌线或产品线的延伸,品牌跨越不同行业,覆盖不同品类的延伸;品牌垂直延伸是指品牌在既有品牌范围内扩充品牌线,是在本行业间的上下延伸。

当节庆品牌逐渐发展成长为一个强势的品牌,具有鲜明的个性、丰富的品牌联想和很高的品牌知名度、品牌美誉度和品牌忠诚度,自然会产生一种"爱屋及乌"的情感效应,这种情感效应成为品牌延伸的有力武器,节庆组织者应当不失时机大胆而理性地进行品牌延伸和扩张,迅速而稳健地壮大自己。

对现代节庆品牌来说,最重要的是形象和个性。品牌个性的前提是品牌概念的统一性,如果一个节庆品牌由于众多活动的差异而导致品牌无法在公众心目中建立起统一概念,那么,这种品牌延伸就不可能取得成功。品牌统一的概念来自于风格与形象的接近与相似,来源于品牌核心价值的"神似"而非具体产品形态的"形似"。

（1）品牌核心价值

一个成功的品牌都有其独特的核心价值,若这一核心价值与基本识别能包容延伸产品且产品属性不相冲突,就可以大胆地进行品牌延伸。随着旅游者的日益成熟及其需求层次的提高,人们对品牌的信赖越来越表现为对节庆文化与理念的认可。

（2）节庆产品的关联性

节庆品牌的成功说明节庆品牌形象在旅游者心目中既成为节庆活动的替代物,又成为节庆文化的代表。当进行品牌延伸时,要考虑新节庆产品与原有产品之间的关联性,以及新节庆产品与品牌的兼容性。节庆产品的关联性一般是体现在相似的使用体验和相似的情感上的。只要互不抵触,能成为品牌文化的载体,就有可能延伸成功。

（3）游客需求

节庆品牌的形成过程就是游客对节庆的价值、文化等方面认知的趋同化和一致化过程,而社会公众接受品牌的过程实际上是一种情感上的偏爱形成过程。这种偏爱就是产生了品牌与节庆活动特点、个性、定位之间的对应关系。现代节庆品牌的延伸一定要立足于游客的需求,在充分调查游客需求的基础上进行延伸。

世界已进入休闲旅游时代,参节游客的主要目的就是要追求一种独特的休闲氛围。因此,只要有助于营造这种气氛的活动,如文艺演出、艺术巡游、体育竞技、旅游活动、游乐活动等也都可以延伸,以增加节日的娱乐性和感染力,营造市民狂欢节的氛围。

（4）品牌文化内涵

节庆产业是一个综合性产业,需要有关联行业与之配套服务,因此,不能孤立地办节,要办成一个多功能、产业化的节庆,通过发掘内涵和扩大外延,进一步发挥节庆的产业带动作用,发挥节庆的综合效益。节庆期间,可穿插进行各种相关展会,延伸节庆产业链,强化节庆的积聚效应和宣传效应;可以通过旅游市场的专业化运作,从吃、住、行、游、购、娱等方面与之配套,让游客在参节的同时吃"套餐",配套进行系列旅游活动,促进城市旅游业的发展。

（5）品牌延伸的时机

品牌延伸的时机并不是越早越好。在市场发展的早期,品牌延伸相对于新品牌获得的市场份额要小,生存的可能性也弱。这是因为在市场引入期风险较大,如果产品失败,品牌延伸就会损害母品牌的形象,品牌延伸应适当延后。节庆品牌延伸是为了达到节庆做大做强的目标。对市场竞争格局的理性认识,可以降低品牌延伸的决策风险,增大延伸成功的机会。

一般来说,在节庆产品的成长期及成熟期的前期,比较适合进行品牌延伸,但如果节庆产品已进入成熟后期特别是衰退期,则应该谨慎使用品牌延伸。从品牌资产的角度来说,强势品牌是品牌延伸成功的基础。进行品牌延伸要在原有品牌成熟并且在消费者心目中形成了一定的知名度和美誉度之后才能进行,否则,不能达到品牌延伸的初衷,还会模糊原有品牌定位,淡化其核心价值,最终导致品牌建设的失败。

3) 节庆品牌可持续发展战略

在世界环境和发展委员会于 1987 年发表的《我们共同的未来》(*Our Common Future*) 的研究报告中,对可持续发展的定义为:"既满足当代人的需求又不危及后代满足其需求的发展。"可持续发展观强调的是经济、社会和环境的协调发展,其核心思想是经济发展应当建立在社会公正和环境、生态可持续的前提下,既满足当代人的需要,又不对后代人满足其需要的能力构成危害。

可持续发展是一个多层次的多元构成的目标体系,主要包括生态环境可持续性、社会可持续性和经济可持续性 3 个方面。

(1)生态环境可持续性

生态环境可持续性是指在一定限度内维持生态系统的生产力和功能,维护资源和环境基础,保护其自我调节、正常循环的能力,增加生态系统的完整性、稳定性和适应性。

(2)社会可持续性

社会可持续性是利用最小的资源成本和投资获得最大的社会效益,长期满足社会和人类的基本需要,保证资源和收益的公平分配。

(3)经济可持续性

经济可持续性是指用最小的资源成本和投资获得最大的经济效益,同时保证经济效益的稳定增长,防止任何急功近利的短期行为。

可持续发展 3 个方面的目标,存在着对立统一的关系。生态环境可持续发展是经济可持续性的基础,没有生态环境的可持续性便没有了经济的可持续性;没有经济可持续性,生态环境的可持续性便失去了经济目的和动力;经济的可持续性和生态环境的可持续性是为了满足社会的需要,社会可持续性的实现有赖于生态环境和经济的可持续性。

12.3.2 战略措施

1) 建立节庆保障机制

(1)节庆管理机构

为加强整个现代节庆的宏观调控和区域合作,要设立专门的节庆管理机构,加强节庆品牌的宏观规划。该机构负责拟订区域节庆发展战略,编制中长期发展规划和年度计划;制订和建立行业规则、节庆资质认证制度、节庆等级认证制度、节庆安全卫生责任制度、节庆服务评估制度、节庆统计体系等规章制度,规范节庆文化经营企业行为,维护节庆市场秩序;组织指导全市节庆的整体形象的对外宣传、促销和对外交流与合作;对节庆产品质量实施管理、监督和检查,负责各类数据的收集和统计报送工作,作为节庆规划管理的依据。

(2)建立节庆专项资金制度

要办好现代节庆,必须解决好资金问题。节庆管理机构应建立节庆专项资金制度,确保现代节庆的成长。总的来说,应该在政府的扶持下,开辟多种投融资渠道,形成风险共担、利益并存的多元化格局。

基金应来自两个方面:一是政府财政。政府根据每年所需节庆费用预算拨款,构成节庆基金的基础。二是节庆收入预留。目前许多节庆都是经济性节庆,随着节庆的市场化,节庆活动的收入越来越多。可以将这些收入按一定比例预留,用作节庆基金。另外,要加强基金的管理,坚持节俭办节。建立基金使用管理制度,根据节庆性质、参与节庆活动人员的规模、经济文化活动的内容等需要,合理拟订费用开支预算,并报管理部门审批。

(3)后勤保障体系

现代节庆活动是经济活动、文化活动和旅游活动的综合。节庆期间,人群大量聚集,游客参节最基本的是要做到安全,包括交通安全、卫生安全、人身安全、财产安全等。要确保节庆活动的顺利进行,必须建立后勤保障体系。后勤保障体系涉及交通运输部门、商业部门、文化部门、环境卫生部门、金融部门、公安部门及其他服务部门,较为复杂。对后勤保障体系的建立,当地政府要给予人力、物力上的支持。由于参节游客十分重视经历和体验,这就要求各类从业人员树立"以人为本"的观念,提供高质量的服务,因此,还要落实思想教育,贯彻"服务至上"的理念。

(4)人才队伍建设

当今世界科技发展日新月异,人才资源已成为最为重要的战略资源。节庆的组织需要大量综合性人才。随着节庆市场激烈的竞争,抓好人才队伍建设,稳定人才队伍,调动人才的积极性、创造性,充分发挥人才的作用,是实现节庆可持续发展的重要举措。

①多渠道选拔高素质的节庆人才

在竞争日趋激烈的今天,只有大力引进节庆发展所需的各类人才,才能促进节庆的发展。与高校、企业、社区组织紧密合作,通过组织学生实习、广泛开展志愿者活动、优秀人才借调或高校推荐等方式,多渠道选拔人才。这样可为节庆储备、提供高质量的人力资源,更重要的是能够渲染城市的节庆气氛,提高全社会的关注和参与程度,提升市民素质。

②建立激励机制,调动人才的积极性和创造性

产品要不断创新,这样企业才能不断创造更好的竞争优势。品牌和产品一样,之所以能延续下去,完全是基于产品的不断创新。如果不能持续地进行产品的创新,品牌迟早会走向衰退,创新是品牌能够长久延续下去的内在动力。首先,一个成功的节庆活动要具备创新性,这样才能保证节庆活动的持久生命力。没有人喜欢年复一年地参加同样的活动,如果无人喝彩,节庆活动就会失去市场;其次,一个成功的节庆活动还要让每个人都能从中找到乐趣,这样才会激发人们的兴趣,增强节庆活动的吸引力。

2)强化节庆品牌的文化内涵

文化上的认同成为现代节庆成功举办的重要社会基础,也是现代节庆得以可持续发展的关键因素。德国慕尼黑啤酒节开幕时,巴伐利亚人身穿民族传统服装,载歌载舞,与世界各国游客狂欢,浓郁的民族性文化内涵成为它一个很好的卖点,得到了来自不同地域、不同

文化的各国游客的共识。慕尼黑啤酒节是世界公认的规模最大、影响力最深远的节日之一，历经100多年的发展仍长盛不衰就是见证。

我国不少节庆的经济、文化结合力度不够，文化内涵尚有待挖掘。且不说硬件上缺少民族特色，就软件而言，整体上文化层面的东西还不够。国内外游客不辞辛苦地前来参节，不是为了欣赏不正宗的异域风情，而是为了感受和体味中华传统文化的源远流长、地方文化的鲜明独特。

当前，节庆组织者应注重两个方面的节庆文化开发：一是针对不同的文化消费需求和文化消费特点，着力开发贴近老百姓生活、唤起民族感情的节庆文化，使节庆文化真正成为"大众的文化""民间的文化"；二是注重开发市场竞争力较高、效益较好的节庆文化形式，努力增加现代科技含量，抢占世界节庆文化产业的制高点。

3）建立市场化的节庆运作模式

城市资源经营的理论认为，城市资源应该具有显著的投入产出绩效和强大的增值能力。一个城市办节庆，实际上就是在经营这座城市的人文资源和自然资源，其经营成果理应包含经济效益。从可持续发展的观点看，不考虑投入与产出、成本与利润的节庆，其生命力必不长久。节庆活动必须遵循市场规律，注意成本与利润、投入与产出的理念，建立"投资—回报"机制，吸引大企业及媒体的参与，通过出色的市场化运作，形成"以节养节"的良性循环发展模式。

当前，我国大多数节庆活动仍属政府行为，这种"官办"模式往往很难对市场需求作出及时准确的判断，结果极易搞成"政绩工程"。另外，大规模的政府投资一般也很难把握和注意资金的使用效率，从而导致节庆活动成本过高，政府节庆财政负担过重。企业被动地接受政府主导，经济利益无法保证甚至根本没有经济利益，长此以往，企业会对办节丧失热情和信心。

面对现代节庆产业发展存在的种种问题，要未雨绸缪，审慎思考，从战略高度和体制选择上尽早制订应对之策。要提升节庆文化推动经济社会发展的功能，需要改革计划性的节庆文化管理体制和运行机制，理顺政府、企业和市场的相互关系，实行以市场化为取向的体制创新。在市场经济条件下，完全由政府承担节庆产业的经营，与其职能不符。改变传统办节方式，大胆尝试市场运作，将更多的职能分解给企业、市场和社会，才能赢得民间资源应有的投入和聚集，提高经济效益和社会效益，这是解决庞大的节庆资金投入，寻求节庆可持续发展的最佳途径。

举办节庆活动，只有按经济规律办事，自觉引入市场机制，变行政主导为市场主导，由"官办"模式转变为市场运作模式，才能办成开放性的节会，才会有生命力。政府、经营者、市场三者良性互动，发挥各自功能，承担各自职责，推动节庆文化向着结构优、特色强、品位高、效益好的方向协调发展。

4）加强节庆与相关产业的合作

随着节庆市场竞争日益激烈，不少节庆活动不再"单打独斗"，而是同其他节庆或旅游活动合作，做好区域联动，共同吸引客源，实现做大做强的目标。一是借鉴国外成功节庆的办节经验，不断提高办节水平；二是加强与城市其他节庆的横向联系，共同做好宣传推介，吸引周边城市和地区的群众参加节庆活动，形成优势互补、共同发展的态势；三是加强各行业之间、行业内各企业之间、各旅游景点之间的联动，共同打造节庆品牌。

【案例启迪】

海南欢乐节推出网络欢乐节：拉动消费提升品牌

海南欢乐节首次推出网络欢乐节，在拉动消费、提升品牌、融合产业上探索新路。参与网络欢乐节的美团、携程、去哪儿、酷秀、滴滴等 18 家大型 OTA 平台及 1 000 余家实体商户，大多对此给予积极评价。据海口市旅游委主任廖小平介绍，首届网络欢乐节共吸引了约 1 042 万人次直接参与，总成交额 8.516 亿元。"这是一场消费盛筵，不仅拉动消费，提升了包括欢乐节和海口城市形象在内的品牌，还促进'互联网+'时代各个产业之间的融合。"海口旅行社协会副秘书长孙相涛说。

网络欢乐节期间，海口旅游委打造了海南第一个集旅游、购物、消费、出行、娱乐、美食、文化于一身的"网络版"全民旅游消费节日。期间，各商家业务量都有不同幅度增长。通过网络欢乐节，平台企业能够便捷地销售产品，与消费者的距离更近，驱动旅游经济转型升级，促进实体旅游企业创新。

网络欢乐节整合了旅游上下游产业链及相关产业资源，成功打造出跨界融合的旅游产业联盟体，各参与平台及线上线下企业竞合关系出现改变。

（资料来源：海南时报，单憬岗）

复习思考题

1.影响节庆品牌形象的主要因素有哪些？

2.强化节庆品牌的方法有哪些？

3.如何从当地的优势条件出发，打造相应的节庆品牌？

4.怎样的节庆才算品牌节庆？

5.节庆品牌形成的主要途径有哪些？

【案例研究】

中国洛阳牡丹文化节

中国洛阳牡丹文化节前身为洛阳牡丹花会,已入选国家非物质文化遗产名录,至2016年,洛阳牡丹花会成功举办了34届,并在2010年升级为国家级文化盛会。30多年来,坚持贯彻"以花为媒,广交朋友,宣传洛阳,扩大开放"的指导思想,"洛阳搭台,全省唱戏",将牡丹花会办成一个融赏花观灯,旅游观光,经贸合作与交流为一体的大型综合性经济文化活动。

洛阳牡丹花会已经成为全市人民政治、经济、文化生活中的一件大事,成为洛阳人民不可或缺的盛大节日,成为洛阳发展经济的平台和展示城市形象的窗口,成为洛阳走向世界的桥梁和世界了解洛阳的名片,成为企业展示实力、树立形象、宣传扬名的极佳平台和舞台。

第30届中国洛阳牡丹文化节对外经济技术合作项目签约了117个,投资总额达1 007.3亿元。其中,世界500强企业5家,日本三井物产株式会社、瑞典山特维克公司等世界500强企业首次投资洛阳。

文化部文化产业司司长刘玉珠曾调研洛阳牡丹花会和文化产业发展状况。刘玉珠提出,要力争将洛阳牡丹花会提升为国内最具国际影响力的文化节会和文化品牌之一,使之成为展示当代中国人精神风貌的平台、中国与世界进行文化交流的平台,成为具有持续国际影响力的盛大文化节庆活动。

（资料来源:百度百科）

讨论问题:

1.洛阳是如何从当地的优势条件出发,打造自己的节庆品牌的?

2.通过网络收集相关资料,列举出各届中国洛阳牡丹文化节对洛阳经济的贡献。

3.结合中国洛阳牡丹文化节的案例,谈一谈节庆活动品牌价值如何塑造。

【开拓视野】

行业社团在节庆转型中的机遇与挑战

随着"中央八项规定"的深入贯彻和党的群众路线教育实践活动的开展,中国地方节庆也进入了一个快速转型期。一些地方节庆由原来的政府主办转向由行业性社团、企业和景点景区举办。那些仍由政府主办的地方节庆活动,也"缩水""瘦身",并将节庆的一些子活动交给行业性社团或企业承办。在政府"还节于民"的趋势下,一部分行业性社团尤其是各类产业性协会在地方节庆转型中已走上前台,发挥优势,承办节庆活动,成为办节的主体,承担起了中国地方节庆转型发展的重任。

享有"中国河豚岛"美誉的江苏扬中市从2004年起由政府主办每年一届"中国扬中河豚

美食节"。为落实中央规定,扬中市在江苏率先探索节庆转型,从去年起将节庆交给扬中市河豚文化研究会、扬中市烹饪协会举办。政府退出,给了行业社团巨大的节庆策划运作空间。扬中市烹饪协会、扬中市河豚文化研究会联合扬中市旅游协会连续主办了两届中国扬中河豚美食节。行业社团办节不仅实现了扬中市政府追求的招商引资、推介旅游、提升名气的办节目标,而且促进了扬中河豚产业和河豚文化的发展与提升,获得更多来自民间的办节资源,为扬中河豚节的可持续发展奠定了坚实的基础。"中国扬中河豚美食节"已成为江苏行业社团办节、节庆成功转型的范本。

作为著名地方品牌节庆的"中国盱眙国际龙虾节"从 2001 年创办, 2014 年的"第十四届盱眙国际龙虾节"也从政府主办转为行业社团主办。今年盱眙龙虾节的主办单位是江苏省盱眙龙虾协会,盱眙县政府自身定位为支持单位。在盱眙龙虾协会的主导下,整合运用各方面资源,成功地进行了包括招商引资、文化打造、产业拓展、国际交流等内容的 30 多项节庆活动。在"务实"的总基调下,近几届盱眙龙虾节取消了务虚应景的活动。

节庆作为政治、经济、文化一体化的地方施政现象,进行转型并"还节于民",尚需复杂过程。行业社团承接政府节庆活动不会一蹴而就,而要经历复杂的"磨合"与"博弈"。

(资料来源:新浪网)

参 考 文 献

[1] 黄翔,连建功,王乃举.旅游节庆与品牌建设:理论·案例[M].天津:南开大学出版社,2007.

[2] 范晓君.旅游节庆策划研究[D].长沙:中南林学院,2005.

[3] 俞杨俊.旅游节庆策划系统研究[D].上海:上海师范大学,2007.

[4] 李国平. 地方旅游节庆策划研究[D].昆明:云南师范大学,2002.

[5] 黄泽. 西南民族节日文化研究[M].昆明:云南教育出版社,1995.

[6] 乌丙安. 中国民俗学[M].沈阳:辽宁大学出版社,2000.

[7] 朱迪·艾伦.活动策划完全手册[M].王向宁,等,译.北京:旅游教育出版社,2006.

[8] 伊恩·约翰.节庆活动的组织管理与营销[M].吴恒,等,译.大连:辽宁科学技术出版社,2005.

[9] 卢晓.节事活动策划与管理[M].上海:上海人民出版社,2009.

[10] 戴光全,马聪玲.节事活动策划与组织管理[M].北京:中国劳动社会保障出版社,2007.

[11] 卞冬磊.从仪式到消费:大众传媒与节日意义之生产[J].国际新闻界,2009(7):21-24.

[12] 李峰. 节日的功能及其社会学隐喻[J].河南社会科学, 2008,16(4):109-111.

[13] 邹统钎. 旅游开发与规划[M].广州:广东旅游出版社,2001.

[14] 张伦书.论节庆经济持续创新力与评价指标体系[J].桂海论丛,2002(3):85-88.

[15] 吕镇,王艳红,李天恒. 旅游节庆日产品的设计研究[J].青岛大学学报:工程技术版,1995(3):71-74.

[16] 小卡尔·麦克丹尼尔,罗杰·盖茨.当代市场调研[M]李桂华,等,译.8版.北京:机械工业出版社,2011.

[17] 刘坤梅.基于游客感知的少数民族地区大型节庆旅游公共服务评价研究——2013年西藏拉萨雪顿节的调查[J].西藏研究,2014(3):112-120.

[18] 赵仲牧.时间观念的解析及中西方传统时间观的比较[J].思想战线,2002,28(5):77-88.

[19] 黄元元. 5S现场管理[J].企业改革与管理,2004(1):52-53.

[20] 肖智军.现场管理的三大工具——标准化·目视管理·管理看板[J].企业管理,

2003(11):64-70.

[21] 刘洋宁.大型节庆活动中踩踏事故的预防和处置研究[J].辽宁警察学院学报,2016,99(5):56-61.

[22] 姜晓红,张德胜.大型赛事中媒体服务的三大原则[J].新闻与写作,2016(12):89-91.

[23] 景俊美.中国传统节日在当代的精神价值[D].北京:中国艺术研究院,2013.

[24] 王鉴岜.传统节日列为法定假日的文化意义与传承发展——以春节、清明、端午、中秋等四大传统节日为例[J].浙江学刊,2010(4):169-173.

[25] 赵琳.省文化厅:削减节庆活动 压缩"三公"经费[EB/OL].[2013-11-29].http://www.dzwww.com/shandong/sdnews/201311/t20131129_9265679.htm.

[26] 高丙中.作为一个过渡礼仪的两个庆典——对元旦与春节关系的表述[J].中国人民大学学报,2007,21(1):49-55.

[27] 修俊.日程安排的经济分析及其应用[D].北京:北京交通大学,2012.

[28] 张敬秀.市场的起源、发展与历史场的时空系统辩证论[J].内蒙古大学学报:人文社会科学版,1998(3):59-67.

[29] 余青,吴必虎,等.中国城市节事活动的开发与管理[J].地理研究,2004,23(6):845-855.

[30] 刘世佳.论时间的基本属性[J].学术交流,1988(6):38-41.

[31] 马克·曼西尼.时间管理[M].北京:机械工业出版社,2005.

[32] 国家大剧院舞台技术部音响组.国家大剧院舞台监督系统[J].艺术科技,2008(1):45-49。

[33] Getz D. Festival In: Javari. Encyclopedia of tourism [M]. London: Routledge, 2000.

[34] Cho H Y. Community attitude toward special events[C]. 10th Canadian Congress on Leisure Research. 2002:97.

[35] 邹统钎.旅游目的地节庆事件策划经典案例[M].北京:经济管理出版社,2017.

[36] 陈忆戎.节庆产业与城市发展[M].北京:中央编译出版社,2011.

[37] 杨劲祥.节事活动管理[M].重庆:重庆大学出版社,2015.

[38] 吕莉.我国旅游节事的策划与运作研究[J].商业研究,2006(13):202-205.

[39] 李倩仪.大型节事活动举办城市的城市品牌传播策略研究[D].杭州:浙江大学,2011.

[40] 赵曦岚.基于节事活动的城市形象营销[D].兰州:兰州商学院,2009.

[41] 陈莉.传统节庆类海报设计的实践与启发——以春节节庆海报设计为例[J].湖南包装,2016(3):44-46.

[42] 周著.传统民间节庆中的视觉符号意义重构[J].西安工业大学学报,2015(1):77-80.

[43] 张磊.试论文化节的视觉形象设计——以潍坊北海渔盐文化节为例[J].美术大观,2014(6):124-125.

[44] 张萌.强亲景度下法国客源市场的CIS节庆品牌战略——以洛阳牡丹文化节为例[J].郑州航空工业管理学院学报,2013(3):125-130.

[45] 黎黎,李光.小议城市大型节庆活动的徽标设计[J].艺术生活,2013(4):58-59.

[46] 朱仁洲.江苏旅游节庆形象标识设计探讨[J].美与时代(上),2011(9):77-79.

[47] 马谦谦.黄龙溪火龙节视觉形象系统设计研究[D].成都:四川师范大学,2013.

[48] 杜妍.城市旅游标志与视觉形象设计研究[D].西安:西安理工大学,2010.

[49] Joel Beckerman, Tyler Gray.音爆:声音的场景影响力[M].北京:北京联合出版公司,2016.

[50] 马库斯·韦格.平面设计完全手册[M].北京:北京科学技术出版社,2015.

[51] 罗伯特·斯考伯,谢尔·伊斯雷尔.即将到来的场景时代[M].北京:北京联合出版公司,2014.

[52] 张磊.会展视觉设计[M].北京:中国轻工业出版社,2014.

[53] 皮埃特·福龙.气味:秘密的诱惑者[M].北京:中国社会科学出版社,2013.

[54] 黄艳,吴爱莉,欧俊锋,等.环艺照明设计[M].北京:中国青年出版社,2011.

[55] 马丁·林斯特龙.感官品牌[M].天津:天津教育出版社,2011.

[56] Troy Halsey. Freelancer's Guide to Corporate Event Design[M]. New York:Focal Press,2010.

[57] 崔生国.色彩构成[M].武汉:湖北美术出版社,2009.

[58] Eruce E.Skinner,CFE and Vladimir Rukavina,CFE.EVENT SPONSORSHIP[M].Hobocon, New Jersey:John Wiley & sons, Inc.

[59] 麦克尔·佩恩.奥林匹克大逆转[M].郭先春,译.上海:学林出版社,2005.

[60] 哈格斯特龙·G.纳斯卡之道[M].向莉,译.北京:中信出版社,2000.

[61] 高菲.企业体育赞助评估研究[D].北京:对外经济贸易大学,2006.

[62] Lesa Ukman.IEG's Guide to Sponsorship[M].IEG,Inc.2007.

[63] Sanghak Lee,Lawrence W. Fielding. The Commencement of Modern Sport Sponsorship in the 1850s-1950s[J]. Indiana University.

[64] 戚安邦.项目风险管理[M].天津:南开大学出版社,2010.

[65] 孙立新.风险管理:原理、方法与应用[M].北京:经济管理出版社,2014.

[66] 程敏.项目管理[M].北京:北京大学出版社,2013.

[67] 姚玉玲,马万里.项目管理[M].北京:中国计量出版社,2005.

[68] 段世霞,马歆.项目管理[M].上海:立信会计出版社,2008.

[69] 王起静.会展项目管理[M].北京:中国旅游出版社,2004.

[70] 郑向敏.会展安全与危机管理[M].重庆:重庆大学出版社,2014.

[71] 杨顺勇,王晶.会展风险管理[M].2版.北京:化学工业出版社,2013.

[72] 程云喜.管理沟通[M].郑州:河南大学出版社,2014.

[73] 王楠.大型综合性博览会中节庆活动的评估标准研究[J].哈尔滨商业大学学报:社会科学版, 2009(3):107-110.

[74] 赵建平,赵菁蕾.特色文化节庆活动评价体系构建与应用——以浙江省景宁畲乡"三月三"为例[J].丽水学院学报,2016,38(3):6-11.

[75] 李志强,王昭君,左乐,等.层次分析法在确定延安市自然旅游资源评价体系权重中的

应用[J].延安大学学报:自然科学版,2009(3):73.

[76] Bowdin. GAJ:Resource Guide in Events Management[J].August(Internet)Oxford:LTSN Hospitality,Leisure:Sport & Tourism,2003.

[77] 邵琪伟.中国旅游大辞典[M].上海:上海辞书出版社,2012.

[78] 高菲.企业体育赞助评估研究[D].北京:对外经济贸易大学,2006.

[79] Gardner, Meryl Paula and Philip Joel Shuman. Sponsorship:An Important Component of the Promotions Mix[J]. Journal of Advertising, 1987(16):11-17.

[80] 赵鲁南,丁元英. 关于发展我国体育赞助业的研究[J].安徽体育科技,2004(S1):13-16.

[81] 李力,崔卫华. 城市旅游节庆的构成要素及牵动效应[J].桂林旅游高等专科学校学报,1999(5):11-14.

[82] 庄志民,赵睿.系统视野中的上海节庆旅游资源开发[J].旅游科学,2000(4):27-29.

[83] 吴必虎,区域旅游规划原理[M].中国旅游出版社,2001.

[84] 戴光全,保继刚.西方事件及事件旅游研究的方法[J].桂林旅游高等专科学校学报,2004(3):13-16,21.

[85] 戴光全,保继刚.西方事件及事件旅游研究的概念、内容、方法与启发(上)[J].旅游学刊,2003(5):27-34.

[86] 胡燕雯.会展旅游的理论与实践模式——以上海为例[D].上海:华东师范大学,2004.

[87] 辜应康,楼嘉军,唐秀丽.节事旅游市场化运作研究——以上海旅游节为例[J].北京第二外国语学院学报,2005(6):105-110.

[88] 刘俊.山东省沿海地区节庆旅游分工研究[J].桂林旅游高等专科学校学报,2004(2):49-51,65.

[89] 戴光全.重大事件对城市发展及城市旅游的影响研究——以'99昆明世界园艺博览会为例[M].北京:中国旅游出版社,2005.

[90] 吕镇,王艳红,李天恒.旅游节庆日产品的设计研究[J]. 青岛大学学报:工程技术版,1995(3):71-74.

[91] 石玉凤,单博诚.对节庆活动文化与经济内涵的思考[J].科技进步与对策,2001(2):30-31.

[92] 徐舟.旅游节庆活动的策划规划方法初探[J].平原大学学报,2005(2):7-11.

[93] 孙淑荣.我国城市旅游节庆的发展现状及对策分析[J].全国商情:经济理论研究,2006(10):85-87.

[94] 范春.大力开发我国"节庆"和"节文化"旅游资源[J].渝州大学学报:社会科学版,2001(5):73-75.